中国校本教研与校本课程数字出版平台
中国校本教研网 www.schooledu.com.cn
◎特别推荐◎

科技部教育部『中小学科学探究学习与创新人才培养机制实验研究』项目研究成果

创新人才培养

数学探究活动开发与指导

马云鹏 韩继伟◎主编

组编单位
科技部教育部『中小学科学探究学习与创新人才培养机制实验研究』项目组

江苏教育出版社

图书在版编目（CIP）数据

创新人才培养：数学探究活动开发与指导 / 马云鹏，韩继伟主编．—南京：江苏教育出版社，2012.12

ISBN 978-7-5499-2522-3

Ⅰ.①数… Ⅱ.①马… ②韩… Ⅲ.①中学数学课—教学研究 ②小学数学课—教学研究 Ⅳ.① G633.602 ② G633.502

中国版本图书馆 CIP 数据核字（2012）第 292120 号

书　　名	创新人才培养：数学探究活动开发与指导
作　　者	马云鹏　韩继伟
责任编辑	林　琬　马春霞
出版发行	凤凰出版传媒股份有限公司 江苏教育出版社（南京市湖南路 1 号 A 楼　邮编 210009）
苏教网址	http://www.1088.com.cn
照　　排	吕　龙
印　　刷	九洲财鑫印刷有限公司
厂　　址	河北省三河市灵山大口
开　　本	787 毫米 ×1092 毫米　1/16
印　　张	16.75
字　　数	274 千字
版　　次	2012 年 12 月第 1 版　2012 年 12 月第 1 次印刷
书　　号	ISBN 978-7-5499-2522-3
定　　价	30.00 元
网店地址	http://jsfhjy.taobao.com/
邮购电话	025-85406265，85400774　短信　02585420909
E - mail	jsep@vip.163.com
盗版举报	025-83658579

苏教版图书若有印装错误可向承印厂调换

提供盗版线索者给予重奖

《创新人才培养系列》

编委会名单

序　言

在中国，人们对创新人才的期盼，从来没有像今天这样强烈。1999 年，《中共中央国务院关于深化教育改革全面推进素质教育的决定》（中发〔1999〕9 号）中就指出要转变教育观念，改革人才培养模式，积极实行启发式和讨论式教学，激发学生独立思考和创新的意识，切实提高教学质量，培养学生的科学精神和创新思维习惯。2001 年，《国务院关于基础教育改革与发展的决定》（国发〔2001〕21 号）及教育部颁布的《基础教育课程改革纲要（试行）》（教基〔2001〕17 号）中，都进一步强调要重视培养学生的创新精神和实践能力，为学生的全面发展和终身发展奠定基础。

在《国家中长期教育改革和发展规划纲要（2010—2020 年）》中，对“创新人才培养”论述更加深刻、全面。该文件指出，创新人才培养是一个系统工程，要努力发挥各学段、各环节、各要素在创新人才培养方面的积极作用；要做好小学、中学、大学有机衔接，教学、科研、实践紧密结合，学校、家庭、社会密切配合；大力推进教育教学改革，探索多种培养方式。

为贯彻中共中央、国务院关于创新人才培养的重要指示与精神，从 2009 年起，我们积极承担了科技部“创新方法工作专项”中的重要课题“中小学科学探究学习与创新人才培养机制实验研究”（项目编号：2009IM010300），并成立了“中小学科学探究学习与创新人才培养机制实验研究”项目组，着重探索、研究在基础教育领域推进科学探究学习与创新人才培养的工作机制与模式。

在科技部条件财务司、教育部基础教育二司和 21 世纪议程管理中心的指导下，我们遴选当前基础教育领域的知名专家成立了项目专家指导工作组，并在全国建立起三大实验区和125所项目试点学校。经过近三年的研究、实践，该项目带动了试点校整体办学水平的提高，特别是促进了基于学科的科学探究活动的广泛开展和推广。各试点校呈现出中小学生主动参与科学探究活动，学习兴趣浓厚，积极思考、乐于交流的良好风气，有力地促进了中小学生的自主与个性发展，培养了他们积极健康的科学态度和科学精神。而且，很多学校还形成了有代表性的人才培养模式。

为更好地传播、推广项目研究成果，使更多中小学校师生受益，我们选编了部分项目研究成果，希望在更大范围内深入推进我国中小学校的科学探究学习与创新人才培养工作。

中小学科学探究学习与创新人才培养机制实验研究项目组

2012年12月6日

目　录

CONTENTS

第一章

数学探究学习基础理论研究

探究学习的理论是开展探究学习的基础，对于指导教师开展探究教学有重要意义。本章分析了探究学习的内涵、数学课堂中的探究学习及探究学习的意义。在探究内涵的分析中，作者追根溯源，从“探究”一词的起源着手，分析了探究学习的概念及历史，并具体阐述了数学探究学习。同时，作者将探究学习与一些容易与之混淆的学习概念进行了辨析比较。在“课堂中的数学探究学习”部分，作者分析了针对不同课程内容、不同年龄阶段学生的数学探究学习，并给出了切实可行的实施建议。在此基础上，作者分析了数学探究学习的意义。本章内容有助于教师夯实探究理论基础。

第一节 数学探究学习的内涵分析

（一）关于探究

要理解数学探究学习，就必须懂得什么是"探究"。"探究"一词起源于拉丁文，原意是"指向问题"，之后，"探究"被赋予了更深刻的含义。我国 1989 年出版的《辞海》对"探究"是这样定义的："深入探讨、反复探求事物的本质和规律。"而《牛津英语词典》中则认为，"探究（inquiry）是指求索知识、信息，特别是求真的活动；是搜寻、研究、调查、检验的活动；是提问和质疑的活动"。不难看出，所谓"探究"，是对事物本质进行深入剖析的过程，同时也是以问题为起点对未知事物进行探索的活动。探究的过程既是求知的过程，又是创新和实践的过程。而《美国国家科学教育标准》对"探究"给出了这样的定义："探究是多层面的活动，它包括：观察；提出问题；通过浏览书籍和其他信息资源发现什么是已经知道的结论，制订调查研究计划；根据实验证据对已有的结论作出评价；用工具收集、分析、解释数据；提出解答、解释和预测；交流结果。"探究要求确定假设，进行批判的和逻辑的思考，并且考虑其他可以替代的解释。

（二）关于探究学习

如果说"探究"是一种对事物本质进行深入剖析的过程，那么科学探究指的就是个体对自然现象进行调查和研究的过程，也就是说此时的科学探究不仅指科学家探索自然的活动，也指普通个体探究自然界的活动。尤其是《美国国家科学教育标准》给出的关于"探究"的定义相当于拟定了一个探究的固定模式，从提出问题、制订计划、作出评论、收集数据、解释预测到交流结果，而这个探究的过程正好类似于以自然界为研究对象的科学探究。虽然众多研究者对科学探究的过程表述并不统一，但基本按照"提出问题、建立假设、制订方案、得出结论、交流结果"这个相对统一的模式进行的。

如果把科学探究作为一种学习活动引入教育领域，就形成了一般的探究学习理论。早期的探究学习始于物理、化学、生物和地理等自然学科的研究中。美国著名教育家施瓦布认为探究学习指的是“儿童通过自主地参与获得知识的过程，掌握研究自然所必需的探究能力；同时，形成认识自然的基础——科学概念；进而培养探索未知世界的积极态度”。

现阶段的学者一般认为探究学习是以科学探究的模式进行学习的一种活动，这种提法显然具有一定的局限性，它过于强调探究学习对科学探究的依赖作用，同时也过于强调科学探究的固定模式。而部分教师在教学活动中也持这种观点，导致他们在进行探究学习时，无论是什么课程的探究学习都按照“提出问题、建立假设、制订方案、得出结论、交流结果”这个相对固定的模式进行，这使得探究学习的活动安排过于形式化，不能灵活变通，同时也使得部分课堂的探究学习根本无法进行下去。我们认为这是一种对探究学习窄化的理解，它过于拘泥于固定的程式，局限在了科学探究模式的条框中。

另一种观点认为，探究学习是一种学生主动参与并发现问题、解决问题的学习活动。这种观点注意到了学生在探究学习活动中不可忽视的作用，同时也强调了探究学习是以问题为起点的，认为探究学习实则是对学生的一种培养活动，但不难发现，这种观点完全忽略了探究学习与科学探究的关系，忽视了科学探究的固定模式，这实则是对探究学习的一种泛化理解。在这种观点看来，探究学习具有一般性，也就是说，我们比较常见的问题解决学习、发现学习、研究性学习甚至启发式教学都可以被称为探究学习。因为以上这些学习方法具有一个共性，那就是每个学习活动都需要学生的主动参与，并需要学生去发现问题、解决问题，这种对探究学习的泛化显然没有注意到这些学习活动之间的不同之处，相当于把探究学习由一个极端推向了另一个极端。

我们理解的探究学习一方面必须有学生的主动参与，学生在探究学习的过程中通过独立或合作思考，解决问题，最终获得相应的“科学概念”和“探究能力”。另一方面，我们也不能完全忽略探究学习的模式，探究学习是以科学探究为基础的，应该有相对固定的模式，只是它不应该完全局限在这个模式里，要做到灵活变通。无论是教师在教学活动的安排中，还是研究者对探究学习的研究中，都需要针对不同学科特点和不同课程内容进行具体安排。所以，我们理解的探究学习指的是学生以类似科学探究的方式主动地参与学习过程，通过思考、探索，最终获得知识和技能的学习活动。

（三）探究学习的历史发展

探究的思想自古有之，从古希腊著名教育家苏格拉底让学生勇于质疑权威、要教师做知识的“助产婆”开始，探究的思想就在教育中孕育。

1. 杜威的探究学习理论

到了19世纪末20世纪初，杜威认为“教育即生活”“教育即生长”“教育即经验改造”，并提出“从做中学、从做中思维”的教育理念，提倡问题解决和主动探究，希望培养有科学精神的人。杜威的实用主义哲学强调的是思想和行动上的统一，认为“知识绝不是固定的、永恒不变的，它既是一个探究过程的结果，又是一个探究过程的起点，始终有待于再考察、再检验、再证明，如同人们始终会遇到新的、不明确的、困难的情景一样”。所以有人曾这样评价他：将“实验的探究法”引入教育领域是杜威在教育上的一大功绩。这个时期的探究学习只是一种宏观的思想，还没有发展到各个学科中去。

2. 萨奇曼的探究学习理论

到了20世纪五六十年代，在美国“学科结构运动”中，萨奇曼等一批美国教育家为探究学习理论体系的形成做出了突出的贡献，并把理论性的思想推广到具体的学科中去，论证了探究学习的可行性。萨其曼的“探究训练模式”可以说是探究学习的先驱性尝试。他通过三年旨在培养学生探究能力的小学理科课程的研究，提出这样的主张：探究重在过程和方法的训练，要使学生明白一切知识都是尝试性的，如果想教给学生具有某种意义的范型和规则，就必须教给他们积极、有计划、有目的地做出假设的方法、验证的方法、解释结果的方法。

3. 施瓦布的探究学习理论

施瓦布是著名的生物学家、教育家，他试图从“科学的结构”出发，以生物学科为基础，进而研究整个探究学习理论。他希望每个学生都能像科学家做研究那样进行学习，让学生体会作为探究过程的学习。他针对教师（教材）和学生在探究过程中的不同地位，首先提出课堂教学中存在着不同类型的探究，并将探究分为三种差异显著的水平，详见下表。

施瓦布的科学探究水平分类（1962）

主体		要素		
		提出问题	设计方案	得出结论
水平	水平 1	教师 / 教材	教师 / 教材	学生
	水平 2	教师 / 教材	学生	学生
	水平 3	学生	学生	学生

施瓦布提出的分层次的探究水平在很大程度上促进了探究学习的发展，并衍生出很多关于探究水平的研究。

4. 其他方面的理论研究

在这一时期的研究中，布鲁纳的发现学习理论同样也对探究学习理论的形成起到了推动作用。因为无论是发现学习还是探究学习，都强调知识的过程性而非结果。与此同时，同样致力于探究学习理论研究的还有美国教育心理学家加涅，他着重研究的是探究中所需的学习条件，并以数学案例为基础，分析了两个基本的前提条件——知识条件和学生能力。

（四）关于数学探究学习

探究学习理论最初是应用于物理、化学、生物和地理等实验性比较强的学科中，是以实验取证的方式进行的。随着探究学习理论的发展，数学学科逐渐成为探究学习的一部分，它有别于其他学科，需要动手操作的实验并不多，显然一味地实验取证的方式在数学中是行不通的。所以，以数学学科为依托的探究学习和其他实验性比较强的学科的探究学习相比较，会有很多不同之处，也会有很大变化，那么我们就不能把适合其他学科的探究模式和探究水平照搬到数学学科中来。因此，数学探究学习在实施的过程中不仅要以其他学科的探究学习理论为参照，更应该关注和把握数学学科自身的特点。下面我们就通过对数学问题、数学推理和数学实验的说明来具体阐述数学探究学习。

1. 数学探究学习过程中的数学问题

在数学学科中，数学问题是数学探究学习的起点。因为数学问题解决的过程实质上是一个探究学习的过程，而数学探究活动的主要形式正是解决各类数学问题。

值得强调的是，所谓的数学问题，指的并不是单一的数学习题，数学问题的来源除了数学本身之外，还来自于生活，如可以是学生对生活中的数学现象进行思考而产生的问题，也可以是教师以生活为依据向学生提出的问题，而这些问题是学生更感兴趣的。另外，数学问题也可以来自于其他学科，在其他学科的学习过程中，学生会发现一些让他们感兴趣的数学问题，而这种跨学科的问题会带给学生更多的思考空间，从而成为探究学习的出发点。

在解决这些数学问题的过程中，学生有时自发地以探究学习的形式进行，有时在教师的指导下进行探究学习，所以，我们说数学问题是数学探究学习的起点。在数学探究学习实施的过程中，教师经常会设计一个数学问题，或者用数学问题引发一个情境，激发学生思考，或者引发他们认识上的矛盾，这可以使学生有主动解决这个数学问题的意愿，或者学生以这个问题为起点引发新的数学问题，然后进一步地思考验证，最终解决这一系列数学问题。

所以，部分数学探究学习的过程也可以理解为学生发现问题、解决问题的过程，在这个过程中学生收获了问题的答案，也就是数学知识，同时也参与了探究数学问题的过程。相较于数学知识，这个过程更加重要，学生可以从中获得一种数学技能，而这是进行数学探究学习的主要目的所在。这种以问题为起点进行的数学探究学习，在一定程度上提高了学生学习数学的兴趣，并提高了他们解决问题的能力和数学创造力，这在数学探究学习中是十分重要的。

2. 数学探究学习过程中的数学推理

数学学科与其他学科相比的另一个显著的特点就是数学推理。在数学探究学习活动中，类似调查、实验、数据分析等实验验证的方法虽然也存在，但已经不再是关键活动，数学探究学习的关键在于“头脑实验”，也就是数学推理。

数学推理又可以分为演绎推理与合情推理。演绎推理，又叫“证明推理”，也有人称之为逻辑推理，它具有严格的逻辑性，是一种必真推理，对数学命题、定理、定义、公式、法则的证明是必不可少的，这也是现阶段数学探究学习的一个重要部分，很多教师也注意到了它的重要性。合情推理指的是“合乎情理”的推理，带有明显的猜测性，属于一种或然性推理，个人的直觉在推理中占据了主要地位，个性化特点十分明显，在数学探究学习的活动中往往因为它本身具备的或然性而被忽略。其实不然，如果从结论直接入手解决问题显然依赖于演绎推理，但如果从结论发生或发展的过程来看，合情推理的地位则是不可撼动的。许多大数学家得到必真结论之前都经历过观察、猜测的过程，如勾股定理就是一个比较典型的由猜测到证明的过程，也就是由合情推理到演绎推理的过程。在学生进行数学探究活动时，合情推理的过程不是可有可无的，它对学生发现问题、理解数学结论的由来至关重要，在培养学生创新能力方面也有着直接运用演绎推理所不能带来的效果。

常见的合情推理主要包括归纳推理和类比推理，这是两种非常重要的数学思想。归纳法是探究性学习的一种根本方法，学生在解决问题时会习惯性地把复杂问题具体化、把一般问题特殊化，然后去寻找问题解决的途径，这个过程就是归纳推理的过程，同时也是我们进行数学探究学习的重要过程。著名数学家华罗庚教授认为在探究数学问题时，“先足够地退到我们所容易看清楚问题的地方，认透了，钻深了，然后再上去”，并将其称为“归纳法的原则”。而对于类比推理，我们可以认为它是由特殊到特殊的探究活动，是基于对两个或两类事物的内部属性相似性或一致性的推理。数学问题的解决可以借助类比推理，参考已经熟悉的数学问题解决新问题，也就是学生可以利用已经掌握的数学知识或问题的内部属性推出正在研究的知识或问题的属性，以旧的认知为基础，类比出新的结果。无论是概念还是定理定义的学习，类比推理都发挥着重要作用，它可以很好地建立知识与知识之间的内部联系，完善知识结构，所以，类比推理也是数学探究活动的重要方法。

值得强调的是，数学推理活动与数学探究活动是内部融合的，没有所谓的先后顺序，更不是一定要具有一定的推理能力才能进行探究，或者具有一定的探究能力才能开始推理活动，学生在进行数学探究活动的同时，数学推理能力得到了提升，而数学推理活动的过程就蕴含了探究的因素。

3. 数学探究学习过程中的数学实验

数学实验是数学的一大特色，是数学探究学习的又一重要特点。数学本身是思维性比较强的学科，而数学实验正是把抽象的数学具体化的一个过程，可以使学生对抽象的数学有直观的理解，这个直观的过程是数学问题和数学推理所无法企及的，也是数学实验的独特之处。它把数学从思维层面带到了现实的直观世界，正因为数学实验具有这样的效果，所以备受数学探究活动的青睐，教师也乐意把数学探究活动与数学实验进行融合。如在对概率的学习中，学生可以通过自己动手抛硬币来验证硬币每面出现的概率，从而知道自己的推测是否正确。这是数学中可以直接进行实验取证的数学探究活动，但这样的数学实验其实并不是很多。正因为大多数的数学实验具有不可操作性，无法直接进行实验取证，使得在一般的数学课堂中很多数学实验采取的是在思维中进行的方式，如三角函数的正弦曲线等。在传统的教学中，教师可能就直接给出相应的知识点，要求学生去记忆，不会对这些数学实验进行探究学习，即使是像“抛硬币”这样可操作性强的实验，也会有教师因为时间的关系放弃探究。

随着信息技术的发展，应用计算机和数学软件学习数学成为数学探究学习的一个方向。信息技术与数学课堂的融合越来越多，这使得很多数学实验的开展成为可能，而在计算机、网络、数学软件等多媒体技术支持下的数学实验具有明显的可操作性，同时又具有开放性等显著特点。通过计算机的模拟，很多抽象的数学概念有了具体的形态，通过计算机模拟的数学实验虽然不能像其他学科的实验那样让人有完全直接的感受，但也带给学生明显的视觉冲击和强烈的直观感受。所以用计算机模拟的数学实验是学生十分感兴趣并愿意探索的活动，对培养学生数学学习兴趣和创造力等有着明显的效果。而应用计算机进行数学实验在高等数学的研究中有着更加广泛的应用，所以，数学实验的意义不仅仅在数学探究活动中，它对学生的个人发展和数学能力的培养也是极其重要的。

多媒体技术支持下的数学实验在数学探究学习中具有明显的优势，以致数学实验与数学探究学习的融合成为现阶段数学探究学习的一个新动向。

数学的特点不仅仅表现在数学问题、数学推理和数学实验方面，其他方面的特点也需要数学探究活动的实施者在具体的实践中进行总结。而所谓的数学探究学习，指的正是这种针对数学学科特点进行的探究学习。所以在数学探究学习的过程中，有两点是需要注意的，一是数学学科自身的特点，二是探究学习自身的特点。

（五）对探究学习与接受学习的比较分析

探究学习指的是学生以类似于科学探究的方式主动参与学习过程，通过思考、探索获得知识和技能的学习活动；而接受学习是指学生在学习过程中被动接受教师传授的知识和经验，最终掌握并内化吸收的过程。

在传统教学中，我们主要采用的是接受学习模式，尤其是在我国基础教育课程改革实施之前，几乎所有的课堂教学都是接受学习模式，采取的教学方式都是死记硬背、机械训练，这样的教学结果是，虽然学生可以在考试中取得比较优异的成绩，但学生的创新能力和实践能力极度欠缺。为了改变这种现状，基础教育课程改革倡导学生主动参与、乐于探究、勤于动手，培养学生收集和处理信息的能力、获取新知识的能力、分析和解决问题的能力以及交流与合作的能力。探究学习在这样的情况下顺应了课程改革以及时代的要求，在教育中占据了越来越重要的地位。

正因为探究学习在培养学生的能力方面有着接受学习无法比拟的优势，才使得部分人认为接受学习是一种错误的教学方式，甚至把接受学习和死记硬背、机械训练画上等号。其实，真正意义上的接受学习是有意义学习，并不是“填鸭式”的学习方式，不能极端地去理解探究学习和接受学习，认为探究学习就是一种高级的学习活动，而接受学习就是低级的。在中小学的教育中，它们只是分工不同，对于一些特定的课程的学习是不适合运用探究的方式进行的，这时就要以接受学习的方式进行，所以选择适合的课程进行探究学习是至关重要的，否则不但不能培养学生的相关能力，反而使学生在知识的理解上出现偏差。而接受学习在知识体系的形成和教学效率的提高等方面的优势也是十分明显的，所以说接受学习是一种不可或缺的学习方式，不是探究学习可以取代的。

探究学习与接受学习并不是两种对立的学习活动，也不能把它们完全对立起来，在教学活动中，探究学习中往往有接受学习的成分，而接受学习中也渗透着探究学习的思想。探究学习和接受学习是相互渗透、相辅相成的，在教学活动中，教师更应该注意如何合理安排两种不同的学习方式，让它们更好地融合在一起，使学生获得更好的发展。

本书在第二章到第四章的内容中简单地介绍了中小学数学课程中比较适合进行数学探究学习的课程以及它们适合探究学习的理由，希望对教师合理安排探究学习和接受学习有一定的帮助。

（六）探究学习与发现学习、问题解决学习、研究性学习的关系辨析

为了更好地理解数学探究学习，我们有必要区分数学探究学习与发现学习、问题解决学习、研究性学习的关系。无论是在以往的研究中，还是在课堂教学中，普遍存在着一种观点，那就是认为它们在本质上是没有差别的，只是每个人的提法不太一样。例如，有这样的描述：发现学习，亦称为探究学习，是指人们通过对现象或材料的观察、阅读，发现问题、收集数据、形成解释、解决问题的过程。这只是举了其中一个例子，很多研究中都有类似的说法。我们不能否认数学探究学习与发现学习、问题解决学习、研究性学习有很多相似之处，甚至在教学实践活动中会有很多交集，但我们不能笼统地在这四者之间画上等号，认为它们之间没有任何差别。

1. 关于发现学习和探究学习

对于发现学习，它的创始人布鲁纳曾经说过：“发现，不限于寻求人类尚未知晓的事物，确切地说，它包括用自己的头脑亲自获取知识的一切方法。”学生在学校教育中的主要任务是获取一些人类已经知晓的事物，而发现学习提倡的就是完全自主地发现问题、解决问题。无论是问题本身还是解决问题的途径，学生都要像科学家做研究那样，独立地发现，相当于对科学发现的过程进行一次再现，这是一种与接受学习完全相反的方法。不难发现，发现学习和探究学习在科学探索方面有很多相似之处，它们同时提倡学生要像科学家做研究那样主动地参与学习活动，注重培养学生的自主学习能力、实践能力，希望学生在学习活动中能获得较强的科学兴趣与创造力。然而，这并不能说明，探究学习就是发现学习，在本质上它们还是有差别的。如果说发现学习要求学习者完全独立思考、独立完成，那么探究学习则提倡教师的适度引导，也就是说发现学习的过程不允许掺杂接受学习，但探究学习则希望能和接受学习进行完美结合，并提出要在适合探究的地方进行探究学习的观点。另外，探究学习更注重对探究过程的理解，相对于获取知识，更重要的是学生要在探究过程中习得探究的技能，这是一种能力，同时也是一种探究精神和科学素养，有时我们甚至会因此进行一些没有结果的探究，这对于发现学习是不可行的，因为发现学习强调的是发现的结果，或者说是“获取

知识”，它是一种从结果出发的学习方法。值得强调的是，学生在探究过程中获取的技能，不单单是一种进行探索的学习技能，它同时也包括类似合作、安排等人为因素在内的非学习技能，而发现学习强调的则是获取知识的方法，显然这是一种纯粹的学习方法。探究学习的独特之处在于，它强调对学生的全面培养。所以，发现学习和探究学习之间有很大差别，探究学习是更适合学生发展的一种学习活动，也得到越来越多的认同，相对于发现学习，教育者们更愿意倡导探究学习。

2. 关于问题解决学习和探究学习

问题解决学习以问题为驱动力，以培养学习者的问题意识、批判性的思维以及问题解决能力为主要目标。而探究学习和问题解决学习的相似之处就在于它们都是从问题出发，以数学问题为基本导向，强调教学的主要目标不在于知识本身，而在于引导学生形成主动探索未知世界的积极态度，培养学生发现问题、解决问题的能力，并把培养学生的批判性思维和实践能力作为主要目标。但问题解决学习并没有强调科学探究的过程，虽然都是从问题出发，但问题解决学习中对应用的方法、方式和手段没有要求，没有固定的模式，它的目标就在于解决问题，不管学生用什么方法，经过怎样的过程，只要最终解决问题就可以。探究学习对模式是有要求的，虽然我们一再强调不拘泥于固定的模式，但探究学习是以类似于科学探究的方式进行的，目的是为了培养学生自主探索的能力，所以具有相对固定的模式是探究学习的一个较为突出的特点。此外，我们说探究学习的目的既然是为了培养学生的科学素养，那么它提出的问题应该围绕科学展开，但问题解决学习是为了提高学生的“问题意识、批判性的思维以及问题解决的实践能力”，所以它的问题可以来自于任何方面，包括科学问题，也包括社会问题。所以，我们认为探究学习和问题解决学习虽然有很多相似之处，但绝不是同一种学习活动。

3. 关于研究性学习和探究学习

研究性学习同样也是一种和探究学习极其容易混淆的学习方式，尤其在早期的研究中，经常会有这样的定义：研究性学习是指学生在教师的指导下，通过选择一定的课题，以类似科学探究的方式，进行主动探究的一种教学方式。不难看出，这里定义的研究性学习就是我们现在所说的探究学习，是以科学探究为依据的。而真正意义上的研究性学习和探究学习其实还是有很大区别的，所谓“研究性学习”，是指学生基于自身兴趣，在教师指导下，从自然、社会和自身生活中选择和确定研究专题，主动地获取知识、应用知识、解决问题的学习活动。对比发现，探究学习和研究性学习有这样几方面差别：一方面，探究学习是以科学探究为依据的，主要解决的问题是来自于科学的问题，而研究性学习解决的问题主要针对来自于生活的综合性问题；另一方面，研究性学习主要针对研究性专题，强调的是学生应用已有知识对问题进行自主研究的过程，目的是为了培养学生的研究能力，而探究学习主要是对新知识的探索过程，针对的也可能是一个非常细小的知识点，不一定具有综合性，主要是为了培养学生的科学素养和探究精神。所以我们不能在探究学习和研究性学习之间画上等号，但有一点是值得肯定的，那就是无论是研究性学习，还是探究学习，都间接对学生的人格发展起到了一定的促进作用。

通过以上辨析，很容易发现，无论是探究学习，还是发现学习、问题解决学习、研究性学习，它们都提倡学习者的主动参与，希望学习者能够科学地认识世界。虽然这些学习活动的目的不尽相同，但都希望培养学生的一种或者多种能力，这也是现代教育所重视的。总之，所谓的探究学习是一种有别于发现学习、问题解决学习、研究性学习的学习活动，只有更好地区分这些相近的概念，才能够更好地运用探究学习模式培养学生的能力。

第二节　课堂中的数学探究学习

（一）不同课程内容下的数学探究学习

学生在进行数学探究学习的过程中，不仅可以收获数学知识，完善数学知识体系，更可以把数学作为一个探究过程。为区别于其他学科的探究学习，我们把学生针对数学学科特点进行的探究学习称为数学探究学习。当然这个探究的过程不一定指的是发生在课堂教学内的学习活动，也可以指学生在课后进行的数学探究学习活动，它是一个相对广泛的概念。本节主要针对课堂教学部分中的数学探究学习进行分析，强调在教师指导下进行的数学探究学习活动。我们这样定义课堂教学中的数学探究学习：主要指在教师的指导下，学生主动参与数学概念课、定理公式法则课或者习题课的学习，获得知识和技能的学习活动。

课堂教学与课后的探究学习有着明显的差别，课堂教学中的探究学习较为突出的特点就是要受到课程内容和教学时间的限制，教师在安排探究学习的过程中不仅要考虑到课程进度、授课时间，同时也要考虑到不同学生的接受能力。而从现阶段来看，探究学习存在的另一个矛盾是在培养学生数学素养和创造力的同时，也要考虑的学生的成绩，这也是探究学习开展困难的主要原因。下面我们根据课程内容的不同，将数学课分为数学概念课、数学定理公式法则课和数学问题课。由于不同课程的内容不同，各自针对的探究学习的特点也就不同。

1. 数学概念课

在数学课堂教学中，让学生学习新知识的课便是数学概念课，只有学生把数学概念理解、吸收好，后面的课才能顺利进行。而对于新的数学概念，学生接受起来都或多或少会有一些困难，这会对学生的认知形成一种冲击，概念的形成过程是一种重新建构的过程，是学生对旧概念进行类比、重组并进行再创造的一个过程。

概念课怎么上更好呢？虽然现阶段采用接受学习进行概念课教学的教师要多一些，但其实很多概念课都是适合采用探究学习的，只是教师受到课程时间或短期教学效果（考试成绩）的影响，不愿意改变原本已经习惯的教学方式。如果从对学生发展的长远角度看，通过情境引入或者数学问题的方式进行探究学习要更好一些。在探究的过程中，学生可以更清楚地发现概念的形成过程，这有益于学生理解概念本质。在进行探究活动的过程中，教师可以让学生按照自己的想法得出初步的概念，然后进行验证，再对概念进行完善，再验证，反复进行这个过程之后，学生会得到一个属于自己的概念。这个概念可能不是很完整，甚至可能会有偏差，还需要教师进行引导，但学生对通过探究学习得到的概念会有更透彻的理解。可以这样认为，一节成功的概念课，不仅要学生记住这个概念，更重要的是让学生对这个概念有个完整的理解，透过这个概念更好地理解数学的形成过程，形成良好的数学观。

2. 数学定理、公式、法则课

在数学概念课之后，一般是对概念进行分析或对概念间的关系进行再研究的过程。针对每个不同的概念都会有不同的性质或者定理产生，这就涉及数学定理、公式、法则课。这个类型的课变化会比较大，有些课程非常适合探究，而且探究的空间很大，灵活性也比较强，但并不是所有的课都是学生能驾驭的了的，所以有些课必然要采取接受学习的方式，如高中阶段学习牛顿——莱布尼兹公式，显然是无法进行探究学习的。所以在开展探究学习的过程中，一定要注意学生的水平，如果学生缺少智力水平和知识水平的准备，那么这样的探究学习是不会顺利开展的。而一些看似容易探究的定理公式法则课在操作起来也有一定的困难，对学生的探究水平和教师的能力有很大考验，往往在探究过程中会出现教师把握不好尺度的问题，学生还在思索的时候教师就习惯性地打断了学生的思路，或者学生感觉“玩”得很开心，但整个课堂已经偏离了探究学习。

在数学定理、公式、法则课的探究学习中，比较常见的是以知识发生的过程为主线，让学生通过观察，得出猜想，然后进行验证，以体会定理、公式、法则发生的全过程，但这并不是唯一的设计，正因为这类课具有多样性，所以更需要教师思索怎样的课程安排才是最适合的。值得强调的是，在进行探究的过程中，相应的定理、公式、法则的记忆固然重要，但数学探究方法以及探究过程的掌握对学生来说是更重要的。从长远来看，对过程的掌握更有利于学生对知识点的记忆，因为探究的过程使得一些看起来比较杂乱的定理、公式、法则有据可循，当然，探究的过程能带给学生的不仅是牢靠的记忆，更有终生学习的能力。

3. 数学问题课

数学问题的解决在数学学习中是十分重要的，同时也是数学探究学习开展的一个主要方面。这里的问题指的不单单是数学习题，数学习题只是数学问题的一个层面，数学问题也包括以学科、生活为依托产生的有关数学的问题。在解决数学习题的过程中，教师可以通过类比等数学方法进行探究，这样的教学效果要好于直接讲解。而在解决以学科、生活为依托产生的数学问题时，首先要做的就是从问题本身提炼出数学元素，然后探索问题的本质以及分析问题中的数学元素表现出来的特征，再进行解决。这个反复求索的过程是个体进行数学探究活动的过程。

在课堂教学中，会有很多关于数学问题的探究课，这对于培养学生的数学观察力也是极有好处的。当然，我们提倡在数学课堂上进行探究学习，但并不表示数学课的所有内容都适合探究，尤其因为课堂教学时间和课程进度的限制，有些内容的探究无法全面开展，有时只能进行部分探究。

（二）不同年龄阶段下的数学探究学习

不同年龄阶段下的数学探究学习具有不同的特点，因为不同年龄阶段的学生的数学思维方式明显不同，所以我们结合数学思维特点讨论学生在不同阶段的数学探究学习。

数学探究学习和数学思维之间是一种相互促进、相互制约的关系。数学探究学习有利于学生数学思维的发展，而数学思维对数学探究学习的顺利开展起到了一定的推动作用。同时，数学探究学习和数学思维之间又是相互制约的，因为数学思维典型的年龄特征使得数学探究学习在中小学的各个阶段呈现出不同的特点。如果不能很好地把握学生数学思维的特征，那么探究学习可能就达不到预期的效果和目的。下面我们把中小学分为小学低年级、小学高年级、初中和高中四个阶段，分别分析不同思维特点下的数学探究学习具有怎样的特征。

1. 小学低年级阶段

因为小学阶段的时间跨度比较大，而且学生的思维方式有着明显的转换，所以我们把它分成了两个阶段，分别是小学低年级和小学高年级。我们定义的小学低年级主要指的是小学一、二、三年级，这个阶段的学生典型的思维特点是具象思维，学生在思考问题的时候都会和生活中具体的、形象的事物相联系。比如，“1+1=2”指的就是一个苹果和另一个苹果加起来就有两个苹果了。所以，这个时期的学生在算数的时候常用的方法就是数手指，即使他不一个一个地掰手指，也会在头脑中有这样一个数的过程。所以在小学低年级进行数学探究学习，首先一定要明确学生的这种思维方式，不要强求学生给出一个概念，不要让他们去分析事物的内在规律，这是超出他们的能力范围的。小学低年级的学生可以探究的内容是从实际生活出发，可以看得见、摸得到的事物。即使是时间、日期这些抽象的概念也要放到具体的事例中去，比如一秒钟指的就是秒针在时钟上“滴答”一格的时间。所以我们说小学低年级探究学习的典型特点就是从实际事物出发，最终也要回到具体的事物中去。

2. 小学高年级

小学高年级主要是指小学四、五、六年级。随着年龄的发展，小学高年级的学生不再是单一的具象思维，他们开始由具象思维向抽象思维转换。此时，在学生眼里，单一的事物之间开始有了内在的联系，他们会观察生活中具有共同特征的一类事物，并给这类事物下一个形象的定义。可见，这个阶段的学生的典型的思维特点是由具象思维向抽象思维过渡，但仍是以具象思维为主。学生在数学的学习中开始形成数学概念，但此时的数学概念一般都是具体化或者生活化的，结合相应的概念会有简单的性质，但这些性质绝不是脱离生活的抽象性质，是可以让学生在实际生活中找到原型的数学概念或性质。所以，小学高年级的数学探究学习应该从实际生活出发，总结实际事物的特征和规律，最终抽象出形象的概念。这里我们强调的是概念的形象化，如小学四年级的学生学习负数，学的是生活中的负数，是从温度计零上、零下的刻度上观察而来的，再对电梯、运动等实际生活中的例子进行抽象，得出负数的概念是“具有相反意义的量”。而教学对学生的要求也就仅此而已，不需要学生去接触抽象的负数运算。对于图形，学生需要掌握的也仅仅是面积、周长这些看得见的性质。所以在小学高年级进行数学探究学习一定要植根于生活，让数学具体化，但也要注意此时的学生已经具有了一定的抽象和概括的能力，不要让学生的数学总是停留在具体事物的阶段，要把握学生的“最近发展区”，这对学生的发展是有利的。

3. 初中阶段

到了初中阶段，学生的思维方式开始脱离具象思维，走向更高级的抽象思维，但这时学生的抽象思维还不属于高度的抽象，它是以生活经验为基础的抽象思维。初中阶段的学生开始注意概念的本质，尝试从不同数学内容之间发现规律，具有一定的总结和概括能力，所以初中阶段对数学概念及其性质的学习相比小学要更深入一些。同时也要注意学生对学科结构的理解，理解学科结构对初中的学生来说可能要困难一些，但对他们的数学学习会有很大帮助。学生在初中阶段进行数学探究学习，一般会从实际经验出发，但从实际经验中刻画出的应该是抽象的数学概念或者数学性质。对数学本质的理解也是初中数学探究学习的一个重点，如坐标系的学习，为了确定点的位置，教师可以从班级座位入手，固定横向位置和纵向位置就可以确定一个学生的座位，这个引入带有明显的生活气息，学生容易理解，但在此基础上抽象出来的关于坐标系的概念就不可能再找到实际事物与它相对应了。坐标系在初中、高中阶段都有着极其广泛的应用，如果学生对学科结构有所了解，那么坐标系的应用就变得容易多了。我们认为，初中阶段的探究学习是以生活经验为基础，所以初中阶段的数学探究学习很重要的一个任务就是要让学生从具象思维当中走出来，更好地运用抽象思维思考问题。

4. 高中阶段

学生在初中、高中阶段都运用抽象思维，但两个阶段的抽象思维是不一样的，如果说初中阶段是以生活经验为基础的抽象思维，那么高中阶段的抽象思维则是更加抽象的，是以理论为基础的抽象思维。高中的数学和初中相比具有更强的抽象性和概括性，而且教师也开始将很多不易理解的数学思想渗透给学生，所以学生在初中阶段学习的一些数学概念到了高中阶段会有新的定义方式，学生有知识储备基础，但这和学生内在的思维能力有很大的关系。高中阶段的数学探究学习在形式上和初中阶段有时是没有太大差别的，我们常做的也是从实际生活出发引出要探究的内容，但在学习内容的安排上就要考虑到学生数学思维能力的变化了。在探究过程的设计上，可以适当加大探究的难度或者抽象程度，问题的设计也可以综合性更强一些。必须强调的是，虽然高中生的思维是理论性的抽象思维，但不代表他们的这种思维已经完善，所以对教师来说，把握探究学习的程度是个挑战，如果过于简单就会激发不起学生探究的欲望，如果过于困难就会打击学生的学习信心。尤其在一些比较难的问题上，如对数函数的学习等，教师要充分考虑到课程难度和学生的学习能力，在探究学习的活动安排上要始终相信没有最好的设计，只有最适合的。

5. 比较不同年龄阶段下的数学探究学习

为了更好地理解不同年龄阶段的学生的思维特征对数学探究学习活动的不同影响，下面我们用有关圆的概念和性质进行具体的比较说明。

圆是贯穿整个中小学的一个学习内容。在小学阶段，圆的学习是从观察硬币、钟表、桌子、瓶盖等圆形的事物开始的，学生可以通过概念探究最终得出圆的概念："在一个平面内，线段 OA 绕它固定的一个端点 O 旋转一周，另一个端点 A 所形成的图形叫做圆。"小学阶段的圆的概念的典型特征就是形象具体，在圆概念的基础上引申出的半径这个抽象的概念也能对应到具体的线段上去。值得注意的是，在探究学习的过程中，学生从圆形事物出发得出的圆的概念必定是五花八门的，甚至很多学生不是用数学的观点来阐述圆的，这时教师需要正确引导，这是培养学生抽象思维的好机会。

学生在初中阶段，除了小学学习的圆的定义，还学习了另一种定义方式："平面上到定点 O 的距离等于定长（OA）的所有点组成的图形叫做圆。"这个定义相比小学学习的概念要更抽象些，此外还学习了弦、弧、圆心角等概念以及它们之间的关系，这个关系的学习是初中阶段的一个重点，同时也是探究学习的一个重要部分，教师在探究的过程中可以把一些数学思想逐步地渗透给学生。而初中关于圆的另外一个重点就是与圆有关的位置关系和圆的计算问题。不难看出，初中阶段的圆已经开始脱离现实生活中的实际事物，成为抽象的几何图形，更包含了角、弧等从生活中抽离出来的几何概念。学生在数学探究学习的过程中要注意思维上的转换，虽然要注意几何图形和实际生活的联系，但同时也要从经验出发抽象出相应的概念，而这个抽象的过程是初中探究学习的重点内容。

在高中数学必修二中，学生再次地接触了圆，但此时这一章叫"圆与方程"，学习的重点放在了圆的方程的学习上，并又一次学习了直线和圆的位置关系，高中阶段的位置关系主要是从方程的角度进行的。教师在设计数学探究学习活动的时候要特别注意发生变化的地方，这往往是精华所在。所以我们可以把探究的重点放在让学生逐渐从圆的几何图形中抽象出作为代数概念的方程，把几何概念代数化，抽象到理论的高度。以直角坐标系为基础，研究独立存在于理论体系中的圆，学生在理论层面能有一定的提升。所以高中阶段的数学探究教学要注重学生理论体系的形成，但这绝不意味着抛开现实完全理论性的探究。

对比这四个阶段的思维特征，不难发现，有时界限的划分并不是特别明显，所以在对具体的问题进行数学探究学习的过程中，还需要教师根据自己学生的特点进行合理的调整和安排，不能苛求形式上的一致。

第三节　数学探究学习的意义

（一）数学探究学习有助于学生形成良好的学习动机

良好的学习动机应该来自于学生自身，而不是外界强加于学生的压力。很多教师、家长甚至是学生自己，都把考试成绩作为衡量学习效果的唯一标准，学生学习的目的局限在获得更高的分数、取得良好的考试成绩，这样的学习动机大多来自于外界施加给学生的压力，学生处于一种被动的学习状态，而这带来的学习效果也只是暂时的，对学生的长远发展是极其不利的。所以，学生最常问的一个问题就是：为什么要学数学？他们能得到的答案似乎就是学习数学的目的在于考试和分数。如果学生只是为了成绩而学习，那么这样的学习就是机械学习，当考试一结束，无论是书本还是知识，都会被放置在一旁，慢慢被遗忘。而教育的目的并不仅仅在于学校教育这个短暂的阶段，它以培养学生终生学习的能力为宗旨，所以以考试成绩为目的的学习显然是不利于学生长远的发展的，同时也偏离了教育的目的。我们应该致力于让学生形成良好的学习动机，这个学习动机可以来自于学生自身的兴趣爱好，也可以来自于学生对理性认知的探索。只有基于这样的学习动机的学习才能称得上有意义的学习，才能让学生在终生学习的道路上越走越远。

在众多学科中，数学是一门散发着魅力的学科，历史上很多大物理学家都是数学家，甚至很多哲学家也是数学家，数学独特的魅力使得一代代科学家愿意为它花一生的时间。就是这样一门学科，在现行的教育中却几乎成为最使学生厌烦的学科，很多学生对数学唯一的感觉就是枯燥乏味，这样的结果大多都是又难又多的数学习题造成的。而数学探究学习一方面注重学生的主动参与，另一方面又注重学生对探究过程的感受。学生主动参与探究过程，可以更好地感受数学，同时也能用积极的态度去应对数学中的各类挑战。经过对一些数学知识的探究，学生很快就会发现，数学并不是由一堆定理公式堆砌成的，数学思想无处不在，同时也会建立学习数学的信心。如果直接把知识呈现给学生，很多学生会觉得知识特别难，但在探究学习的过程中，学生体会了知识的发生发展过程，会知道每个知识都有相应的依据，并且认识到数学家在发现这些数学知识的时候也是经历了漫长而艰辛的过程。所以学生在数学探究学习的过程中很容易激发探索数学的兴趣，产生学习数学的动机。如果学生学习数学的目的是出于对数学的兴趣和爱好，那么他们就会乐于探索数学中的奥秘，主动参与数学探究学习的活动。同时，如果学生积极地进行数学探究学习，那么他们的学习动机也会日益增强，所以良好的学习动机和数学探究学习之间是互相促进的关系。值得强调的是，教师在探究的过程中一定要注意学生的能力水平，数学探究学习活动虽然有助于学生形成良好的学习动机，但前提是有效的学习活动，如果多次的探究失败，学生会失去学习数学的信心，从而引发学习动机下降。

（二）数学探究学习有助于培养学生的数学素养

数学在学校教育中的地位是不可撼动的，是所谓的“三大主科”之一，数学课存在于中小学每一个阶段的教学中。那学生学习数学的目的是什么？难道只是为了学习书中固有的概念、定理、公式吗？只是为了学会解决各种难题吗？事实上，当学校教育结束之后，我们在书本上学到的知识大多都会被遗忘，尤其是数学，因为数学的抽象性和逻辑性使得学生似乎更容易忘记数学知识，但通过数学学习，学生收获的数学思想方法、感悟到的数学精神以及数学的思维方式是内化的部分，不会轻易被忘记，而我们称这些部分为学生的数学素养。所以，我们理解的数学素养指的就是学生能够积累的关于数学的感悟、方法和经验等，或者是能用数学的思维方式去思考并解决问题的能力。随着时间的流逝，学生遗忘的只是知识本身，而用数学的观点去认识世界和解决问题的行为习惯是不会被遗忘的，所以现阶段的数学教育越来越提倡培养学生形成更具价值的数学素养。数学素养的形成不是一朝一夕的，它需要一个长期且缓慢的过程，它的形成需要个体的主动参与、不断积累。

数学探究学习有助于培养学生的数学素养：一方面，因为灌输式的教育方式更注重知识的传授，而忽略了知识的形成过程，这对学生数学素养的培养是不利的，因为学生失去了亲身感受数学的机会，没有主动参与数学活动；而另一方面，数学探究学习强调的是学生的主动参与和积极探索，这就增加了学生思考数学的机会，此时数学带来的绝不仅仅是表面的数学知识，更多的是深层的数学思考，这正给数学素养的形成提供了一个绝佳的机会。同时，数学探究学习对数学方法、数学精神和数学思维形成具有重要作用。数学素养是一种内在的积累，而数学方法、数学精神和数学思维是数学素养外在的表现形式。

数学方法是数学探究的灵魂，在数学探究学习中占据着核心地位，没有数学方法，数学探究学习是不能顺利开展的。无论是归纳、类比，还是分析、综合，都只是众多数学方法中的一种而已，它们的思想只有在探究的过程中才能被充分发挥，而灵活运用这些数学方法，是探究能够顺利进行的重要条件，所以，探究学习的过程正是把这些数学方法融会贯通的过程。更有观点认为，“数学本身就是一种方法”，如果学生可以达到这样一种高度，那么各个学科的很多问题都可以迎刃而解了。数学探究学习的过程是积累并运用教学方法的过程，而数学方法的选择不是教师告诉学生的，而是学生在探究的过程中自己总结的，只有这样才能把数学方法内化为学生自身的数学素养。

数学精神作为数学素养的又一组成部分，指的是学生勇于探索、敢于尝试的精神，这种精神主要来自于学生在数学探究学习的过程中遭遇挫折和失败，这些挫折和失败带给学生的不应该是气馁，而应该是学生对数学的一种感悟，是数学经验。虽然不能让学生多次经历探究失败，但绝不是完全杜绝探究过程中的失败，因为数学精神多是通过失败体现的。教师要敢于让学生自己进行独立的探索，如果学生可以靠自已的努力克服困难，解决问题，那么他的收获要比经历顺利的探究过程丰富得多，而这个过程培养了学生的数学精神，使学生积累了数学素养。

数学思维可以理解为一种能力，也可以理解为一种方式。作为能力的数学思维受人的不同智力水平影响，而对于作为思考方式的数学思维，指的是用数学的观点思考问题、认识世界的一种态度，这是一种理性的认识。数学探究学习从提出问题到解决问题，整个活动大都是在思维层面进行的，教师常常把一些实际问题抽象到数学领域，再以数学的思维方式进行探索。如果学生具有较好的数学思维方式，那么学生的数学探究学习进展得也会十分顺利。

学生在数学探究学习的过程中，数学素养在积累中逐渐成形，最终使得学生在终生学习的道路上处处散发出理性的光芒。

（三）数学探究学习有助于提高学生的创新意识

“创新是一个民族进步的灵魂，是一个国家兴旺发达的不竭动力”，一个民族想要进步，想要兴旺发达，在科学技术方面就要不断发展，就要领先世界，那么具有创新意识的人才就是发展的根本。

现阶段，我国的科学技术的发展与发达国家相比还是相对落后的，具有创新意识的人才的缺乏是我国科学技术发展缓慢的一个重要原因，所以，培养创新型人才对于学校教育是至关重要的。而我国现阶段的教育在这方面是有欠缺的，学生往往在考试中可以得很高的分数，但动手实践能力和创新意识却不强，不会提出问题。特别是对课本和老师等权威的相信，使得学生缺乏批判精神，而批判是创新的出发点，杜威曾说过：“一切能考虑到从前没有被认识的事物的思维，都是有创造性的。”我们的学生最缺乏的就是一双发现新事物的眼睛。

对于数学，学生的创新能力似乎就更加薄弱了。在学校教育中，数学留给学生的印象似乎就停留在一板一眼地解决各种问题上。而教师常做的就是讲解，讲解各类问题，从书本到习题册，再到考试卷，把不同类型问题的相应解法教给学生，以便使学生取得更高的分数，以至于我们的学生在遇到数学题时，可以不用思考，机械地得出答案，所以解题能力很强，甚至很多难题都可以非常轻易地解决，但如果让他们自己提出一个有建设性的数学问题，那就不容易了，因为以往他们遇到的问题是老师提出来的，自己需要做的只是解决这些问题。这使得学生的数学能力仅仅停留在表面，很难再进行更深层次的研究。尤其在很多教师眼里，所谓的数学就是逻辑，答案是唯一的，他们对自己不能解释的数学问题避而不谈。久而久之，学生逐渐失去了对数学的兴趣，从不敢问问题到不会问问题，最后丧失了提出数学问题的能力。我们说问题是创新的源泉，不会提问题的学生何谈创新意识呢！这种扼杀学生问题意识的教育方式就是扼杀学生的创新精神的教育方式，我们不能让学生的创新精神在教育中一点点丧失。

数学探究学习强调学生的主动参与，强调探究的过程，而非探究的结果。在这个主动参与的过程中，学生不仅可以收获数学方法和数学知识，还可以体会数学的本质，深层挖掘数学的内在性质。数学探究学习同时也包含了学生发现问题、解决问题的过程，这是探究活动的根本。教师以鼓励的态度引导学生提问，问题是创新的源泉，而数学探究学习正是培养学生问题意识的有效途径。经过数学探究学习，学生敢于发现问题，有能力解决问题，那么学生的创新意识就在学校教育中逐渐积累起来了。可以这样认为，学生从可以自己发现问题开始，就迈出了创新的第一步。要培养有创新意识的人才，就要从根本开始，不能忽视细节，学生最初提出的问题可能是肤浅的，教师在这个过程中需要做的是引导，引导学生克服思维定式，提出更有深度、更具创新意识的问题。另外，在探究过程中，教师不要害怕学生提出解决不了的问题，这往往是学生创新意识的一种表现。同时，教师应该鼓励学生用自己的方法去解决问题，问题的解决途径绝不是一成不变的，数学探究学习不是为了禁锢学生的思维，而是为了培养学生的数学素养，所以鼓励学生“不一样”是数学探究学习所支持的，而“不一样”正是创新的一种表现形式。

学生在进行数学探究学习时会有更多的探索机会、更大的发挥空间，在探究的过程中学生体会到的将不再是枯燥的数学逻辑，而是更多地体会到创造的乐趣。数学探究学习的过程是一种探索的过程，同时也是挑战的过程，在这个过程中，无论是教师还是学生，都要有勇于质疑的精神，批判精神是创新意识的重要组成部分。

我们需要的是能够提高学生创新意识的数学教育，而这样的教育是学生终生学习所必需的，让学生养成勇于探索未知世界的精神也是现代社会所需要的，所以说数学探究学习有助于提高学生的创新意识，对我国培养创新人才起到了推动作用。

第二章

数与代数

数与代数是小学到初中的重要内容，在这部分开展探究教学有助于学生更好地掌握相关知识，形成相关能力。本章分小学和初中两部分，分别给出了贴近学生生活的探究的主题，并对所选探究主题给予了充分的论证。本部分所探究的问题都具有情境性，符合学生的认知水平，蕴含着丰富的数学思想，对提升教师的探究教学能力和学生的探究学习能力大有裨益。在探究主题论证的基础上，作者展示了一些经典案例，便于一线教师学习借鉴。

第一节　数与代数（小学部分）

探究主题

1. 用字母表示数。
2. 分数与除法的关系。
3. 生活中的负数。

主题论证

1. 所选主题贴近学生生活

小学生的思维是从具体形象思维逐渐过渡到抽象逻辑思维的。尤其是在小学低年级阶段，学生学习知识在很大程度上依赖于对自己身边的素材的观察。要是脱离了生活实际，学生在学习理解某些概念时就会有困难。到了高年级，即四、五、六年级，他们的逻辑抽象思维有所发展，但是对定义性概念和规则的学习仍然需要具体经验的支持。学习新知识时，他们从实际事物出发，寻找特征规律，猜想归纳出形象的概念，最后还是要回归到生活实际。

所以在选择探究内容时要尽可能贴近学生的生活，拉近学生与数学学科之间的联系，使学生真正感受到数学就在平常生活中。在学生已有生活经验的基础上，结合课本知识设置探究性学习内容，不仅易于学生理解，还可以让学生在探究过程中系统地掌握相关知识。

比如，“数与代数”部分中的案例 1“分一分”是低年级的课程。学生首次接触到分数的意义，需要长时间学习才能够消化概念。在此之前，学生已经有了自然数的经验，在生活中也会用到“一半”这样的词。教师用时下儿童最爱的动画《喜羊羊与灰太狼》带领学生寻找生活中的各种“一半”，如分饼、喝牛奶、折纸、折绳、涂色等，引导学生感受“一半”的实际意义，体验公平。进而，教师引导学生去探究“一半”的数学表达“$\frac{1}{2}$”及其意义，然后类比得到任意分数的意义。再如案例 4“生活中的负数”，学生对自然数都熟悉，未上幼儿园就已经开始掰手指数数了，但突然自然数前面加了负号，学生会迷惑。当教师呈现生活中相应的直观例子，如足球比赛进球丢球、班级学生转进转出、做生意赚钱亏本、温度零上零下等时，学生就很容易理解负数是一个表示相反意义的量，并会积极投入探究。学生由熟悉的生活素材出发，自己动手操作、动脑思考得到的知识，能深刻理解并记住。

2. 所选主题具有趣味性

由皮亚杰的儿童认知发展阶段理论知道，学生在小学阶段的认知发展处于具体运算阶段，思维还具有局限性，抽象的语言推理还不能顺利进行，离不开具体事物的支持。小学低年级学生的思维特征主要表现为具体形象思维及机械记忆。他们有很强的好奇心，活泼好动，注意力集中时间短暂，而注意时间的长短与他们的兴趣有关。所以探究的内容最好具有趣味性，能够引起学生的好奇心和求知欲。

“数与代数”这一部分所选择的主题都能够为学生提供生动的教学情境或有趣激烈的游戏等，时刻吸引学生的注意力，促使他们主动探究。如案例 1“分一分”，分数的意义的内容对于小学生来说是枯燥乏味的，也是有一定难度的。教师引入“喜羊羊和美羊羊两个好朋友分饼”这一问题，学生解决问题的热情立刻被点燃。小学生天性好动，于是教师就让学生充分利用学具动手实践，进行探究，切身感受到平均分的公平，进而得到分数的意义。再如案例 2 中设置的猜老师的年龄、儿歌《数青蛙》等环节，学生在活跃欢快的氛围中会很乐意去探究，同时潜移默化地感受到生活中处处有数学。还有案例 3“分数与除法”，采用了两组学生比赛计算谁快谁慢，激起学生的斗志和兴趣，同时设置春游食物分配的情境，从学生已有的生活体验着手，提出问题，激发学生思考。兴趣是最好的老师，学生的学习兴趣一旦被激起，那么他们的自主探究就水到渠成了。

3. 所选主题立足于学生数感的培养，突出课标理念

《义务教育数学课程标准（2011 年版）》（以下简称《标准》）指出，在数学

课程中应当注重发展学生的数感、符号意识。数感主要是指关于数与数量、数量关系、运算结果估计等方面的感悟。也就是说，要理解数的意义，能够用多种方法表示数；能够在具体的情境中判断出数的相对大小；能用数表达和交流信息；能估计运算的结果等。史宁中教授则认为数感的本质是“建立起抽象的数和现实中的数之间的关系，并且能够知道这个大小和现实中的多少之间的关系”。《标准》指出，在小学低年级，要引导学生联系自己身边具体、有趣的事物，通过观察、操作、解决问题等丰富的活动，感受数的意义，体会数用来表示和交流的作用，初步建立数感。所选探究主题应该让学生体会到生活中处处有数的存在，学习用数来概括表达自己对事物的认识。如在案例 1“分一分”中探究分数的意义、认识分数时，学生尽量多地说出与日常生活密切联系的“一半”的情境；然后再动手折出各种“一半”；体验生活中的数以及平均分的公平。同时教师通过播放动画，使学生对数的大小有了强烈的直观感知，并学会估计结果的大小，体会数学中的数与生活中的数的关系。在案例 4“生活中的负数”中，学生注意到身边的温度有高有低、足球赛有进球丢球、生意有赚钱亏本、走路方向有向左向右等，为了表达这些相反的意义，就用到负数。这样，学生更加深刻地明白数渗透在我们生活中的每一个角落。加入负数后，数系扩大为整数，加入分数后数系扩大为实数，学生由于已有知识储备不够容易引起知识冲突。分数、负数等这些数学知识对于小学生来说，理解起来无疑是有困难的，但是亲历分饼、折纸、涂色实践活动，又有向左向右走、温度高低等这些经验，学生明白，原来枯燥的数据都是来自于生活实际的，很容易理解、接受，并在头脑中建立相对完善的学科体系。这种“亲近数学”的行为能够使学生在生活中体会数的含义，建立良好的数感。

史宁中教授认为，“数学上用数进行的所有运算都是个案，而数学要研究一般问题，一般问题又只能通过符号来计算。所以符号也很重要，没有符号就没有数学”。而代数部分所选的主题，其探究方式都是由具体到一般（明确的数到符号），能够很好地体现符号思想。

例如，在小学部分，由具体分数的意义到一般分数的意义的探究（如$\frac{1}{2}$到$\frac{n}{m}$）；由具体数字的运算到一般字母的运算（如青蛙嘴巴数 1 到 n，眼睛数 2 到 $2n$）等。对这些主题的探究，能让学生更好地注意到符号是可以像数一样进行运算和证明的，用符号表示得到的结论才具有一般性。教师要潜移默化地培养学生的符号意识。

数学素养是现代每一个公民所必备的基本素养。具有数学素养的人善于把数学中的概念结论和处理方法推广应用于认识一切客观事物。案例3“分数与除法的关系”的内容体现了数的双重性，即数的数性与运算性。分数是一个数，同时分数又与除法有着密切的关系，体现着一种运算。这样的内容很好地体现了数学的根源，数学本就是通过数数发展而来的。在探究学习过程中，学生会被潜移默化地影响着，往后看待问题时会多角度地思考。

经典案例

案例1 “分一分”的教学设计

吉林省第二实验小学数学探究课题组

一、适用教材

义务教育课程标准实验教科书三年级下册。

二、教学课时

1课时。

三、教学目标

1. 结合具体情境和直观操作，初步理解分数的意义，体会学习分数的必要性。

2. 通过动手折纸、涂色等方式表示简单的分数。

3. 体会探究的乐趣，感受数学在生活中的应用。

四、教学内容

1. 根据学生已具备的知识经验，并借助多种实物资源，组织学生讨论、探究什么才是物体的“一半”。

2. 在学生理解“$\frac{1}{2}$”的表示方法的基础上，引导学生猜测、实验、操作、思考与合作交流，使学生简单理解分数。

3. 所有的学习素材来自于生活，让学生时刻感受到数学源于生活，生活中处处有数学。

五、教学方法

1. 情境式探究教学。分数概念是学生初次接触的重要基础知识，学生建立这样的概念需要一个较长的过程，这时教师需要创设具体生动的问题情境，激活学生已有的生活经验（在学生学习分数以前，学生已经会运用“一半”这样的词语，只是还没有思考过要用什么符号来表示它们），利用实物操作、直观图形等手段，帮助学生逐步理解分数的意义。

2. 教具：学具袋（袋内备有小绳、圆形卡片、长方形卡片、正方形卡片）。

六、教学过程

教学环节	教师活动	学生活动	设计意图
创设情境，提出问题	课件演示《喜羊羊和美羊羊》。 提问： 1. 今天来了两位我们熟悉的朋友，看看他们是谁？ 2. 他们今天遇到了点麻烦，我们看看。（教师配合课件演示）喜羊羊和美羊羊看着一张饼发呆，他们在想怎么分才公平。这时候来了一只狐狸，狐狸就对他们说：“这好办呀，我给你们分。”说着就把饼掰成了两半，把大的这一半给了喜羊羊，小的一半给了美羊羊。像狐狸这样分饼行不行？你打算怎么分？	通过观察课件，回答教师的提问。	用学生喜爱的卡通人物引出问题。

（续表）

教学环节	教师活动	学生活动	设计意图
探究实践，建立数学模型	（播放课件：从中间把一张饼分成两份） 提问： 1. 现在每只小羊得到多少饼？“一半”和“$\frac{1}{2}$”，你更熟悉哪个说法？ 2. 在生活中你还在什么情况下用到了“一半”这个词？ 教师举起一个长方形，剪下一个角，提问：大家说了这么多东西的一半，那老师有一个疑问，这样的一份也是整个东西的一半吗？ （教师课前为每个小组准备一个学具袋，学具袋中有小绳，圆形卡片，长方形卡片，正方形卡片） 提问： 1. 那我们现在就要清楚什么才是一半。现在大家的学具袋中也有一些我们常见的物品，举起来看一看，都有什么？ 2. 大家都找到了这些物品的一半，老师发现不论是纸还是绳子，大家都说到了对折，对折是为了干什么？也就是把着整个东西怎么分了？ 在学生理解“一半”的基础上，引出分数“$\frac{1}{2}$”的表示方法。 教师继续由“$\frac{1}{2}$”引出“$\frac{1}{3}$”，并引导学生学习分数的写法。 教师课件演示练习题：图形的$\frac{1}{2}$、$\frac{1}{3}$、$\frac{1}{4}$。教师继续引领学生学习分数读法、写法。 （教师板书：$\frac{1}{4}$、分数线、分母、分子）	1. 学生回答，引出“一半”的概念。 2. 学生在小组内合作，找出学具袋中每件物品的一半，并在小组内说出自己的想法。 3. 通过回答引出“平均分”概念。学生动手操作，教师到每个小组听取学生的想法，并注意其表达方式是否准确，及时纠错，并找出几种不同的表达方式来展示在黑板上。	1. 通过学生对“分饼”不公平的质疑引出平均分，进而顺理成章地开展交流活动，引导学生理解“一半”。 2. 在学生理解“一半”的基础上，引出分数的表示方法。 3. 在学生认识“$\frac{1}{2}$”的基础上，借助多种素材，引导学生认识其他分数。
交流与提升	提问： 在生活中我们也用到很多的分数，你能说说你在什么时候用到了什么分数吗？和你的小伙伴说一说。	学生进行合作交流，在小组内交流自己的想法。	巩固课堂知识。

（续表）

教学环节	教师活动	学生活动	设计意图
回顾与总结	提问： 通过今天的学习，你们有什么收获啊？ 学生纷纷表示会用分数表示一些物品的一部分；生活中处处都有分数……	学会运用分数。	

七、点评

分数的意义对于小学三年级的学生来说是初次接触，也比较抽象，所以从具体事例中理解抽象概念是这节课的出发点和落脚点。因此，教师在教学设计中主动创设贴近学生的活动情境，让学生时刻保持高涨的学习兴趣，并为学生提供大量可操作性非常强的素材，让学生进行大量的动手实践演示，这些都有助于学生内化知识，主动建构起新的内容体系。下面从几个方面回顾反思本课的教学。

首先是情境创设环节。这一环节在教学中往往起到至关重要的作用，既要调动起学生的积极性，又要提出矛盾问题，引发学生的思考，所以本课设计了喜闻乐见的动画人物，并借助《狐狸分饼》的故事设置矛盾情境。学生解决这一问题并不困难，也能轻松表达出对这一问题的解决方案。所以这一环节的处理比较到位。

第二部分就是本节内容的重中之重，这部分是探索分析、建构数学模型的阶段。《标准》中指出，“在学生的认知发展水平和已有的知识经验基础之上”，“帮助他们在自主探索和合作交流中真正理解和掌握基本的数学知识和基本技能、数学思想和方法”，“数学应源于生活、回归生活”。基于这几点考虑，教师首先分析了学情：学生已具备一定的生活经验，但仅仅是生活中的常识性知识，所以教师在这一部分的处理上就要循序渐进。首先从认识什么才是真正的“一半”开始，组织学生动手“分一分”“画一画”“折一折”，引导学生找出学具袋中各种实物的一半，让学生科学地认识“一半”是建立在平均分的基础上的，进而为如何科学地表示“一半”提供铺垫。这样的设计比较直观，只有学生亲身经历动手操作，知识的内化才能得以真正实现，所以在这部分，教师投入了大量的教学时间和实物素材，目的就是让学生能够建立有关分数的初步且科学的概念。在学生认识了

“一半”之后，教师便顺利过渡到如何表示“一半”。学生对这一内容已具备一定的知识基础，会用“$\frac{1}{2}$”来表示“一半”，对“$\frac{1}{2}$”也比较熟悉，所以教师对这部分没有过多予以讲解。

学生的基础不同，发展潜能也不尽相同，所以教师在教学中要尽量让更多的学生得到不同层次的发展。学生在认识了“$\frac{1}{2}$”的基础上，认识其他简单分数时，教师仍然为学生提供大量图片和可操作的实物。这样的安排既尊重了部分学生仍然需要借助实物动手的需要，也尊重了部分学生独立思考的需要，考虑到了不同层次学生的不同发展要求。

在认识“$\frac{1}{2}$”时，教师再一次让学生动手“折一折”“涂一涂”一张正方形卡片的$\frac{1}{4}$，不仅仅是让学生找出一个图形的$\frac{1}{4}$，更重要的是让学生理解，无论怎么去折这张卡片，也无论涂出来是什么图形，只要把这张卡片平均分成了4份，那么每一份就是这张卡片的$\frac{1}{4}$。这个目标仅靠学生的独立思考是很难达成的，所以在此处组织动手操作并合作交流是非常必要的。实践证明，学生在这样的动手操作活动的基础上，借助直观，理解相关概念就容易了很多。

回顾整节内容，教师从动画人物入手拉近了数学与学生之间的距离，使课堂教学活跃起来，充分重视学生的动手操作，通过操作让学生对分数的含义有了直观的认识，在现实情境中“做”数学，加深对分数概念含义的理解。教师降低了分数概念理解的难度，为学生搭建了突破的平台。通过让学生动手操作、动口交流、动脑思考，发展了学生的思维能力，培养了学生的实践能力和思考意识。

案例2　用字母表示数

吉林省第二实验小学数学探究课题组

一、适用教材

人教版九年义务教育课程标准实验教材五年级上册。

二、教学课时

1课时。

三、教学目标

1. 通过具体情境，学会用字母表示数，并能用字母表示有关的数量关系。

2. 探索用字母表示数的过程，发展抽象概括能力及小组自主、合作、探究的能力。

3. 激发求知欲和好奇心，感受数学探索的乐趣，体会到“生活中处处蕴含着数学知识”。

四、教学内容

学生第一次接触用字母表示数，教师在教学中让学生在具体情境中完整地经历并掌握用字母表示数量、数量关系和计算公式的过程和方法，引导学生初步理解用字母表示数的意义。

五、教学方法

1. 以学生感兴趣的师生年龄问题、数手指、数青蛙的儿歌为问题情境，层层深入，逐步探究。本节课是基于学生独立思考基础上的探究，学生经历了从直观认识到理性思考的过程，积累了从事数学活动的经验，知识、能力、情感得到同步发展，因此适合进行探究式学习。

2. 教具：字母卡片。

六、教学过程

教学环节	教师活动	学生活动	设计意图
创设情境，提出问题	1. 引入魔盒，经过魔盒的数字将变成另外一个数。 2. 概括魔术结论。进去的数可以用一个字母来概括，那么出来的就是这个字母加 10。 课件演示，打开魔盒，呈现 $a+10$，进一步讨论 $a+10$ 的意义。 引出探究主题——用字母表示数。 板书课题。	通过观察特殊情境，回答教师的提问，探究讨论 $a+10$ 的意义。	情境导入，用魔术吸引学生的注意力。

（续表）

教学环节	教师活动	学生活动	设计意图
初步推测，提出假想	1. 教师利用与学生的年龄差，用字母表示年龄关系。 我比 ×× 大28岁，你知道我多少岁吗？ 板书：×× 老师 1 1＋28 2 2＋28 3 3＋28 …… …… a $a+28$ 当 ××1 岁时，袁老师多少岁？ ××两岁时呢？当 ×× 大学毕业 23 岁时老师多少岁呢？当 ××a 岁时呢？如果不用 a 这个字母，你能用其他字母表示吗？可以用任意一个字母。 2. 教师小结。看来用含字母的式子表示生活中的数量是要符合生活实际的，有一定的范围的。（板书：范围）	学生随着教师的讲解不断提问，学习用字母表示数量关系。	引导学生初步感受用字母表示一个变化的数及其简洁概括的特点，并初步体验取值范围。
设计方案，验证假想	1. 数手指游戏。每只手 5 根手指，引出用字母来表示有多少只手，即 N 只手，手指数表示为 5×N。 2. 数和字母相乘时，乘号可以用小圆点来代替，（板书：5·N）也可以省略乘号，把数字写在字母的前面。（板书：5N） 3. 5N 随着 N 的变化而变化。看来字母不仅可以直接表示一个数，含有字母的算式也可以表示一个数，而且，我们还能够清楚地看出这两个量之间的关系。	说出手指总数表示为 5×N。	1. 让学生感受用字母表示变化的数和数量关系的方法。 2. 引导学生进一步体验不仅用字母可以表示一个数，用含有字母的算式也可以表示一个数，体现两个量之间的数量关系。
分析数据，得出结论	演示儿歌《数青蛙》（一只青蛙一张嘴，两只眼睛四条腿。二只青蛙二张嘴，四只眼睛八条腿。三只青蛙三张嘴，六只眼睛十二条腿。），像刚才猜老师年龄一样用字母表示。	学生独立思考后在小组内交流。 学生观察后得出：1 只青蛙 2 只眼睛，a 只青蛙就是 a 个 2 只眼睛，所以可以用 $2a$ 表示；同理，a 只青蛙就有 a 个 4 条腿，所以可以用 $4a$ 表示，因此，第三种表示方法合理。	引导学生关注数量之间的内在关系。

（续表）

教学环节	教师活动	学生活动	设计意图
反思过程，形成反馈	教师出示习题： 填一填。 （1）一件上衣a元，一条裤子比上衣便宜14元，一条裤子（　　）元。 （2）一支钢笔6元钱，买a只钢笔需（　　）元钱。 （3）一辆公共汽车上原来有25人，到临河街站又上来x人，现在车上有（　　）人。 （4）今天早晨长春市的温度是2摄氏度，中午比早晨高b摄氏度。中午的气温是（　　）摄氏度。 （5）每76年才露一面的哈雷彗星，公元s年出现后，它再一次出现在星空将是公元（　　）年。	学生做题。	引导学生在生活情境中学习。

七、点评

苏霍姆林斯基说过：“在人的心灵深处，都有一种根深蒂固的需要，就是希望自己是一个发现者、研究者、探索者。”教师在教学中要尊重学生的主体性，精心设计知识的呈现形式，营造良好的探究氛围，让学生置身于一种探索问题的情境中，以激发学生的创新潜能和实践能力。

本节课以学生为主导，选择接近学生最近发展区、学生感兴趣的探究主题，以学生生活经历为素材，将生活中的实际问题提升到数学的高度。教师通过师生的年龄问题使学生初步感受用字母可以表示一个变化的数及其简洁概括的特点，初步体验取值范围；通过数手指游戏，让学生进一步认识到，不仅字母可以表示一个数，含有字母的算式也可以表示数，体现两个量之间的数量关系；通过《数青蛙》的儿歌让学生探究数量之间的内在关系。教学活动的设计充分利用学生的知识经验基础、认知特点，重视学生的年龄特点和学生已有的知识经验，教师充分运用学生熟知的生活经验，使数学学习变得易于进行。

教师活用教材，让每个环节发挥最大的效用。教师从教教材到用教材教，实现了观念和方法的转变；从用教材中的材料教到选择、设计合适的材料教，更是一种创造和发展。教师善于发现和选择有利于学生发展的学习材料，促使学生主动学习、和谐发展。本节课抛开了教材中的原有例题，从学生生活中选择教学素材。选择这样的材料不仅有助于学生的发展，而且能促使学生积极思维，主动地学习。教师不应该仅仅是课程的实施者，而且应该成为课程的创造者和开发者。教师在教学中的导入是按照学生的年龄特点（也包括教师自身的优势、特长）所设计的。教师用算老师的年龄及学儿时的歌谣来激发学生的好奇心，同时还注重调动学生的主体性和主动性，创设了一定的学习情境，激发学生主动去畅想自己和老师的年龄，既直观又符合学生的心理特点。

本节课探究活动组织到位，课堂生成水到渠成。用字母表示数这一内容看似浅显、平淡，但它是由具体的数和运算符号组成的式子过渡到含有字母的式子，是学生学习数学的一个转折点，也是学生认识过程的一次飞跃。其整个教学过程实质上是从个别到一般的抽象化过程。

案例3　分数与除法的关系

中国科技大学附属小学 冯发祥

一、适用教材

苏教版教材五年级上册。

二、教学课时

1课时。

三、教学目标

1. 让学生经历探索分数与除法的关系的过程，理解并掌握分数与除法的关系，能用分数表示除法的商。

2. 使学生经历动手操作、合作交流、观察归纳等学习活动的过程，培养学生基本的数学素养。

四、教学内容

苏版教材五（下）P44 ~ P45。

五、教学方法

引导学生探究：3个圆饼平均分给4人，怎么分？教学中预留了相当的时间，让学生用3张圆形纸片代替3个饼动手剪一剪、分一分。通过动手操作，学生在猜想、尝试、思考中真正经历分数与除法的关系的探索过程。在这一环节中，为了保证探究的真实性和深刻度，学生独立思考，教师不作任何提示，不设置路标式的问题串。

六、教学过程

教学环节	教师活动	学生活动	设计意图
比赛导入，激趣揭题	1. 教师快速书写两组除法算式。 第一组题：24÷6　12÷3　8÷4　3÷3 第二组题：1÷2　3÷4　1÷8　11÷20 2. 说明除法算式所表示的意义，如24÷6表示把24平均分成6份，每份是多少。随抽几个算式让学生说。（老师随意抽一男一女各自代表男生和女生） 3.（比赛结果，必然一人欢喜一人忧。安慰失败者）宣布学完新课一定让比赛失败的露出笑容。	积极参与计算比赛。	用比赛的形式激发学生的学习兴趣，引导学生回顾除法知识。

（续表）

<table>
<tr><th>教学环节</th><th>教师活动</th><th>学生活动</th><th>设计意图</th></tr>
<tr>
<td>创设情境，引导探索</td>
<td>以春游平分食物为题目出示小黑板：
<table>
<tr><th>同学</th><th>食品</th><th>数量</th><th>小组人数</th><th>平均每人分得的数量</th></tr>
<tr><td>A</td><td>蛋糕</td><td>1</td><td>3</td><td></td></tr>
<tr><td>B</td><td>牛奶</td><td>1</td><td>4</td><td></td></tr>
<tr><td>C</td><td>圆饼</td><td>3</td><td>4</td><td></td></tr>
<tr><td>D</td><td>糖</td><td>5</td><td>7</td><td></td></tr>
</table>
提问：同学们能帮老师算出每组平均每人分得的数量吗？怎样算？
1. 出示第一组数据，指名列式，并让学生说出理由，老师板书 $1 \div 3 = \frac{1}{3}$（块）。
小结：同学们说得对，除法是表示“平均分”的算式，而分数是表示“平均分”的结果，由于他们都是解决“把 1 块平均分成 3 份，每份是几块”这一问题，所以除法算式“$1 \div 3$”的结果与“$\frac{1}{3}$”之间是一种相等关系，可以用等号来连接。（逐步板书完课题）
2. 出示第二组数据，指名列式，并让学生说说是怎样想的，教师板书：
$1 \div 4 = \frac{1}{4}$（升）。
3. 出示第三组数据，指名汇报列式，教师板书：
$3 \div 4 =$____。
问：平均每人分多少块呢？
4. 出示第四组数据。
你能很快报出算式和得数吗？
猜测：平均每人分得多少袋？
推理：$5 \div 7 = \frac{5}{7}$（包），把 5 包平均分成 7 份，取这样 1 份，就相当于把 1 包平均分成 7 份，取这样的 5 份。</td>
<td>小组合作，实验操作；（拿出 3 张完全相同的圆和剪刀）预测有多种分法：
①一块一块地分，每人每次分得 $\frac{1}{4}$ 块，3 个 $\frac{1}{4}$ 块是 $\frac{3}{4}$ 块。
② 3 块一起分，每人分得 3 块的 $\frac{1}{4}$，3 块的 $\frac{1}{4}$ 是 $\frac{3}{4}$ 块。</td>
<td>从学生参与兴致高的题目入手，提高学生的参与度。

引导学生逐步探究。</td>
</tr>
</table>

（续表）

教学环节	教师活动	学生活动	设计意图
创设情境，引导探索	5. 归纳分数与除法的关系。 观察上面的 4 个等式，你能说出分数和除法有什么关系吗？ 结论：在用分数表示整数除法的商时，要用除数作分母，被除数作分子。反之，一个分数也可以看作两个数相除，分数的分子相当于除法中的被除数，分母相当于除数，分数线相当于除号。即： 被除数 ÷ 除数 $=\frac{被除数}{除数}$（板书） 讨论为什么分母不能为零。（因为除法中的除数相当于分数中的分母，除数不为零，所以分数的分母不能为零）	学生观察等式，猜想结论。	
巩固强化，拓展应用	1. 聚焦课始的第二组比赛题，引导学生顺利完成口算。 2. 布置作业。	先前的失败者果然露出笑容。	巩固练习。
总结归纳	通过今天的学习，说说你有哪些收获？	学生讨论。	回忆当天所学内容，加深记忆。

七、点评

本节课的重要目标是让学生理解并掌握分数与除法的关系，即被除数 ÷ 除数 $=\frac{被除数}{除数}$。如果用灌输式教学，不到一分钟就可以教给学生，然而那是只求结果不求过程，即所谓“斩头去尾烧中段”。学生根本无法亲身经历新知识的产生形成过程，在头脑中的印象也是不会牢固的。

事实证明，探究出 $3\div4=\frac{3}{4}$（块），学生既知其然又知其所以然，学生对分数与除法的关系理解得比较透彻，同时也品尝到探究后的幸福与喜悦。

案例4　生活中的负数

辽宁省鞍山市铁东区二一九小学数学探究课题组

一、适用教材

冀教版五年级下册。

二、教学课时

1课时。

三、教学目标

1. 引导学生结合生活情境，体会正、负数的意义及表示方法，用正负数表示一些生活中的问题。

2. 让学生知道0既不是正数也不是负数，体会0的分界作用。

3. 结合具体实例对学生进行爱国主义教育，渗透科学精神教育。

四、教学内容

冀教版教材五年级下册第4~6页。

五、教学设计

教学环节	教师活动	学生活动	设计意图
创设情境，引出新知	1. 填表。 ① 足球比赛，国家队上半场进了3个球，下半场丢了2个球。 ② 学校四年级共转来25名新同学，五年级转走了18名同学。 ③ 小明的妈妈做生意，三月份赚了6000元，四月份亏了2000元。 2. 有序反馈学生的记录情况。 3. 明确概念，了解正、负数的读法和写法。 4. 出示史料，进一步了解负数的历史。（师结合课件介绍） 5. 明确研究对象，引出课题“生活中的负数”。	集体讨论。	常规计算引出探究主题，从学生的最近发展区出发。

（续表）

教学环节	教师活动	学生活动	设计意图
动手操作，建立概念	一、出示题目 1. 城市气温中的正数和负数。 部分城市今年 2 月某一天的气温情况。 哈尔滨零下 15 度到零下 3 度，北京零下 5 度到 5 度，上海 0 度到 8 度，海口 12 度到 20 度。 引导学生观察：（1）这些温度里有负数吗？ 北京的气温是 − 5℃到 5℃，这两个温度的意思一样吗？ （2）重点理解“0℃”。 （3）动手拨温度计。 ① + 5℃和 − 5℃；② − 15℃和 − 5℃；③ − 40℃ 2. 总结归纳正、负数和 0 的关系。 （1）广泛举例。刚才我们已经了解了这么多的正数和负数，谁还能再说几个？ （2）所有的正数和 0 相比有什么关系？负数和 0 比呢？（负数 < 0 < 正数） （3）0 算正数还是负数？	学生审题，回答教师的问题。 学生操作。 学生参与举例。	让学生通过观察常见现象，理解探究主题。探究内容贴近学生的生活。
借助实例，解释应用	1. 电梯中的正、负数。 叔叔上五楼开会，阿姨到地下二楼取车，应按哪两个键？ 2. 海拔高度中的正、负数。 莲花峰比海平面高 1864 米，记作“+1864 米”。 吐鲁番盆地比海平面低 155 米，记作___米。 3. 方向中的正负数。 下图中，每个小格代表 1 米，小华开始的位置在 0 处。 −8 −7 −6 −5 −4 −3 −2 −1 0 +1 +2 +3 +4 +5 +6 +7 +8 西 东 （1）小华从 0 点向东行 5 米，表示为 +5，那么他从 0 点向西行 3 米，表示为（　　）米。 （2）如果小华的位置是 7 米，说明他是向（　　）行（　　）米。 （3）如果小华的位置是 −8 米，说明他是向（　　）行（　　）米。	小组讨论，反馈答案。	引导学生应用所学知识。
归纳总结，课后复习	其实负数在我们的生活中还有着广泛的应用。希望同学们能用数学的眼光观察生活、走进生活，去发现更多更有趣的知识。 布置作业。	思考。	

六、点评

“负数”这一概念虽然是第一次出现且比较抽象，但学生对此并不是一无所知。学生经常会从天气预报中收看到关于气温的信息，再加上购物中的消费，对负数已有了认知基础。在本节课中，教师通过三个活动呈现教学内容，由浅入深，由具体到抽象，遵循学生的认知规律，使多数学生积极参与，真正实现每个学生都有提高，达到了教学目标。

然后通过设计大量具有生活实际背景的练习活动，让学生学会用正负数表示一些具有相反意义的量。再从寻找生活中的正负数的活动中，让学生自己列举生活中正负数应用的实例，理解负数的意义，建立正数和负数的数感。从有效开展探究性学习活动的价值来看，这堂课的每一个环节都设计了一些探究性的活动，所有的教学活动都是围绕着“负数”展开的，以促进学生的有效发展为突破点，凸显了以学生为学习主体的价值取向。

第二节　数与代数（初中部分）

探究主题

1. 负数的概念。
2. 绝对值的意义。
3. 有理数大小的比较。
4. 有理数的加法。
5. 去括号法则。
6. 有理数的乘法。
7. 加法运算律与乘法运算律。
8. 有理数的乘方。
9. 科学记数法。
10. 用字母表示数。

11. 整式的加减。
12. 列方程（组）解决实际问题。
13. 二元一次方程组的解。
14. 幂的运算法则。
15. 整式的乘法公式。
16. 因式分解。
17. 异分母的分式加减法。
18. 可化为一元一次方程的分式方程。
19. 根的判别式。
20. 一元二次方程的解法。
21. 不等式的性质。
22. 列一元一次不等式解应用题。
23. 一元一次不等式组。
24. 正比例函数的图象与性质。
25. 反比例函数的图象与性质。
26. 一次函数的图象与性质。
27. 韦达定理。
28. 二次函数的图象与性质。
29. 二元一次方程组的解法（代入法、加减法）。
30. 一次函数与一元一次方程、一元一次不等式（组）的关系。
31. 二次函数与一元二次方程、一元二次不等式的关系。

主题论证

1. 这些主题所探究的问题都具有情境性

所谓创设情境，是指教师有目的、有意识地构建情境性问题或探索性问题以促使学生去质疑问难、探索求解。数学情境是以思维为核心，以情感为纽带，以生活实践为基础的。教师通过设置各种符合学生数学学习心理特点的情境问题，能够巧妙地把学生的数学认知和情感结合起来。

数学情境分为很多种类型，如生活化情境、障碍性情境、问题型情境等。在初中阶段，最常遇到的是生活化情境。

数与代数部分的主题中，所要探究的问题大多具有情境性的特点，那么，我们如何设置这些情境呢？

如案例 2“一次函数应用的探究”设置了“装修按电灯算电费”这样的实际背景，这是每个学生都有的生活实践体验，引发了学生极大的兴趣。教师通过探究交流，让学生抽象出数学模型，并且通过解不等式法和利用函数解析式与图象两种方法给出解答，使看似复杂的实际问题变得清晰明了。接着在“应用迁移，巩固提高”中又给出练习，让学生通过完成习题体会到了成功的喜悦与满足。这样，教学从生活中来，到生活中去。

再如，案例 3“二次函数，用函数观点看一元二次方程（1）”也是从实际情境出发，从学生已有的生活体验着手，提出问题，激起学生的思考。这样的课堂不强迫学生，显得水到渠成，自然顺畅，处处体现探究的思想。

2. 所选主题的探究符合学生的认知水平

数学与其他学科相比，本身就相对抽象，学生在学习过程中会存在较多困难。在初中阶段的数学教学中，教师应当结合数学自身的学科特点，遵循初中生的心理发展规律，将数学活动建立在学生已有的经验基础上，设计的活动符合学生现有的数学知识结构，与学生的认知发展水平相适应。同时，教师要将学生的数学知识、个人经验以及现实生活作为数学探究与教学活动的重要素材，使得学生真正理解数学，掌握数学。

“数与代数”部分所选择的主题都是对学生略有挑战性的问题，接近学生的最近发展区，既不过于简单，激不起学生的探究欲望，又不过于复杂，使学生无从下手。“数与代数”部分的内容与“空间与图形”和“概率与统计”的内容相比，相对枯燥，而所选的主题都符合学生现有的认知水平，都有助于全体学生的参与，学生在教师的引导下，通过合作与交流能够很好地进行探究，进而创造性地学习知识，使得原本单调的学习充满探索性。如案例 1“反比例函数的图象和性质的探究”，教师的主题选择与课程设计都与学生的认知水平相一致。本课教学针对的是八年级的学生，对于这个年龄段的初中生来说，反比例函数相对比较抽象，与正比例函数相比，难度大大增加，更加难于理解和掌握，探究的难度也大幅度增加。教师从用“描点法”引导学生画函数图象入手，帮助学生研究反比例函数，通过列表的方式降低了学生画图的难度，使得学生稍加思考便能完成反比例函数的图象,进而为探究反比例函数的性质及与正比例函数的关系打下基础。学生在接下来的活动中，通过比较特殊的两组反比例函数的图象，研究它们的异同点，经过合作交流讨论，抽象出所有反比例函数的性质与特点，完成了对反比例函数这一难点的初步探究。教师在整个教学过程中都以学生的认知水平为基准，通过对课程难度的适当调整，既保持了一定的难度与悬念，激发了学生的探究兴趣，又在此基础上设置了一些教学环节帮助学生克服研究的困难，使学生的探索达到“跳一跳，摘得到”的水平，学生的创新意识与创造性思维都得到了更好的培养。

3. 所选主题都蕴含着丰富的数学思想与方法

数学的教学不仅是数学知识与数学技能的教学，更重要的是数学思想方法的教学。数学思想是指人们对于数学知识、方法和规律的本质认识，而数学方法则是解决数学问题的策略和程序，是数学思想的具体化。数学思想与数学方法在本质上是相通的，通常混称为“数学思想方法”。新课程标准提出的目标之一，就是让学生获得适应未来社会生活和继续学习所必需的数学基本知识及数学基本思想方法。教师在教学中除了注重对学生的观察分析能力、动手操作能力和思考能力的培养，更应在探究中经常渗透数学思想与方法。学生对于思想与方法的领悟远比掌握数学知识重要得多，学生体会到了研究数学的本质与核心，便能在日后的数学学习中更好地进行探索与研究，对于其创造能力的发展至关重要。

本部分所选的主题都包含了丰富的数学思想方法，学生在探究问题、解决问题的过程中，通过运用这些思想方法，学到数学知识，同时，逐渐形成运用这些思想方法解决数学问题的能力。如在对“二元一次方程组的解”的探究中，学生在教师的引导下运用转化的数学思想将陌生的二元一次方程组转化成熟悉的一元一次方程，从而探究出求解的方法。随着这种转化思想的渗透，学生在后续的学习中也会运用这种方法去探究出更多的数学问题。又如在对一次函数、二次函数、反比例函数等函数问题的研究中，数形结合的思想贯穿始终，学生通过图象探究函数的性质，利用性质也更好地掌握函数图象的发展趋势。学生慢慢地领悟到通过数形结合研究函数问题的思想方法，不但为高中学习更加复杂的函数提供了探究的思想与解决问题的模式，更使得数学思维能力显著提升，从而可以更好地研究数学问题、解决数学问题。

经典案例

案例1　对反比例函数的图象和性质的探究

宁夏吴忠市第一中学　吴炜

一、使用对象

八年级学生。

二、教学课时

1课时。

三、教学目标

（一）知识与技能

1. 会画反比例函数的图象，并知道该图象与正比例函数、一次函数图象的区别。

2. 能从反比例函数的图象中分析出其性质，能用反比例函数的定义和性质解决实际问题。

（二）过程与方法

1. 通过画图象，进一步培养“描点法”画图的能力和方法，并提高对函数图象的分析能力。

2. 尝试运用类比和从特殊到一般的思路方法，归纳反比例函数的性质特征。

（三）情感、态度与价值观

培养观察、分析、归纳的能力，感悟数形结合的数学思想方法，体会函数在实际问题中的应用价值。

四、教学重点难点

1. 教学重点

探究反比例函数图象的画法、反比例函数性质的运用。

2. 教学难点

对反比例函数图象是平滑双曲线的理解及对图象特征的分析。

五、教学准备

教师将全班分成合作小组，准备好多媒体课件。

六、科学探究教学过程

（一）创设情境

1. 用描点法画图象的步骤可以简单地根据为列表、描点、连线。

2. 试用描点法画出下列函数的图象：（1）$y=2x$；（2）$y=1-2x$。

（通过复习画图的步骤，让学生回忆画图的方法）

（二）合作交流，解读探究

1. 提出问题。我们已知道，一次函数 $y=kx+b$（$k\neq 0$）的图象是一条直线，那么反比例函数 $y=\frac{k}{x}$（k 为常数且 $k\neq 0$）的图象是什么样的呢？（提出本节课的主要问题）

2. 尝试作图。用描点法来画出反比例函数的图象，让学生通过自己探究了解反比例函数图象的特点。

3. 画出反比例函数 $y=\frac{6}{x}$和 $y=-\frac{6}{x}$的图象。让学生自己画图，对于原点的问题可以让学生独立思考解决，或者小组讨论解决。

解：列表。

x	…	−6	−5	−4	−3	−2	−1	1	2	3	4	5	6	…
$y=\frac{6}{x}$			−1.2		−2	−3		6		2			1	
$y=-\frac{6}{x}$		1	1.2			3	6				−1.5			

（请把表填完整）

描点，以表中各对应值为坐标，在直角坐标系中描出各点。

连线，用平滑的曲线把所描的点依次连接起来。（这里主要讨论原点如何处

理，怎样用光滑的曲线连接点）

4. 探究。反比例函数 $y=\frac{6}{x}$ 和 $y=-\frac{6}{x}$ 的图象有什么共同特征？它们之间有什么关系？它与我们所学的一次函数有什么不同之处？

5. 做一做。把 $y=\frac{6}{x}$ 和 $y=-\frac{6}{x}$ 的图象放到同一坐标系中，观察一下，看它们是否对称。

6. 归纳。反比例函数 $y=\frac{6}{x}$ 和 $y=-\frac{6}{x}$ 的图象的共同特征：

（1）它们都由两条曲线组成。

（2）随着 x 的不断增大（或减小），曲线越来越接近坐标轴（x 轴、y 轴）。

（3）它们的图象属于双曲线。

此外，$y=\frac{6}{x}$ 的图象和 $y=-\frac{6}{x}$ 的图象关于 x 轴对称，也关于 y 轴对称。

7. 做一做。在平面直角坐标系中画出反比例函数 $y=\frac{3}{x}$ 和 $y=-\frac{3}{x}$ 的图象。

8. 交流。

结合 $y=\frac{6}{x}$ 和 $y=-\frac{6}{x}$ 的图象及 $y=\frac{3}{x}$ 和 $y=-\frac{3}{x}$ 的图象思考：

（1）它们有什么共同点和不同点？

（2）每个函数的图象分别位于哪几个象限？

（3）在每一个象限内，y 随 x 的变化而如何变化？

猜想：反比例函数 $y=\frac{k}{x}$（$k\neq 0$）的图象在哪些象限，由什么因素决定？在每一个象限内，y 随 x 的变化而如何变化？它可能与坐标轴相交吗？（这是本节课的主要内容，也是难点，要让学生通过图形来探究为什么图象不与坐标轴相交）

9. 归纳。

（1）反比例函数 $y=\frac{k}{x}$（k 为常数，$k\neq 0$）的图象是双曲线。

（2）当 $k>0$ 时，双曲线的两支分别位于第一、第三象限，在每个象限内，y 值随 x 值的增大而减小。

（3）当 $k<0$ 时，双曲线的两支分别位于第二、第四象限，在每个象限内，y 值随 x 值的增大而增大。

（三）应用迁移，巩固提高

1. 练习。

（1）已知：反比例函数的图象经过点 A（2，6）。①这个函数的图象分布在哪些象限？ y 随 x 的增大而如何变化？②点 B（3，4）、C（－2，－4）和 D（2，5）是否在这个函数的图象上？

（2）已知：反比例函数 $y=\dfrac{5}{x}$ 的图象上有两点 $A(x_1, y_1)$ 、 $B(x_2, y_2)$ ，且 $x_1<x_2$，那么以下列结论正确的是（　　）

A. $y_1>y_2$　　B. $y_1<y_2$　　C. $y_1=y_2$　　D. y_1、y_2 之间的大小关系不能确定

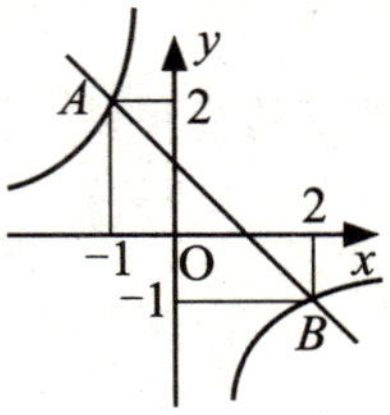

2. 小组讨论：如右图，一次函数与反比例函数的图象相交于 A、B 两点，则图中使反比例函数的值小于一次函数的值的 x 的取值范围是（　　）

A. $x<-1$　　　　B. $x>2$

C. $-1<x<0$ 或 $x>2$　　　　D. $x<-1$ 或 $0<x<2$

3. 变式训练：

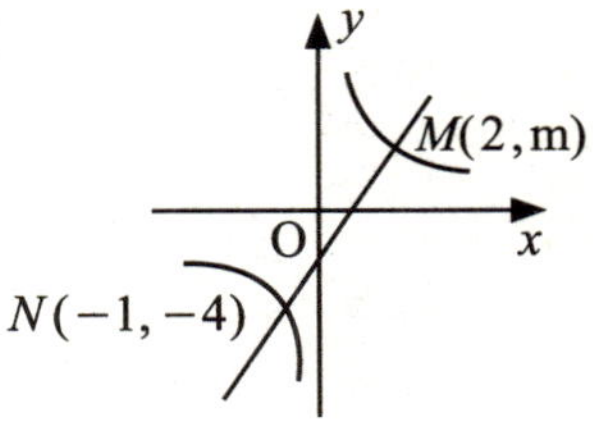

如右图，一次函数 $y=ax+b$ 的图象与反比例函数 $y=\dfrac{k}{x}$ 的图象交于 M、N 两点。

（1）求反比例函数与一次函数的解析式。

（2）根据图象写出使反比例函数的值大于一次函数的值的 x 的取值范围。

（四）归纳小结

本节课主要研究反比例函数的图象，并通过图象来认识反比例函数的性质，解决有关函数的问题，让学生在画图中探究反比例函数的性质。

七、点评

数学教学应从学生的实际出发，创设有助于学生自主学习的问题情境，引导学生通过实践、思考、探索、交流获得知识，掌握技能，发展思维，学会学习。

本课采用探究式教学，让学生主动去探索，分层教学顾及全体学生，达到优秀生得到培养、后进生也有所收获的效果。设置学生熟悉的问题情境，尽量贴近学生生活，激发学生的学习兴趣，提高学生思考问题的积极性和解决问题的能力，从而培养其对数学学科的浓厚兴趣。

在学生学习了一次函数和作图的基础上，提出另外一种函数图象，使得学

生有探索的兴趣。整个教学环节都以学生的自主探索为主，实现了反比例函数概念与性质的再发现。在例题的教学方面，教师出示例题之后，并没有急于去分析，而是启发、引导学生依靠自己的理解去解决。这样处理问题，充分体现了“教师是学生学习的组织者、合作者、引导者”,“让不同的学生在数学上得到不同的发展”。之后，教师再引导学生用函数的图象去解决问题。函数的主要目的就是用来解决实际问题，尤其是数形结合的思想让学生能体会到函数的真正用途，关于反比例函数的应用性本课没有体现出来，如果探究能结合实际背景的话，效果会更好。

由于函数比较抽象，学生在理解上还是有一定困难的，教师在处理时要多给学生自主探究的时间，也不必过于小看学生的能力，放手让学生自己去找问题的答案，教师要少讲多听，让学生真正体会到数形结合的用途，学会解决函数问题的方法。

案例2　一次函数应用的探究

宁夏吴忠市第一中学　　张俊琪

一、使用对象

八年级学生。

二、教学课时

1 课时。

三、教学目标

1. 巩固一次函数知识，灵活运用变量关系解决相关实际问题。

2. 有机地把各种数学模型通过函数统一起来，提高解决实际问题的能力。

四、教学重点、难点

1. 教学重点

（1）建立函数模型。

（2）灵活运用数学模型解决实际问题。

2. 教学难点

建立合适的数学模型。

五、科学探究教学过程

（一）创设情境

小刚家致富后，盖起了一座三层楼房，现正在装修，准备安装照明灯，他和他父亲一起去灯具店买灯具。灯具店老板介绍说："一种节能灯的功率是 10 瓦（即 0.01 千瓦），售价 60 元；一种白炽灯的功率是 60 瓦（即 0.06 千瓦），售价为 3 元。两种灯的照明效果是一样的，使用寿命也相同（3000 小时以上）。"父亲说："买白炽灯可以省钱。"而小刚正好读八年级，他在心里默算了一下说："还是买节能灯吧。"父子二人争执不下，如果当地电费为 0.5 元／千瓦时，请聪明的你帮助他们选择一种省钱的灯。（通过实际生活中的鲜活例子，让学生了解数学的真正用途，体现数学的应用性）

（二）合作交流，解读探究

1. 问题：节省费用的含义是什么呢？哪一种灯的总费用最少？（最佳方案问题一直是比较值得探究的问题之一，贴近生活，便于学生理解、探究）

灯的总费用＝灯的售价＋电费

电费＝0.5×灯的功率（千瓦）×照明时间（时）

2. 问题：如何计算两种灯的费用？

（学生合作讨论，并总结如下）

设照明时间是 x 小时，节能灯的费用 y_1 元表示，白炽灯的费用 y_2 元表示，则有：

$y_1 = 60 + 0.5 \times 0.01x$；

$y_2 = 3 + 0.5 \times 0.06x$

观察上述两个函数：

若使用节能灯省钱，则有 $y_1 < y_2$。

若使用白炽灯省钱，则有 $y_1 > y_2$。

若使用两种灯的费用相等，则有 $y_1 = y_2$。

若 $y_1 < y_2$，则有：

$$60 + 0.5 \times 0.01x < 3 + 0.5 \times 0.06x$$

解得：$x > 2280$

即当照明时间大于 2280 小时时，购买节能灯较省钱。

若 $y_1 > y_2$，则有：

$$60 + 0.5\times0.01x > 3 + 0.5\times0.06x$$

解得：$x < 2280$

即当照明时间小于 2280 小时时，购买白炽灯较省钱。

若 $y_1 = y_2$，则有：

$$60 + 0.5\times0.01x = 3 + 0.5\times0.06x$$

解得：$x = 2280$

即当照明时间等于 2280 小时时，购买节能灯、白炽灯均可。

3. 提出问题：能否利用函数解析式和图象给出解答呢？

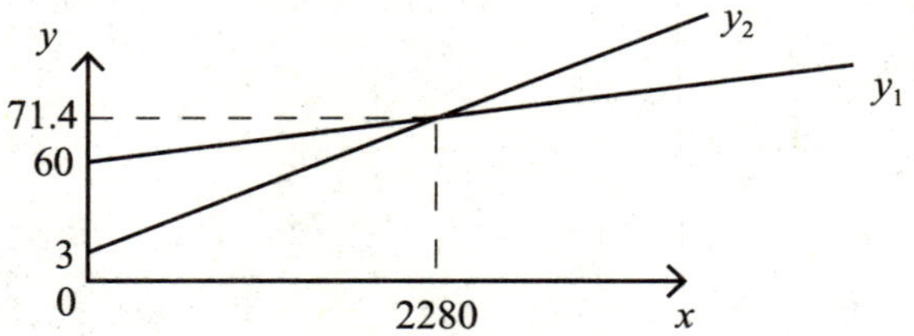

解：设照明时间是 x 小时，节能灯的费用 y_1 元表示，白炽灯的费用 y_2 元表示，则有：

$y_1 = 60 + 0.5\times0.01x$；　　　　$y_2 =3 + 0.5\times0.06x$.

即：$y_1 = 0.005x + 60$　　　　$y_2 =0.03x + 3$

由图象可知，当照明时间小于 2280 时，$y_2 < y_1$，故用白炽灯省钱；当照明时间大于 2280 时，$y_2 > y_1$，故用节能灯省钱；当照明时间等于 2280 时，$y_2 = y_1$，购买节能灯、白炽灯均可。（通过两种不同的解决方法，让学生直观认识到数形结合的用处：把问题转换成函数问题来处理，把抽象的函数问题用直观的图象来解决是函数图象的主要用途）

4. 归纳。

（1）建立数学模型——列出两个函数的关系式。

（2）通过解不等式或利用图象来确定自变量的取值范围。

（3）选择出最佳方案。

（三）应用迁移，巩固提高

某单位要印刷一批北京奥运会宣传资料，在需要支付制版费 600 元和每份资料 0.3 元印刷费的前提下，甲、乙两个印刷厂分别提出了不同的优惠条件，甲印刷厂提出：凡印刷数量超过2000份的，超过部分的印刷费可按9折收费。乙印刷厂提出：凡印刷数量超过3000份的，超过部分印刷费可按8折收费。根据印刷数量大小，请讨论该单位到哪家印刷厂印刷资料可获得更大优惠。

（四）归纳小结

本节课主要研究利用一次函数的图象来解决有关函数的实际问题。

六、专家点评

教师的问题设计能让学生明白，在解决这类问题时，通过函数的图象能够更加直观地看出何种方案才是最优方案，这是函数的优点，数形结合的思想能很好地解决实际问题。

教师在教学活动中具有明确的目标导向，能够从整体上把握教材，制订全面、合理的三维教学目标，使学生的学习兴趣、分析和解决问题的能力、合作交往能力都得到培养。在课堂上，教师要尽可能让学生自己获得知识，体验到探究活动成功的快乐，进而取得较好的教学效果。

这节课也有不足之处，就是在运用函数图象时有些过于仓促，教师可以引导学生先复习一下函数和一元一次方程的关系，并可以先找一道有关的习题，从而让学生更好地感受函数图象的优越性。

案例3　用函数观点看一元二次方程（1）

宁夏吴忠市第一中学　魏耀宏

一、教学对象

九年级学生。

二、教学课时

1课时。

三、教学内容分析

本节课选自人教版教材九年级数学下册第二十六章，这节课是在学生学习了二次函数的概念、图象、性质及其相关应用的基础上，让学生继续探索二次函数与一元二次方程的关系。

四、教学目标

1. 知识与技能方面。理解抛物线交 x 轴的点的个数与一元二次方程的根的个数之间的关系，理解何时方程有两个不等的实根、两个相等的实根和没有实根，并能够利用二次函数的图象求一元二次方程的近似根。

2. 过程与方法方面。经历探索二次函数与一元二次方程的关系的过程，培养探索能力和创新精神，会用图象法求一元二次方程的近似根，获得用图象法求方程近似根的体验，并通过观察二次函数图象与 x 轴的交点个数讨论一元二次方程的根的情况，进一步培养数形结合思想。

3. 态度、情感、价值观方面。体会学习数学的价值，提高学习数学的好奇心和求知欲，并通过共同观察和讨论，培养合作交流意识。

五、教学重点、难点

1. 教学重点

理解二次函数与一元二次方程、一元二次不等式之间的联系，运用二次函数及其图象、性质去解决实际问题。

2. 教学难点

探索方程与函数之间的关系，理解二次函数与 x 轴交点的个数与一元二次方程的根的个数之间的关系。

六、教具学具准备

三角尺，坐标纸。

七、教学过程

（一）引入新课

在现实生活中，我们常常会遇到与二次函数及其图象有关的问题，如拱桥跨度、拱高计算等，利用二次函数的有关知识研究和解决这些问题具有重要的意义。本节课，请同学们共同研究，尝试解决以下几个问题。

（二）探索问题

问题 1：某公园要建造一个圆形的喷水池，在水池中央垂直于水面竖一根柱子，上面的 A 处安装一个喷头向外喷水。连喷头在内，柱高为 0.8m。水流在各个方向上沿形状相同的抛物线路径落下，如图（1）所示。

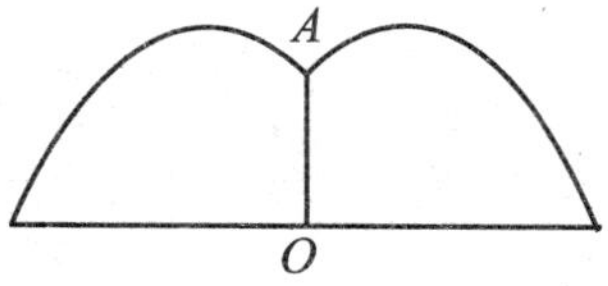

图（1）

根据设计图纸已知：如图（2）中所示的直角坐标系中，水流喷出的高度 y（m）与水平距离 x（m）之间的函数关系式是 $y = -x^2 + 2x + \frac{4}{5}$。

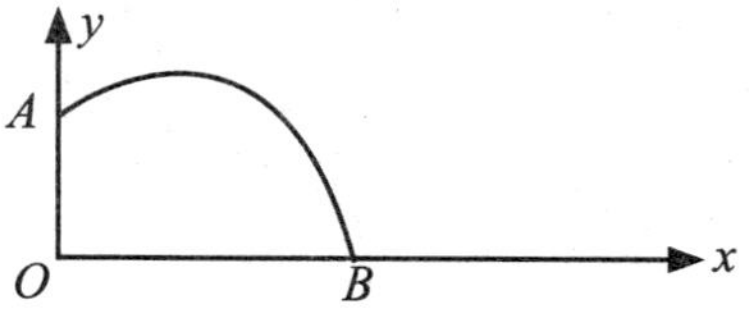

图（2）

（1）喷出的水流距水平面的最大高度是多少？

（2）如果不计其他因素，那么水池至少为多大时，才能使喷出的水流都落在水池内？

教学要点：

1. 让学生讨论、交流，如何将文学语言转化为数学语言，引导学生得出结论：问题（1）就是求函数 $y = -x^2 + 2x + \frac{4}{5}$ 的最大值，问题（2）就是求如图（2）的 B 点的横坐标。

2. 学生解答，教师巡视指导。

3. 让一两名学生板演，教师讲评。

问题 2：一个涵洞成抛物线形，它的截面如图（3）所示，现测得，当水面宽 $AB = 1.6$m 时，涵洞顶点与水面的距离为 2.4m。这时，离开水面 1.5m 处，涵洞宽 ED 是多少？是否会超过 1m？

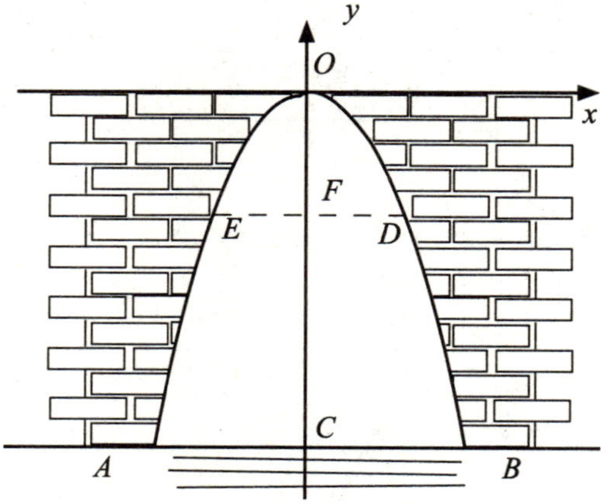

图（3）

教学要点：

1. 教师引导学生进行探究分析。根据已知条件，要求 ED 的宽，只要求出 FD 的长度。在如图（3）的直角坐标系中，即只要求出 D 点的横坐标，就可以求出 FD 的长度。因为点 D 在涵洞所成的抛物线上，又由已知条件可得到点 D 的纵坐标，所以利用抛物线的函数关系式可以进一步算出点 D 的横坐标。

2. 学生完成解答，教师巡视指导。

3. 教师分析存在的问题，书写解答过程。

解：以 AB 的垂直平分线为 y 轴，以过点 O 的 y 轴的垂线为 x 轴，建立直角坐标系。

这时，涵洞的横截面所成抛物线的顶点在原点，对称轴为 y 轴，开口向下，所以可设它的函数关系式为：$y = ax^2$（$a < 0$）（1）

因为 AB 与 y 轴相交于 C 点，所以 $CB = \frac{AB}{2} = 0.8\text{m}$，又 $OC = 2.4\text{m}$，所以点 B 的坐标是（0.8，-2.4）。

因为点 B 在抛物线上，将它的坐标代入（1），得：$-2.4 = a \times 0.8^2$；所以 $a = -\frac{15}{4}$。

因此，函数关系式是 $y = -\frac{15}{4}x^2$ （2）

因为 $OF = 0.9\text{m}$，设 $FD = x_1\text{m}$（$x_1 > 0$），则点 D 坐标为（x_1，-0.9）。因为点 D 的坐标在抛物线上，将它的坐标代入（2），得 $-0.9 = -\frac{15}{4}x_1^2$。

$x_1^2 = \frac{6}{25}$　　$x_1 = \pm\frac{\sqrt{6}}{5}$

$x_1 = -\frac{\sqrt{6}}{5}$ 不符合假设，舍去，所以 $x_1 = \frac{\sqrt{6}}{5}$ 。

$ED = 2FD = 2x_1 = 2\times\frac{\sqrt{6}}{5} = \frac{2\sqrt{6}}{5} \approx \frac{2}{5}\times 2.449 \approx 0.98$（m）

所以涵洞 ED 是宽 0.98m，不会超过 1m。

问题 3：画出函数 $y = x^2 - x - \frac{3}{4}$ 的图象，根据图象回答下列问题。

（1）图象与 x 轴交点的坐标是什么？

（2）当 x 取何值时，$y = 0$？这里 x 的取值与方程 $x^2 - x - \frac{3}{4} = 0$ 有什么关系？

（3）你能从中得到什么启发？

教学要点：

1. 先引导学生回顾函数 $y = ax^2 + bx + c$ 图象的画法，按列表、描点、连线等步骤画出函数 $y = x^2 - x - \frac{3}{4}$ 的图象。

2. 教师巡视，与学生合作、交流。

3. 教师讲评，并画出函数图象，如图（4）所示。

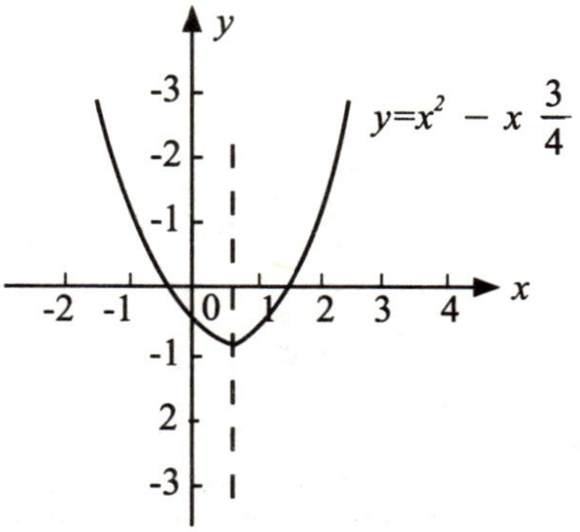

图（4）

4. 教师引导学生观察函数图象，回答问题（1），得到图象与 x 轴交点的坐标分别是 $(-\frac{1}{2},0)$ 和 $(\frac{3}{2},0)$。

5. 让学生完成问题（2）的解答，教师巡视指导并讲评。

6. 对于问题（3），教师组织学生分组讨论、交流，各组选派代表发表意见，全班交流，达成共识：从“形”的方面看，函数 $y = x^2 - x - \frac{3}{4}$ 的图象与 x 轴交点的横坐标即为方程 $x^2 - x - \frac{3}{4} = 0$ 的解；从“数”的方面看，当二次函数 $y = x^2 - x - \frac{3}{4}$ 的函数值为 0 时，相应的自变量的值即为方程 $x^2 - x - \frac{3}{4} = 0$ 的解。推而广之，函数 $y = ax^2 + bx + c$ 的图象与 x 轴交点的横坐标即为方程 $ax^2 + bx + c = 0$ 的解；当二次函数 $y = ax^2 + bx + c$ 的函数值为 0 时，相应的自变量的值即为方程 $ax^2 + bx + c = 0$ 的解，这一结论反映了二次函数与一元二次方程的关系。

（三）解决问题

想一想：二次函数与一元二次不等式有什么关系？

一般地，从二次函数 $y = ax^2 + bx + c$ 的图象可知：

（1）如果抛物线 $y = ax^2 + bx + c$ 与 x 轴有公共点，公共点的横坐标是 x_0，那么当 $x = x_0$ 时，函数的值是 0，因此 $x = x_0$ 就是方程 $ax^2 + bx + c = 0$ 的一个根。

（2）二次函数的图象与 x 轴的位置关系有三种：没有公共点，有一个公共点，有两个公共点。这对应着一元二次方程根的三种情况：没有实数根，有两个相等的实数根，有两个不等的实数根。

二次函数 $y=ax^2 + bx + c$ 的图象和 x 轴交点的坐标与一元二次方程 $ax^2 + bx + c=0$ 的根的关系见下表：

二次函数 $y = ax^2 + bx + c$ 的图象和 x 轴的交点情况	一元二次方程 $ax^2 + bx + c = 0$ 的根的情况	一元二次方程 $ax^2 + bx + c = 0$ 根的判别式 $\Delta = b^2 - 4ac$
有两个交点	有两个相异的实数根	$b^2 - 4ac > 0$
有一个交点	有两个相等的实数根	$b^2 - 4ac = 0$
没有交点	没有实数根	$b^2 - 4ac < 0$

教师重点关注：

1. 学生能否把实际问题准确地转化为数学问题。

2. 学生在思考问题时能否注重数形结合思想的应用。

3. 学生在探究问题的过程中，能否经历独立思考、认真倾听、获得信息、梳理归纳的过程，使解决问题的方法更准确。

设计意图：从现实中的问题入手给学生创设熟悉的问题情境，促使学生积极地参与数学活动，体会二次函数与实际问题的关系；学生通过小组合作分析、交流，探求二次函数与一元二次方程的关系，培养合作精神，积累学习经验。

由上面的结论可知，我们可以利用二次函数的图象求一元二次方程的根。由于作图或观察可能存在误差，因此由图象求得的根一般是近似的。

（四）探究结果的应用

根据问题3的图象回答下列问题。

（1）当 x 取何值时，$y < 0$？当 x 取何值时，$y > 0$？

（当 $-\frac{1}{2} < x < \frac{3}{2}$ 时，$y < 0$；当 $x < -\frac{1}{2}$ 或 $x > \frac{3}{2}$ 时，$y > 0$）

（2）能否用含有 x 的不等式来描述（1）中的问题?

（即 $x^2 - x - \frac{3}{4} < 0$ 的解集是什么，$x^2 - x - \frac{3}{4} > 0$ 的解集是什么）

（五）自主小结，深化提高

1. 通过这节课的学习，你获得了哪些数学知识和方法?

2. 这节课你参与了哪些数学活动？谈谈你获得知识的方法和经验。

3. 若二次函数 $y = ax^2 + bx + c$ 的图象与 x 轴无交点，试说明一元二次方程 $ax^2 + bx + c = 0$ 和一元二次不等式 $ax^2 + bx + c > 0$，$ax^2 + bx + c < 0$ 的解的情况。

师生活动：学生思考后回答，教师对学生的错误与不足进行引导，对回答精彩的学生给予适当表扬。

八、点评

本节课自始至终贯彻数形结合原则，把抛物线、一元二次方程紧密地联系在一起。由于本节内容较多，根据学生的实际，教师将其分成两个课时教学，第一课时解决例 1 类型的问题，第二课时解决例 2 类型的问题，把拓展联系的对应题目移入，充实课堂练习。本设计的特色有如下两点。

1. 问题以画图为主线，充分彰显数与形的结合。纵观整个教学设计，从导入，到问题设计，乃至例题，都以画图引路，看图“说话”，有效调动了学生的积极性。

2. 教师解题时以渗透思想方法为出发点，使得课堂教学有血有肉。本节课的突出特点就是思想性强，从一般到特殊，从数到形，从简单到复杂，从无限到有限，处处体现数形结合的思想。

本次探究活动中，学生经历了探索二次函数与一元二次方程的关系的过程，学生通过动手画图象——观察图象——理解图象（小组讨论）——得出结论，经历从函数解析式及函数图象角度探索二次函数与一元二次方程之间的关系的过程，从而对数形结合及转化的数学思想方法有了进一步的理解。

本课是在学生学习了二次函数的概念、图象、性质及其相关应用的基础上，让学生继续探索二次函数与一元二次方程的关系。教师将重点放在利用二次函数与一元二次方程的关系解决实际问题上，充分培养了学生应用数学知识解决实际问题的能力，使学生在探究学习的同时初步形成了数学建模的思想。

案例4　再探一次函数与一元一次方程

宁夏吴忠市第一中学　梁　金

一、教学对象

八年级学生。

二、教学课时

1课时。

三、教学目标

1. 回顾一次函数与一元一次方程的关系，会灵活运用函数图象解决一元一次方程的求解问题。

2. 用函数的观点看待方程，感受函数图象上的点与方程解的对应关系。

3. 经历方程与函数关系问题的探究过程，学会用联系的观点看待数学问题。

四、教学重点与难点

1. 教学重点

从不同角度理解一次函数与一元一次方程的关系。

2. 教学难点

用一次函数解决一元一次方程求解的问题。

五、教学准备

教师准备三角板、教学设计。学生准备三角尺。

六、教学过程

（一）复习回顾

活动 1：作图实践。

学生活动：1. 作出函数 $y=2x+1$ 的图象。

回顾函数的作图方法、一次函数的性质及图象特征，一方面为后面的探究提供研究的基础，一方面培养学生的动手实践能力。

2. 利用一次函数的图象解方程 $2x+1=0$。

回顾已学过的用一次函数解一元一次方程的方法，为后边引出新方法奠定基础。

（二）探索新知

活动 2：学生探究。

问题 1：将方程变形为 $2x+1=3$，要求学生用函数解方程。

学生活动：A. 可能将方程变形为 $2x-2=0$ 之后构造函数。

B. 可能直接从图象中寻找方程的解。

若无人看出，教师则提出问题：能否利用已有的 $y=2x+1$ 的图象来找到方程 $2x+1=3$ 的解？

学生思考、陈述，体会方法的可行性。

问题 2：举例说明，利用函数 $y=2x+1$ 的图象还可以解哪些方程？如何确定解？

学生思考，交流，举例，陈述想法。

思考 1：能否根据正比例函数确定方程的解？

思考 2：这些方程之间有什么共同点？它们的解和直线上的点有什么关系？

学生思考，探究。

理解：直线上的每一个点对应一个相关方程的解。

（三）应用新知

活动 3：学生实践。

利用函数图象解方程 $3x-2=4$。

学生陈述想法，之后解答，方法不限。

学生解答后，教师总结方法：

1. 像书本上一样，将方程转化为 $ax+b=0$ 的形式，然后构造函数 $y=ax+b$，作出图象，寻找图象与 x 轴交点的横坐标。

2. 可以灵活地构造一次函数或正比例函数，之后构造函数，画图，在函数的图象上寻找 y 所对应函数的值，确定所对应的 x 的值。

综合练习：利用函数图解方程 $2x+1=3x-2$。

学生尝试用不同的方法。

A. 若学生无构造两个函数的想法，教师提出问题：是否可以构造两个函数来确定方程的解？

B. 若学生有构造两个函数的想法，教师请学生陈述想法，让其他学生讨论方法是否可行。

小结：

（1）解一元一次方程共有几种方法？每种方法的优缺点是什么？

（2）我们已经学习了用函数解一元一次方程，今天的再次探索你是否有新的收获？

七、点评

教师对于教材的处理有一定的新意。教材编写者只考虑了内容处理的便捷性，但对于方程的解与函数的动态变化体现得不是很好，本节课很好地解决了两者之间的关系。

教师选择的方法更具灵活性。书本上的方法在解一元一次方程、一元一次不等式时具有通用性，但对学生的思维有较大的束缚。本节课从函数的构造入手改变了方法，使学生可以根据需要灵活构造函数，解决函数与方程及不等式之间的关系。

本节内容的设计思路不够简洁清晰。由于本节课是在原有方法的基础上实践一种新方法，没有考虑到改变学生已有认知的难度，因此，教师在改变学生的认知与理解上存在困难。

第三章

空间与图形

空间与图形对于培养学生的空间思维能力具有重要作用，是中小学数学的重点内容，这部分内容适合开展探究教学。小学生的空间思维能力正在形成，因此本部分给出了适合小学生认知特点的三方面的探究内容，所选主题具有实践性，适合学生动手探究的同时亦不失思想性。初中生的空间感知能力进一步增强，因此本部分给出了 43 个适合开展探究教学的内容，所选主题具有开放性，具有一定的应用价值，通过紧密联系探究内容和实际生活，提高学生的探究兴趣，便于教师开展。

第一节　空间与图形（小学部分）

探究主题

1. 圆的周长。
2. 课桌有多长。
3. “用长方形纸卷成圆柱形”的实践探索活动。

主题论证

1. 所选主题具有实践性，适合学生动手探究

探究教学突出学生的主体地位，教师起引导、辅助的作用，所以探究教学的主题是要使学生能够亲自动手操作，经过对知识的不断探究而习得知识，并在这一过程中培养探究能力、动手能力与合作精神。如果选择一些抽象知识进行探究教学，学生无从下手实践，不能亲自经历知识获取的过程，这就失去了探究教学的意义。所以，探究教学主题的选择要具有实践性。课程标准很注重让学生通过实物和模型辨认一些常见的几何体并了解其特征；同时要求学生结合生活实际学会估测物体的长度，并学会用不同方式测量物体的长度，体会到统一测量单位的重要性。尤其是在小学阶段，课程标准强调让学生在摸一摸、画一画、量一量、尝一尝的切身实践中获得数学知识，在学习活动中感受数学的使用价值，真正把数学学活。如案例 2 “课桌有多长”让学生用能够想到的、身边所能用的一切小物体去测量课桌，这一动手操作过程也激活了学生的思维，他们采用多种测量工具，并得出各种数据。学生通过动手操作发现了一些问题：同一个课桌，测量结果却不一样；同样的小物体测量同样的课桌，数据也有偏差。于是学生产生了强烈的解决问题的欲望。如案例 1 “圆的周长”让学生在动脑动手测量大象和小兔

所跑的路程中既发现正方形周长的求法又产生探究圆周长的欲望。学生利用圆规画各种大小不一的圆，在画图中发现圆规两脚张大圆就大、两脚缩小圆就小，直观地感知了影响圆周长的相关因素。接着，学生会努力想出能证明自己猜想的办法，测量计算相关的数据。在测量圆周长时，教师又一次为学生提供了展示发散思维的舞台，有的学生受生活中的车轮影响会去滚动圆；有的受正方形周长计算影响会先把圆的周长变为线段的长。又如案例 3“用长方形纸卷成圆柱形”，学生用最常见的物品——纸张，在最简单的操作——折卷下，看到了最奇妙的变化，平面图形（一张纸）变成了立体图（圆柱），而且卷的方式不同，得到的图形大小也不同。学生会猜想，然后为了弄明白会再动手折几个来研究。学生自己动手，参与实践，亲历知识形成的过程，也过了一把“科学家”的瘾。

2. 所选主题蕴含重要的数学思想方法

人们在学完数学很多年后，那些公式、定理、解题方法也许都会被忘记，但是学习中获得的一些数学思想方法却终身受用。新课程标准提出的目标之一，就是让学生获得适应未来社会生活和继续学习所必需的数学基本知识及基本的数学思想方法。所以，教育不仅要教给学生知识、技能，更要教给学生学习的方法，而猜想、推理就是很重要的数学思想方法。数学猜想是一种直觉思维，是建立在已有事实或经验的基础上运用非逻辑手段得到的假定。牛顿说过：“没有大胆的猜想，就不可能有伟大的发明和发现。”新课程标准也指出，通过操作、猜测等方式使学生更好地理解数学知识并培养解决问题的能力。所以教师选择的探究课题应该是能够很好渗透猜想推理等数学方法的。如在案例 1“圆的周长”中，在思考圆的周长的相关影响因素时，学生会从自己已有的数学储备出发，猜测面积、半径、直径等，而不是瞎猜乱猜，接着进行大量的动手操作画圆，寻找最直接的影响因素，以验证自己的结论，然后结合已知的加减乘除四则运算及圆规画图的经验猜测圆的周长与直径的关系，用测量、计算数据的方法进行验证，再从整理得来的大量数据中寻找规律。然后，教师用计算机演示刘徽的割圆术，演示时速度放慢，让学生在观看几个图形后再进行适当的猜想，感受科学家发现成果的方法。再如案例 3“用长方形纸卷成圆柱形”，学生自己用同一大小纸张按不同方式卷纸，会得到高矮大小不同的两个圆柱形，那到底哪个大呢？学生肯定会猜测出各种可能，然后带着猜测，再动手多折几个进行比较，或者寻找数据进行计算以验证自己的猜测。最终，全班合作探究得到结论。学生通常以不完全归纳推理为主要验证形式得出的猜想对培养学生的创新性思维是不可或缺的。“授人以鱼，不如授人以渔”，教师不应该只是教给学生结果，还应该教给学生科学的探究问题的方法，让学生在学数学的过程中学会思考解决问题的方法。

经典案例

案例1　圆的周长

东北师范大学附属小学数学探究课题组

一、适用教材

人教版数学第 11 册。

二、教学课时

1 课时。

三、教学目标

1. 学生能理解圆周率的意义，推导出圆周长的计算公式，并能正确地计算圆的周长。

2. 培养观察、比较、分析、综合和动手操作能力，能够解决简单的实际问题。

四、教学内容

人教版数学第 11 册“圆的周长”第 89 ~ 92 页。

五、教学方法

本节课中，教师让学生在短短 40 分钟内经历了人类探索圆的周长和直径之间的关系的历史过程，在这个过程中，学生除了收获知识、方法以外，更重要的是受到了启发。在测量之后，没有得到 3.14，学生产生了猜测与疑问。在了解了阿基米德、刘徽、祖冲之的成就之后，学生产生了一些复杂而美好的情感，如对人类智慧的赞叹、对人类孜孜不倦地追求真理的敬佩，感受了探索过程中的执着与坚韧、数学创造过程中的开拓与超越，培养了对数学的热爱之情，而这些情感、态度、价值观的培养都是非常自然地蕴含在探索的过程中的。

六、教学过程

教学环节	教师活动	学生活动	设计意图
创设情境，明确问题	电脑课件演示：一头大象和一只小白兔在草地上跑步，大象沿着正方形路线跑，小白兔沿着圆形路线跑，它们跑完一圈以后停下来。 问题：大象和小白兔谁跑得路程比较长？要解决这个问题，你有什么好办法？	学生计算大象跑的路程。	从学生打算测量周长的想法出发，引导学生发现计算正方形的周长只需要测量边长，用边长乘4就可以了，而计算圆的周长却没有办法，进而引出探究主题。
初步猜测，提出假设	问题：1. 圆的周长与什么有关？ 会有什么关系？ 2. 你的猜测依据是什么？ 要求：画几个不同的圆，体会一下，猜测周长的大小到底是和直径、半径、面积中的哪一项有直接的关系。 （教师逐步提问引导学生猜测） 问题： 1. 你发现了什么？ 2. 圆的周长和直径到底有什么关系呢？它们之间是加法关系，减法关系，乘法关系，还是除法关系呢？我们来猜一猜，并说出你猜测的根据。	学生作答，认为与直径、半径、面积、大小有关。 学生认为圆的周长变长的话，它的面积、半径、直径都要变大。 学生开始在练习本上画各种各样、大小不同的圆，猜测关系。 学生猜测发现：圆规两角叉开得越大，圆的周长越长；圆规两角叉开得越小，圆的周长越短，所以他们认为圆的周长和半径有关系，因为半径决定了圆的大小。也有的学生认为，因为直径是半径的2倍，与半径有关系也就是与直径有关系。 生：不可能是加法关系，周长加直径表示什么呢？好像没有多大意义。 生：也不可能是乘法关系，周长和直径的长度相乘，得数的意义也不好解释。 生：可能是减法关系，因为周长比直径长，可能周长比直径多的长度是一个固定的数。 生：也可能是除法关系，周长是直径的多少倍。	学生在动手画圆的过程中能够体会到，如果想画一个大的圆，圆规两脚间的距离就要叉开得大一些，如果要画一个小一些的圆，圆规两脚间的距离就要叉开得小一些。因此学生认识到圆的周长和半径有关系。再通过教师的对话引导，学生就会明白周长与直径有关系。 学生的猜测是有根据的，周长和直径的关系只能是加、减、乘、除关系中的一种，学生通过分析，就可以排除加法和乘法的关系，至于到底是除法关系还是减法关系，就需要想办法验证了。

（续表）

教学环节	教师活动	学生活动	设计意图
设计方案，验证假设	提示学生验证到底是哪种关系。 教师要求学生操作：请大家想办法量一量你手中的圆的周长和直径，并记录这些圆的周长和直径。 提问：请同学们说一说你是怎样测量你手中的圆的周长的。	学生采用计算的办法。 学生开始测量，并记录测量的结果。 学生到前面演示，有的用线绳量周长和直径；有的用滚动的方法测量周长和直径。	让学生亲自动手操作，体验探究知识的过程。
分析数据，得出结论	在黑板上画出一个表格，记录学生测得的周长和直径的数据，引导学生观察这些数据。 教师提问引导探究： 1. 观察这些数，你发现什么规律了吗？ 教师让学生汇报计算出的周长和直径的商，并把这些数写在黑板上。 2. 观察这些数，你发现了什么规律？	有的学生开始用计算器计算周长和直径的差，也有的学生用计算器计算周长和直径的商。 学生先汇报计算出的周长和直径的差，教师把这些数写在黑板上，学生没有发现特别的规律。 学生发现圆的周长和直径有除法关系，周长是直径的3倍多一些。	
反思过程，形成反馈	教师小结：对于一个要解决的问题如果有了一些设想或猜测，就可以想办法设计方案验证猜想，这是数学研究的一种非常重要的方法。 教师带领学生探究圆周率的上限。  观察上图，你发现了什么？ 介绍圆周率的研究历史 1. 简单介绍阿基米德的方法及成果。 2. 介绍刘徽的割圆术。（课件演示刘徽的割圆术） 3. 介绍祖冲之的贡献及现代科学家的研究成果。 （1）课件播放祖冲之的贡献。 （2）介绍现在计算机研究的结果。 4. 介绍圆周率的意义。	小组汇报得出结论：圆的周长一定小于直径的4倍。 小组讨论、推理圆周率的下限。  小组讨论并得出结论：圆的周长大于直径的3倍。  得出结论：直径的3倍<圆的周长<直径的4倍 理解圆周率的意义。	

七、点评

“圆的周长是直径的 3 倍多一些”这个结论是用圆的周长除以直径得到的，传统的做法是采用方案 A 的方法，学生先通过测量，得到圆的周长和直径的数据，然后根据教师的要求，用圆的周长除以圆的直径，看一看周长是不是直径的 3 倍多一些，这种教学方式属于带领学生验证已有的结论是否正确，能够增强结论的可信度。如果从学生的角度思考圆的周长和直径之间的关系，学生会存在这样的疑惑：数学家们是怎样发现这个规律的呢？为什么他们就能够准确地选用除法来解决这个问题呢？为什么不采用其他的数学方法（如加法、减法、乘法）呢？弗莱登塔尔说：“不仅记住学习过程的成果，而且学习过程本身也是值得牢记的，并且如果需要的话，应该对记忆的内容加以理解。”如果教师能够把数学家寻找答案时思考问题的方法呈现给学生，就教给了学生一种科学的思考问题的方法，学生慢慢就会懂得，猜测需要有根据，尝试并不是漫无目的乱试。学生在和教师一起探讨的过程中学会了学数学的方法。

综观本节课，教师在课堂教学中有以下几点值得肯定。

1. 注重数学思想、方法的渗透

有人说，数学从本质上来说就是数学思维的教学。既然知道了数学学科的特点，那么我们上数学课就要上出数学的特色和味道。所以一个优秀的教师，要上出数学课的味道，让别人一看就知道是数学课。如何体现数学课的数学味道，其中有一条就是关注数学思想与数学史。

圆周率的历史就其本质而言是人类数学思想的发展史，作为圆周率的历史包括两部分：圆周率发展的史实，即什么人在什么时候计算到了小数点后第几位；圆周率研究的过程及研究的过程中存在的困难，谁受到了什么样的启发，用什么样的方法克服该困难。从促进学生的数学学习的角度考虑，我们更应该重视后者，应该让学生感悟数学思想与方法，因为数学思想、方法在学生未来的生活中应用得非常广泛，具有指导意义。教师意识到了这一点，他在教学中的亮点之一就是在介绍历史的同时渗透了很多重要的数学思想方法。此外，教师还让学生经历了探索圆的周长与直径关系的过程，鼓励学生运用观察、推理、分析、综合、抽象、概括等方法得出自己的结论。正如张丹老师所说：“渗透数学思想、方法就是给学生播种。当时未必看到什么效果，但这粒种子可能在十年、二十年后生根发芽。”

2. 挖掘数学史的教育价值，引导学生感受数学文化的魅力

在新课程标准中，数学文化被给予了特别的重视。当数学文化的魅力真正深入教材、到达课堂、融入教学时，数学就会更加平易近人，数学教学就会让学生进一步理解数学、喜欢数学、热爱数学，所以一节优秀的数学课应能体现数学文化。

3. 注重转变学生的学习方法

介绍圆周率历史时，教师并不是简单罗列人类探索圆周率的历程，而是选取其中最具有代表性的成果，引导学生进入历史情境中，在探索活动中体验并感悟圆周率。

因为本节课要对学生进行数学思想方法的引导，这决定了本节课的教学方式绝不能是蜻蜓点水，博物馆解说员式的“介绍”，不能让学生作为局外人去听故事，而要创设一种动态的、活的、“思维体验”的情境，让学生带着自己的思考、情感去“感悟”。教师注重调动学生的多种感官参与学习，既有观察、动手操作，也有独立思考、交流与思辨，让学生在活动中主动建构数学概念，并将概念逐步内化到自己的知识体系中。

4. 善于利用多媒体进行辅助教学

在“圆的周长”一课中，新技术与数学教学实现了有效整合。教师首先介绍几何作图法研究圆周率，渗透区间逼近的思想，带领学生探究圆周率的上限。在圆的外面外切一个正方形，引导学生观察，学生发现圆的周长一定小于直径的4倍，然后在圆的里面内接一个最大的正六边形，学生观察后又发现圆的周长一定大于直径的3倍。通过两边“夹击”的方法得到圆的周长大于直径的3倍并且小于直径的4倍。

上面的教学中，教师将生动的语言与动态的现代信息技术相结合，先后呈现圆外切正方形和圆内接正多边形，“内外夹攻”，有目的地引领学生去观察、思考、分析和辩论，使学生逐步认识到圆周长必定小于直径的4倍，且大于直径的3倍。

5. 认真分析学情

教学前，根据该班学生的实情，教师对教材作了重新整合，确定第一课时着重引导学生了解圆周长的含义、圆周率的历史，并让学生在阅读圆周率的历史过程中建构圆周率的意义，掌握圆周率的近似值。

由于对圆周率的探究比较深入，学生对其实质意义理解得比较透彻，这说

明教师的这种整合安排效果很好。

案例2　课桌有多长

吉林省第二实验小学数学探究课题组

一、适用教材

北师大版义务教育课程标准实验教科书一年级下册。

二、教学课时

1课时。

三、教学目标

1. 学生通过大量的动手操作亲身经历观察、估计、测量的学习过程，学会测量较小的物体。

2. 通过与同伴合作培养动手实践能力和小组合作能力。

3. 通过用不同物体测量课桌的长度这一活动体会统一单位的必要性。

4. 在学习活动中感受数学的使用价值，体验学数学、用数学的乐趣。

四、教学内容

从知识内容上看，整个活动可分成以下三个层次：(1) 体会统一单位的必要性；(2) 构建“厘米”这一概念；(3) 估测和实测物体长度。

五、教学方法及教具

所谓“做数学”，就是“做中学数学”。弗莱登塔尔强调，数学教学的具体组织过程，应该通过学生自己的亲身体验获得，而不是通过教师给以“现成”的数学。数学教学应唱响“做数学”的主旋律，学生通过亲自动手实验和思考，在实验操作、讨论争辩的过程中探究知识的来源和形成过程，增进对知识的理解，形成解决问题的基本方法，体验解决问题策略的多样性，发展实践能力和创新精神，同时也学会与人合作、与人交流，获得成功体验，使得认知、态度和情感得到发展。

“课桌有多长”是一节构建长度单位的起始课，需要通过大量的动手操作来引导学生发现问题，培养学生估测的意识，使学生在“做数学”的过程中学习基本知识，增强基本技能，体会数学的基本思想和方法，积累基本的活动经验。因此，本节课适合合作式的探究教学。

教具：每人一个学具袋（两张不同的测量表、铅笔、橡皮、粉笔）、直尺。

六、教学过程

教学环节	教师活动	学生活动	设计意图
谈话引题	同学们，我们每天和自己的课桌相伴，它已经成为我们的亲密朋友，那么，你们想了解这位好朋友的哪些方面呢？（教师用手比划桌子的长度）这节课我们就先来解决“课桌有多长”的问题。 教师板书“课桌有多长”，引出题目。	生：我想知道我的课桌有多高。 生：我想知道我的课桌有多长。 生：我想知道我的课桌有多宽。	因为课桌是学生熟知的事物，所以学生的兴趣一下子被调动起来了。
让学生体会统一单位的必要性	1. 找测量工具。 问题：我想请我的好朋友粉笔来帮忙，你们想用什么东西来量呢？ 2. 教师演示错误的测量方法。 3. 要求学生用表格形式展示测量结果。 4. 教师引导发现规律。 5. 教师引导学生找出相同的工具——直尺。	1. 学生参与测量，使用不同的测量工具。 生：我想用铅笔来量。 生：我想用橡皮来量。 生：我想用文具盒来量。 生：我想用拃来量。 2. 学生纷纷纠正教师的错误方法，给出正确操作方法。 3. 以小组为单位到展台前来说出量得的结果。 4 组展示过后，黑板上呈现出这样的数据： 铅笔：4、5、6。 橡皮：20、13、15。 书：2。 文具盒：3。 尺子：3、4。 4. 发现：东西越长，量的数就越小。推测：如果想量的数一样，就得用一样长的工具。 5. 学生发现直尺上两个数之间的距离是相等的，于是用大家都有的直尺测量。	提高学生的参与度。 逐步引导学生进行测量，从工具选取开始，让学生充分体验探究全过程。

（续表）

教学环节	教师活动	学生活动	设计意图
构建模型	1. 了解直尺。（在实物展台上放一把直尺）教师对学生的观察结果做出解释：厘米是长度单位，也可用字母“cm”来表示。这条线在“0”的上方，所以叫“0”刻度线。我们量物体的时候，一般把物体的一端对准“0”刻度线。 2. 构建厘米的概念。教师引导学生用直尺画出1厘米的长度。 3. 探究估测方法。 问题：既然你们已经知道1厘米有多长了，那你们就来估测一下老师鼻子的长度吧。 小结：估计物体的长度要和自己熟悉的物体的长度作比较，这样我们的估计就会越来越接近测量的结果了。	学生观察出直尺有刻度、数字、单位。 学生画出1厘米的长度。 学生猜测： 生：老师的鼻子有2厘米。 生：老师的鼻子有3厘米。 生：老师的鼻子有4厘米。 生：我觉得老师的鼻子有5厘米，因为我刚才还量了中指，长度是5厘米，老师的鼻子和我的中指的长度差不多。	让学生亲自动手操作，体验探究知识的过程。
巩固提高	1. 数学书第15页第3题。（让学生通过辨析，明确测量的准确方法） 2. 小明的直尺不小心折断了，你们能帮助他画出一条5厘米的线段吗？	学生动手测量。	引导学生应用学到的知识。
总结	教师小结提问： 这节课你学到了哪些知识？ 教师答疑。 教师设疑。 这一问题同学们自己思考下，等到下一节课我们再来解决。	生：上完这节课，我知道了1厘米有多长。 生：上完这节课，我知道了怎么估计才能更准确些。 生：上完这节课，我学会了测量物体长度的方法。 生：老师。测大树有多高也用直尺量吗？我觉得应该用比直尺更大的尺来量。	回顾整节课的内容，加深学生的记忆。 引导学生发散思维。

七、点评

本节课的教学是紧紧围绕“让学生做学习的主人”的教学思想展开的。教师本着科学、新颖、实用的原则，在课堂教学的组织形式、教学方法、师生角色的转变、评价多元化、学生主体参与等诸多方面进行了大胆的探索和有益的尝试。

1. 重视操作，体现“做中学”理念，使学生在操作活动中初步体会到统一测量单位的必要性，初步建立起 1 厘米的长度概念。如先引导学生认识刻度尺，让学生从视觉上感知 1 厘米的长度，然后辅以手势表示 1 厘米的长度，最后再找出长度或厚度是 1 厘米的物体，使学生初步建立起 1 厘米的长度概念。

2. 有意识地培养学生的估计意识，较好地体现学生的主体性。如让学生先估计一下物体的长度或厚度并亲自量一量，让学生自己去尝试操作、探索，使学生在观察后与自己的操作产生对比，从而掌握量物体长度的方法。

3. 教师关注学生的生活经验，适时联系教材，并能创造性地利用教材，从学生的生活实际出发，把教材内容与生活现实有效结合起来，符合小学生的认知特点，为学生提供了探究的平台，从而激发学生对数学学习的浓厚兴趣，使学生获得一种积极的情感体验。

案例 3“长方形纸卷成圆柱形”的实践探索活动

辽宁省鞍山市铁东区二一九小学数学探究课题组

一、适用教材

新世纪小学数学六年级下册。

二、教学课时

1 课时。

三、教学目标

1. 知识目标

通过“长方形纸卷成圆柱形”的探索活动，引导学生应用所学的圆柱的表面积和体积的知识经历探索规律的过程，探索变量之间的关系。

2. 能力目标

进一步培养学生的自主探究及小组合作能力。

3. 情感目标

培养学生的探究精神和辩证唯物主义世界观。

四、教学方法

采用问题探究式教学，师生共同探索，共同研究。通过严密的问题探究，层层深入，引导学生思考，活跃学生的思维，从而完成既定的教学目标。

五、教具

课件；每小组一张探究表格；每小组 4 张完全一样的长方形纸（长 16 厘米，宽 4 厘米）；计算器；透明胶带。

六、教学过程

教学环节（整节实践活动课以闯关形式呈现）	教师活动	学生活动	设计意图
第一关，初露锋芒	1. 教师拿出两张同样的长方形纸，一张横着卷成圆柱形，另一张竖着卷成圆柱形。问题：两个圆柱的体积一样大吗？谁来大胆猜测一下？ 2. 教师提示验证自己的猜测结果的方法。 3. 教师引导学生叙述操作过程。 4. 要求学生动手操作。 展示学生的成果：教师要求学生把两个不同形状的圆柱贴到黑板上，说明各种数据，最后把体积写在对应的圆柱下面。 教师询问其他两组结论。	1. 生：两个圆柱的体积一样大。 生：两个圆柱的体积不一样大，我认为粗短的圆柱体积大。 生：老师，我也认为两个圆柱的体积不一样大，但我觉得细长的圆柱体积大。 2. 学生用计算的方法，分别求出两个不同的圆柱的体积，再进行比较。 3. 先要测量卷成圆柱的有关数据，再根据圆柱体积计算公式进行计算。 4. 小组合作完成验证活动，将纸围成不同的圆柱，把测量和计算的数据填在下面的表格中。 小组结论：我们组的结论是粗短的圆柱体积大，细长的圆柱体积小。 学生得到的结论相同，但采用的方法不同。	用比赛的形式激起学生探究知识的兴趣，活动具有挑战性，学生的参与度高。

（续表）

<table>
<tr><th>教学环节（整节实践活动课以闯关形式呈现）</th><th>教师活动</th><th>学生活动</th><th>设计意图</th></tr>
<tr>
<td>第二关，再战江湖</td>
<td>1. 教师再拿出两张与刚才同样大小的长方形纸，要求学生按步骤操作。
教师没有直接给出最后一步的形状，而是鼓励学生根据前面两步想象可能卷成的结果。
提问：你认为以上两种情况，哪种围成的圆柱体积大？请大家动手进行验证，把数据填入下表。
<table>
<tr><th>底面半径 /cm（保留两位小数）</th><th>底面周长 /cm</th><th>高 /cm</th><th>侧面积 /cm²</th><th>体积 /cm³（保留两位小数）</th></tr>
<tr><td></td><td></td><td></td><td></td><td></td></tr>
<tr><td></td><td></td><td></td><td></td><td></td></tr>
</table>
2. 总结圆柱的共同点。</td>
<td>1. 小组展示，发现结果与猜测产生矛盾。
解释矛盾产生的原因：教师没有要求粘贴后的长方形是横着围还是竖着围。
生：每种长方形都有 2 种围成圆柱的方法，所以 2 个不同的长方形能围成 4 种不同的圆柱。
得出结论：只有对面积相同的长方形围成的圆柱进行比较，才符合这个规律。
2. 这些长方形纸的面积都相等，也就是说圆柱的侧面积都相等；在侧面积相等时，粗短圆柱的体积大于细长圆柱的体积。</td>
<td>提高学生的参与度。

逐步引导学生进行测量，从工具选取开始，让学生充分体验探究的全过程。</td>
</tr>
</table>

（续表）

教学环节（整节实践活动课以闯关形式呈现）	教师活动	学生活动	设计意图
第三关，拨云见日	1. 教师请一名学生到讲台前按照顺序摆放圆柱。 2. 教师询问摆放规律，引导学生用科学的数据来描述规律。 （教师引导学生观察几组数据的变化，并说一说它们是怎样变化的。学生从数据中获得的信息有：侧面积没有变化；底面半径越大，高越小；底面半径越小，体积越小……） 3. 教师小结。刚才的活动过程，就是一个猜想、实验、验证的过程。我们根据一些实例得出了一个规律，这样的方法在数学上称为“不完全归纳法”。我们在以前的学习中，有关加法、乘法的运算定律等规律就是用这种方法得到的。 4. 教师引导学生探究用不同方法验证结论。	一名学生首先把圆柱按从高到矮的顺序重新排列，然后把数据依次写在圆柱下面。 生：在侧面积相等时，圆柱的高越大，它的体积就越小；圆柱的高越小，它的体积就越大。 生：在侧面积相等时，圆柱的底面半径越小，它的体积就越小；圆柱的底面半径越大，它的体积就越大。 生：在侧面积相等时，圆柱的底面直径越小，它的体积就越小；圆柱的底面直径越大，它的体积就越大。 生：在侧面积相等时，圆柱的底面周长越小，它的体积就越小；圆柱的底面周长越大，它的体积就越大。 生：在侧面积相等时，圆柱的底面积越小，它的体积就越小；圆柱的底面积越大，它的体积就越大。	引导学生亲自动手操作，体验探究知识的过程，培养探究能力。

七、点评

整节课以游戏形式开展，激发了学生参与的积极性。学生主动探究，配合教师完成教学任务，充分体现了探究教学的优势。新课程改革下的课堂教学就该这样进行。

1. 注重对学生猜想意识的培养。“猜想”是一项思维活动，是学生有方向的猜测和判断，包含了直觉判断和理性思考；猜想也是学生有效学习的良好准备，包含了学生从事新的学习或实践的知识准备、积极动机和良好情感。有的学生看到两张纸的形状相同，面积相等，就直观地认为它们围成的圆柱体积相等；有的学生认为圆柱越粗，体积越大；有的学生认为圆柱越长，体积越大。这些想法其实都是在已有知识和经验基础上进行的“再发现”和“再创造”的过程。培养学生的猜想意识，引导学生积极进行猜想，正是培养学生再发现能力和再创造能力的良好开端。

2. 给学生创设自主探究的空间。教师把整个活动直接交给学生，没有按部就班地进行细致引导，而是以学生的自主性、探究性学习为基础，采用小组合作方式来进行教学。在教学中，教师是组织者、引导者、参与者，而不是主导者，无论是信息的处理，还是数学结论的获得，都需要每个学生的自主探索、研究，因为“在人的内心深处都有一种根深蒂固的需要，这就是希望自己是一个发现者、研究者、探索者，而在儿童的精神世界中，这种需要尤其强烈”。遇到障碍时的苦思冥想，有了进展时的喜悦，结论概括的逐步完整，都很像科学家的探索经历。这为学生以后的学习奠定了基础。

3. 适当地处理教材。教师在课堂上的呈现方式与教材的呈现方式不同：教材规定了围成 2 种圆柱的方法，而教师则给了学生较大的思考空间，让学生体会出可以围成 4 种不同的圆柱。面对这样的新问题，学生可能会受前面定式的影响考虑不全面，但这恰恰会留给学生更加深刻的印象，使他们在今后遇到其他问题时会更加全面地思考。

第二节　空间与图形（初中部分）

探究主题

1. 画立体图形。
2. 立体图形的表面展开图。
3. 比较两线段（角）的方法。
4. 两角互余、互补的性质。
5. 平面直角坐标系。

6. 三角形的内角、外角的性质。
7. 三角形内角和、外角和定理。
8. 三角形的三边关系。
9. 全等三角形的判定。
10. 轴对称图形。
11. 等腰三角形。
12. 直角三角形三边关系与全等判定。
13. 平移的特征。
14. 旋转的特征。
15. 中心对称的特征。
16. 平行四边形的性质与判定。
17. 矩形、菱形、正方形的性质与判定。
18. 梯形的性质与判定。
19. 简单的尺规作图。
20. 多边形的内角和、外角和。
21. 用正多边形拼地板。
22. 正 n 边形的尺规作图。
23. 中位线。
24. 勾股定理。
25. 圆周角定理。
26. 圆的周长。
27. 圆的面积。
28. 弧长。
29. 扇形面积。
30. 圆心角、弧、弦之间的关系。
31. 点与圆的位置关系。
32. 直线与圆的位置关系。
33. 圆与圆的位置关系。
34. 正多边形与圆的关系。

35. 垂径定理。

36. 圆锥的侧面积与全面积。

37. 圆台的侧面积。

38. 特殊角的三角函数值。

39. 相似图形的性质。

40. 相似三角形的判定。

41. 相似三角形的应用。

42. 画相似图形。

43. 三视图及其计算。

主题论证

1. 这些主题所探究的问题都具有开放性的特点

数学开放性问题主要有三种类型，分别是条件开放性问题、结论开放性问题和策略开放性问题。条件开放性问题是指已知所探究问题的结论，需要探究者分析探索结论成立的条件，而满足结论的条件往往不唯一的数学问题；结论开放性问题与条件开放性问题相对应，是指已知所探究问题的条件，探究者需根据条件创造性地探索出相应的结论，而符合条件的结论往往呈现多样性的数学问题；策略开放性问题是指探究问题的方法不唯一或者探究的路径不明确的数学问题。新课程标准指出，学习和教学的方法必须是开放而多样的，开放性是课堂教学评价的重要原则。在数学教学中，教师经常引导学生研究开放性问题，给学生提供更多思考的空间，也使学生有更多的机会表达自己的观点，激励学生积极主动地探索数学规律，发展创新意识与创造力。与此同时，学生对于开放性问题的探究也使得他们对问题有更深层次的理解，更有利于数学思维能力的培养。学生用不同的方式研究数学问题，也可以拓宽教师的教学视野，实现教学相长。

初中课程对空间与图形部分内容的探究尤其突出条件、结论与策略的多样化。如案例 5 对“全等三角形判定”的探究,教师指出三角形全等的条件并不唯一，这就有利于学生充分调动积极性去探求三角形全等的条件，在教师的引导下通过对边、角两个元素的组合进行分类，培养了发散思维能力与分类讨论的思想，这是条件开放性问题。又如在对“正多边形拼接地板”的探究中，由于学生对于简单的正多边形理解比较深入，这使得学生对于拼接地板原理的探究水到渠成，在设计拼接方案时思路更加开阔，设计的结果也丰富多彩，这是结论开放性问题的典型课例。关于策略开放性问题，“勾股定理”的探究是一个较好的例子，学生通过对勾股定理不同的证明方法的探究，不但培养了推理能力，更有助于其创造性思维与发散性思维的培养，也使得课堂的探究更加充实饱满、丰富多彩。

2. 所选主题都具有一定的应用价值

初中学生对于空间与图形的研究处于形象与抽象结合的阶段，在本部分所选主题中，所研究的图形或问题都是学生日常生活中常见的，对于图形的熟悉更便于学生的探究，使得学生探究的思维更加广阔、更加深刻。同时，探究主题选取生活中的几何图形也使学生探究的热情大幅度提高。通过对实际生活中的图形进行探索研究，学生更加深刻地体会到数学对于实际生活的意义。学生不再一味地认为数学是严谨枯燥的，通过将空间与图形和实际生活紧密联系，大大提高了学习数学、研究数学的兴趣，从而树立起更加完整、全面的数学观。学生在探究图形的几何性质时，通过对实际生活中的图形进行旋转拼接等操作，形成自己所熟悉的图形，不但提高了动手操作能力，更培养了空间想象力。学生将抽象的数学与实际生活有机地结合起来，可以更加深入地探究几何问题，发展自己的创新意识与创造能力。

例如，在案例 6 对“勾股定理”的探究中，从历史上数学家的趣闻出发，自然地向学生呈现了勾股定理的发展史，定理的证明和应用从实际出发，使学生感受到所学知识与实际生活的密切联系。

又如案例 3“矩形的性质”的探究。矩形是学生实际生活中的常见图形，在日常生活中有着广泛的应用。在课程的引入部分，通过呈现生活中的矩形，赋予了矩形探究以现实背景，激发了学生的探究热情。在完成性质的探究后，教师在巩固提高环节又呈现了一个实际问题，引导学生用探究出的矩形性质解决生活中存在的问题。学生通过解决现实问题更加深刻地体会到数学的应用性，用自己探究出的性质解决实际问题也能激起学生探究的成就感，对于培养学生的创新能力意义重大。

3. 对所选主题的探究符合学生的认知水平

在空间与图形的主题梳理中，所探究的主题都与学生的知识结构与认知能力相符合。学生在探索中通过拼图、剪切等活动既培养了动手操作能力，又形象直观地探索了几何概念与几何命题。在此基础上，通过教师的引导与师生间的合作与交流，学生经过思考顺利完成数学内容的探究，实现“人人学有价值的数学”。如案例 1 中关于“三角形三边关系定理”的研究，“是否任意三条线段都能组成三角形”的问题引起了学生的认知冲突，激发了学生的探究兴趣。学生通过拼接纸条，对于三角形的构成条件形成了初步的认识。用具体的纸条代替抽象的线段，使得学生研究的问题具有可操作性，将复杂的几何定理转化成容易操作的具体数学活动，在现有的知识水平下有能力进行定理的初步研究。在接下来的探究中，学生将拼接的结果填入列表，通过表格进行猜想，进而揭示规律。教师在此环节设计的表格具有画龙点睛的作用，学生通过拼接活动得到的是杂乱无章的多个结果，表格的出现引导学生将所获得的结果归纳类比，对于定理的成功探索起到了至关重要的作用。这些设计使得三角形三边关系定理的探究过程建立在学生现有的知识结构与认知水平的基础之上，既具有一定的探究难度，又使学生通过研究有能力完成定理的再创造。

经典案例

案例 1　三角形三边关系定理

上海市闵行区基地附中　陆归英

一、教学对象

七年级学生。

二、教学课时

1 课时。

三、教学目标

（一）知识目标

掌握三角形的三边关系定理：三角形的任意两边之和大于第三边，两边之差小于第三边；能初步运用三角形的三边关系定理判定三条线段能否构成三角形。

（二）技能目标

学生在教师的引导下，积极主动地经历探索三角形三条边之间的关系的过程，利用操作、归纳获得数学结论。

（三）情感态度价值观目标

经历探索、发现、应用三角形的三边关系的过程，形成勇于探索的精神，体会数学的实用价值，感受数学的严谨和探究成功的喜悦，增强应用数学的意识和交流合作精神，提高数学素养。

四、教学重点与难点

1. 教学重点

三角形的三边关系的发现、验证、应用。

2. 教学难点

利用三角形的三边关系解释、解决实际问题。

五、教具准备

三角板、纸条、剪刀、火柴。

六、教学过程

<table>
<tr><th>教学步骤</th><th>教师活动</th><th>学生活动</th><th>设计意图</th></tr>
<tr>
<td>创设情境，提出问题</td>
<td>一、创设新情境，激发学生的兴趣
1. 出示图片，提问：在这些图片中，最多的是哪种几何图形？
2. 请学生举例说明生活中还有哪些地方有三角形存在。
3. 复习铺垫引疑。
（1）什么样的图形是三角形？
（2）过渡：是否任意三条线段都能围成三角形呢？
二、创设实验的活动情境，引导学生合作探究、揭示规律
1. 请同学们任意选择三条线段拼一拼，你能发现什么？
<table>
<tr><td colspan="3">三角形的边长</td><td>能否构成三角形</td></tr>
<tr><td>7cm</td><td>12cm</td><td>15cm</td><td></td></tr>
<tr><td>7cm</td><td>8cm</td><td>15cm</td><td></td></tr>
<tr><td>7cm</td><td>7cm</td><td>15cm</td><td></td></tr>
<tr><td>7cm</td><td>7cm</td><td>8cm</td><td></td></tr>
<tr><td>7cm</td><td>7cm</td><td>12cm</td><td></td></tr>
<tr><td>7cm</td><td>8cm</td><td>12cm</td><td></td></tr>
<tr><td>8cm</td><td>12cm</td><td>15cm</td><td></td></tr>
</table>
提问：任意的三条线段都能构成三角形吗？什么情况下的三条线段不能构成三角形？符合什么样要求的三条线段才能构成三角形？</td>
<td>观察并回答。

举手回答。

积极思考并回答。

各小组按照要求选相应长度的纸条构成三角形，并做相应的记录，各小组反馈记录，并揭示规律。</td>
<td>让学生从生活中发现数学，同时为引出课题做准备。

通过动手实践、交流讨论、发现归纳的过程，引导学生在操作中体验、在发现中感悟，化静为动，学做合一，从感性认识上升为理性认识，亲身体会“做数学”的乐趣，培养主动探索、善于思维、勇于实践、敢于发现、合作交流的数学意识，发展动手操作能力和推理能力。</td>
</tr>
</table>

（续表）

教学步骤	教师活动	学生活动	设计意图
建立模型，探索发现	2. 揭示规律：三角形的任意两边之和大于第三边。 3. 通过几何画板演示，进一步证明这一规律。 4. 通过不等式性质 1 得到：任何两边之差的绝对值小于第三边。 三、创设开放的问题情境，巩固深化 思考 1：长度为 6cm，4cm，3cm 的三条线段能否组成三角形？ 提问：判断三条线段能否组成三角形，是否一定要检验三条线段中任意两条的和都大于第三条？根据你刚才的解题经验，你认为有没有更简便的判断方法？		
归纳总结，得出新知	结论：只要满足较小的两条线段之和大于第三条线段，便可构成三角形；若不满足，则不能构成三角形。 练一练：下列长度的各组线段能否组成一个三角形？ （1）6cm，4cm，5cm；（2）6cm，12cm，5cm；（3）7cm，12cm，5cm。 思考 2：如果两条线段的长分别是 $a=3$cm，$b=5$cm，要想拼成一个三角形，问第三条线段 c 取值的范围是什么？第三条线段 c 的长为奇数，问第三条线段应取多长？ 依据：三角形的第三边小于两边之和，大于两边之差。	观察并思考。 共同探讨问题，揭示问题中所隐藏的规律。 解决问题，并探讨有没有更方便的方法。	通过探究问题巩固应用所学知识，同时有助于潜移默化地渗透数学建模意识，培养学生初步的逻辑思维能力、发散思维能力、分析解决问题的能力。

（续表）

教学步骤	教师活动	学生活动	设计意图
巩固运用	练一练：如果两条线段的长分别是 $a=6$cm，$b=9$cm，那么第三边 c 的取值范围是___，这个三角形周长的范围是___。 思考 3：已知两条边长分别为 3cm、5cm，你可以画出几个等腰三角形？并求等腰三角形的周长。 依据：等腰三角形有两条边是相等的，且同时满足三角形的三边关系。 练一练：1. 已知两条边长分别为 2cm、5cm，你可以画出几个等腰三角形？并求等腰三角形的周长。 四、创设应用的实际情境，让学生学以致用 考考你：1. 用 3 根长度相等的火柴可以搭成一个等边三角形，用 5 根长度相等的火柴棒可以搭成一个等腰三角形，用 9 根长度相等的火柴棒可以搭成几个三角形？ 2. 用所学的数学知识解释，为什么有些行人要斜穿马路而不走人行道？	应用得到的结论进行解题。 学生自己出题，并请其他学生完成思考并回答问题。 应用刚才的结论进行解题。 思考并把草图画在课堂练习本上。 想一想，画一画。 动手操作，小组讨论。	应用“只要满足较小的两条线段之和大于第三条线段，便可构成三角形“的性质。 已知三角形两条边求第三条边的取值范围。 引导学生思考在等腰三角形中如何应用三角形的三边关系。 通过类似题型让学生进一步体验三角形的三边关系。 让学生把所学知识融入生活中。 进行安全意识教育。
反思小结，推广拓展	小结：1. 三角形的相关概念。 2. 三角形的三边关系定理。 3. 解题方法：（1）判断三条已知线段能否组成三角形；（2）确定三角形第三边的取值范围。 五、直观感知、应用拓展 拓展：1. 已知等腰三角形的周长为 11cm，边长都为整数，求三边的长。 2. 如果等腰三角形的周长是 20cm，那么腰长应大于_____cm，但小于_____cm。 3. 已知线段 a、b、c 是三角形的三边长，请判断代数式 $b^2-c^2+2ac-a^2$ 的值的大小。	讨论并回答，总结交流。 完成课后讨论。	巩固知识点。 让学生有更多的发展空间。

七、点评

本节课的设计体现了以教师为主导、学生为主体，以知识为载体、以培养学生的思维能力为重点的教学思想。教师以探究任务的方式引导学生自学自悟，为学生提供了自主合作探究的舞台，让学生在经历发现知识过程中，培养分类、探究、合作、归纳的能力。

课程的设计符合学生的认知规律，情境创设合理有趣，使得学生完全有能力通过努力独自完成定理的发现。在课的结尾，教师通过创造实际情境充分培养了学生的发散思维。

案例2　对直角三角形中的圆的一些探究

上海市闵行区基地附中　宁柠

一、教学对象

九年级学生。

二、教学课时

1课时。

三、教学目标

1. 知识目标

理解切线的性质定理和切线长定理；并能灵活运用这些定理探究，能应用定理结合新旧知识解题。

2. 技能目标

经历探索直角三角形中最大内切半圆的过程，善于观察，感受解题时采用的思想方法。

3. 情感、态度、价值观目标

培养分类讨论的思想，形成合作探究的能力，并勇于展现自我。

四、教学的重点与难点

1. 教学重点

在直角三角形中内切半圆。由直角三角形内切圆的复习引入内切最大半圆，提出问题，引导学生动手操作、交流，归纳得出结论。在整个过程中，学生不仅得到了“圆心在斜边上的半圆面积最大”的结论，还体会了数学中分类讨论的思想，更重要的是学生经历了知识的形成过程，体会了一种分析问题的方法，积累了数学活动经验，这将有利于他们更好地理解数学、应用数学。

2. 教学难点

定理的探求、延伸和分类讨论的思想。刚刚结束圆的学习，进入第一次系统地复习圆的有关知识的阶段，学生对于知识点的把握还不是很熟练，缺少对知识的梳理。直角三角形是学生比较熟悉的图形，直角三角形中也涉及很多常用定理，这些内容和圆结合在一起，不仅涉及添加适当的辅助线的问题，更重要的是考察学生结合图形的特点全面考虑问题的能力，这个对于刚开始复习的学生来说有一定的难度，不能很好地找到问题中的切入点并结合以往知识分析探究。

五、教具准备

三角板、纸片、圆规。

六、教学过程

教学步骤	教师活动	学生活动	设计意图
复习引入	问题 1：在三角形中面积最大的圆有什么特点？ Rt △ ABC 中，$\angle C = 90°$，面积最大的圆如图所示： 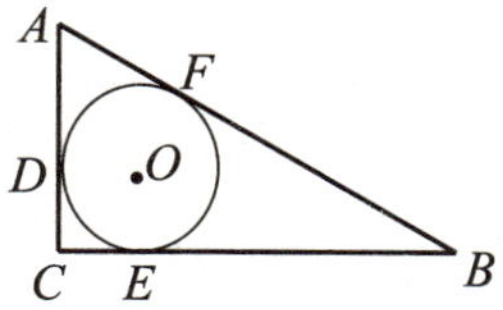 这个图形中，你能得到什么结论，为什么？	① 探究这个圆和三角形的关系。 ② 抢答从图形中得到的结论，并互相补充。	为本节课的内容“开路”。 复习有关定理，为本节课做准备。
创设情境，提出问题	问题 2：有一个直角三角形的木板，两条直角边分别是 6cm 和 8cm，要求裁剪出圆心在三角形的一边且面积最大的半圆。	分小组进行讨论交流。受教师启发，思考这样的半圆如何画出、有几种画法、如何求出半圆的面积，进行交流并予以汇总、归纳。	培养学生的动手操作能力和空间想象能力，使学生学会与他人合作，让学生发现知识产生的过程，通过分类讨论提升自己的数学思维能力。

（续表）

教学步骤	教师活动	学生活动	设计意图
建立模型，探索发现	引导学生按照题目的要求得出：半圆只有与三角形的三边相切面积才最大。学生通过实际操作发现： 1. 半圆的圆心要在直角三角形的边上。 2. 半圆要与直角三角形边相切以达到面积最大。 ① 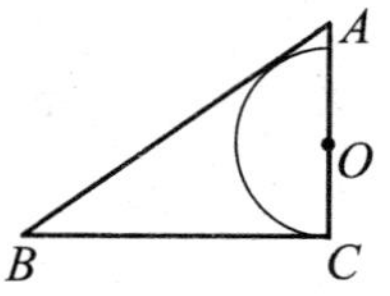 ② 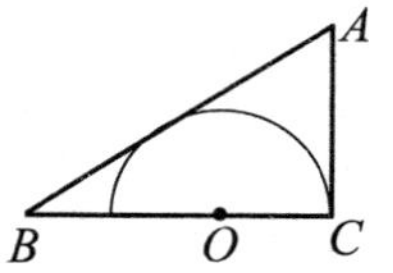 ③ 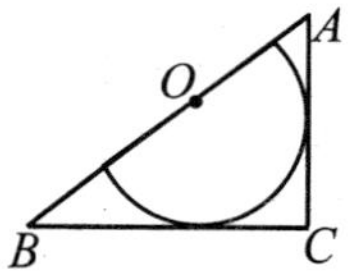	思考： ① 如何画出符合题意的图形。 ② 图形有几种情况。 以小组为单位讨论，动手画出图形。根据图形的特征，结合有关定理，分析讨论。用几何语言完整地表达推理过程。 想一想：如何计算出这 3 个图形中半圆的面积？ 议一议：如何添加适当的辅助线，并且出现了哪些基本图形，可以用哪些知识进行求解。 比一比：3 个图形中哪个半圆的面积最大。	学生动手操作，通过实践、自主探索、交流，获得新知。
归纳总结，得出新知	按以上分类顺序动脑、动手操作，验证。 教师收集学生的作品，加以比较，得出结论。		

（续表）

教学步骤	教师活动	学生活动	设计意图
巩固运用及其推广	问题3：对于问题2中的三角形木板，在木板内裁剪两个面积尽可能大且相等的圆，此时圆的半径是多少？ 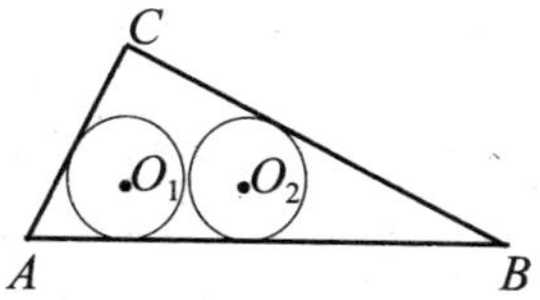	思考： ①要添加哪些适当的辅助线。 ②两圆的位置关系以及圆和三角形的位置关系。 ③通过已知条件，结合定理得到什么结论。（位置关系和等量关系） ④用什么方法突破难点？ ⑤建立等量关系求解。	这里直接给出图形，减少学生作图的困难。添加辅助线后，图形的线条增加，对解题造成一定的困难。这道题的综合性较强，既考察了学生对新旧知识的综合运用能力，也考察了学生的计算能力。
反思小结，提炼规律	本节课你有什么收获？ 教师带领学生回顾、反思本节课对知识的研究探索过程，小结方法及结论，提炼数学思想，掌握数学规律。	学生在教师引导下回顾反思，归纳整理。 利用勾股定理、相似三角形性质、切割面积的方法等解题。	引导学生总结，归纳，整理，梳理知识点。

七、点评

圆是初中几何的重点和难点。圆的题目变化多，应用性强，常和三角形、四边形、相似形、全等形等放在一起考查学生的综合能力，尤其一些特殊的图形，如等边三角形、等腰三角形、直角三角形等和圆结合在一起变化多，题型也多。在本课中，教师选择了在直角三角形里求圆的半径，从直角三角形的内切圆开始复习有关的定理和知识点，由一个实际问题过渡到直角三角形中内切的最大半圆，由浅入深，对重点知识进行深入、细致的分析，对难点知识进行分解释疑。

1. 充分利用素材和活动，鼓励学生经历观察、操作、推理、想象等活动，发展学生的空间观念，使学生掌握分析问题、解决问题的方法，积累数学活动的经验。教师在教学中注意培养学生有条理地思考、表达和交流的能力，并且在直观操作的基础上，将直观与简单推理相结合，注意引导学生形成推理意识，理解推理过程，运用自己的方式有条理地表达推理过程，为以后学习证明打下基础。

2. 学生通过之前的学习已了解了直角三角形的内切圆半径，掌握了求内切圆半径的方法，这为探究最大半圆做好了知识上的准备。另外，学生也具备了做已知直角三角形的内切半圆的基本作图能力，这使学生能主动参与本节课的操作、探究。

3. 本节课的设计体现了以教师为主导、学生为主体，以知识为载体，以培养学生的动手能力、思维能力以及合作意识为重点的教学思想。教师以探究任务引导学生自学自悟的方式，为学生提供了自主合作探究的舞台，在引导学生经历知识的发现过程中渗透数学思想，培养了学生分类、探究、合作、归纳的能力。

本课的设计为学生提供了"做"数学的空间，学生通过动手操作实现了数学知识的灵活运用。在巩固运用及推广部分，教师的设计使得学生的数学思维得到进一步发展，培养了学生自主探究、合作学习与分类归纳的能力。

案例3　矩形的性质

鞍山市华育外国语实验学校　滕茹

一、使用对象

八年级学生。

二、教学课时

1课时。

三、内容分析

本课要研究的是矩形的概念及其性质，是在学生已经学过四边形、平行四边形的概念及性质和判定的基础上进行的。本课内容是这一章的重点内容之一。因为矩形是特殊的平行四边形，而后续要学的正方形又是特殊的矩形，所以它既是前面所学知识的应用，又是学习后面知识的基础，具有承上启下的作用。所以这节课无论从知识性还是从思想性来讲，都占有重要的地位。

另外，本节课的内容还渗透着转化、对比的数学思想，重在训练学生的逻辑思维能力和分析、归纳、总结的能力，因此，这节课无论在知识上，还是在对学生能力的培养上都有非常重要的作用。

四、教学目标

1. 知识与技能目标

（1）掌握矩形的概念和性质，理解矩形与平行四边形的区别与联系。

（2）会初步运用矩形的概念和性质解决有关问题。

2. 过程与方法目标

通过对矩形特有性质的探究，培养逻辑推理能力，体会类比、转化的数学思想。

3. 情感、态度与价值观目标

通过小组合作交流，养成主动探究的学习习惯，体会矩形的对称美。

五、教学重点、难点

1. 教学重点

矩形的概念和性质的得出。

2. 教学难点

学生数学推理能力的培养，矩形的特有性质的得出。

六、教具准备

多媒体课件、三角板、有关矩形的图片。

七、教具过程

教学环节	教学内容	师生活动	设计意图
观察发现	复习提问： 平行四边形有哪些性质？你是从哪几个方面进行研究的？ 动画演示平行四边形的变化过程。 1. 观察。 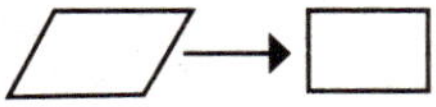 2. 给出矩形定义。 3. 欣赏生活中的矩形并画出矩形。 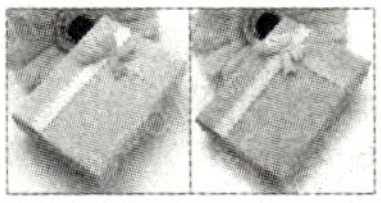 	巩固已学知识和研究图形的方法。 学生观察并揭示平行四边形与矩形之间的联系。 欣赏生活中的矩形，并画出矩形，为得出矩形的性质做准备。	使学生为下面的学习做好知识上、方法上的准备。 通过动态演示，揭示矩形与平行四边形的从属关系和矩形的本质属性，引导学生构建知识体系。 引导学生巩固概念，体会矩形的对称美。

（续表）

教学环节	教学内容	师生活动	设计意图
探究说理	引导学生猜想矩形性质并加以证明。 要求： 先独立思考，再相互交流。 学生汇报交流。 多媒体课件配合直观演示。 归纳矩形的特有性质： 矩形的四个角都是直角；矩形的对角线长度相等；矩形是轴对称图形。	学生利用手中的材料，通过看一看、量一量、折一折等方法，猜想出矩形的特有性质，再对得到的结论进行证明。 与平行四边形性质类比，得出矩形特有性质。	学生完成定理的证明，培养严谨的思维品质。 归纳矩形的性质，再次与平行四边形性质对比，使学生进一步理解矩形与平行四边形的这种从属关系，体会特殊与一般的关系。
感悟深化	矩形 $ABCD$ 中，对角线 AC、BD 相交于点 O。 （1）图中有哪些相等的线段？ （2）图中有哪些特殊形状的三角形？ 直角三角形性质： 直角三角形斜边上的中线等于斜边的一半。 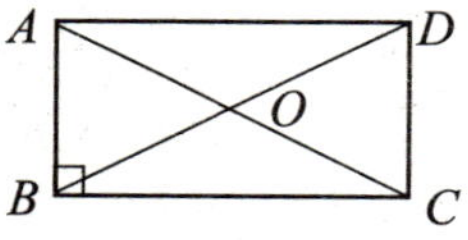	学生通过观察、猜想、推理得到直角三角形性质。 教师引导、点拨、及时使用评价性语言激励学生。	巩固矩形性质，并借助于矩形的性质得到直角三角形的重要性质，体现了图形之间的转化思想，达到强化重点、突破难点的目的。
巩固提高	练一练： 1. 如图，在矩形 $ABCD$ 中，对角线 AC、BD 交于点 O，若 $AB=4$cm，$AD=7$cm，则对角线 $AC=$_______cm。 2. 若将 $AD=7$cm 换为 $\angle AOB=60°$，则能得到哪些角的度数和哪些线段的长度？ 3. 若在第 2 题的条件下，过点 A 作 $AE\perp BD$ 于点 E，求 DE 的长。 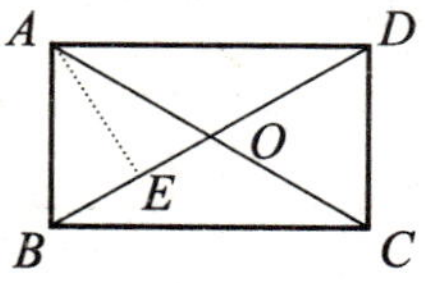	学生独立思考并解决问题，全班交流并相互补充。	引导学生体会矩形中的基本图形及常用的解决问题方法，渗透转化的数学思想。

（续表）

教学环节	教学内容	师生活动	设计意图
巩固提高	用一用： 为方便附近居民的生活，市政府对某区广场进行了规划，将一矩形空地沿一条对角线分成休闲区和绿地两部分，在绿地上修两条互相交叉的小路 BO、EF，路口端点处 E、F、O 分别为三角形草地的三边中点，已知 EF 这条路长 150 米，试计算另一条路 BO 的长度？ 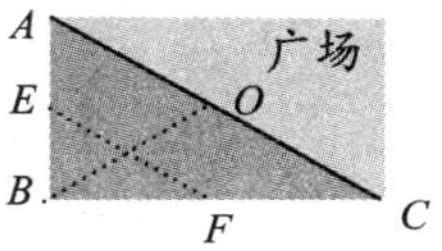	学生从不同角度分析问题，并对解决问题的过程进行反思，对方法进行提炼。 运用矩形性质以及直角三角形性质解决问题。	引导学生进一步应用矩形性质从不同的角度分析问题，拓展了学生的思路，培养了学生的发散性思维，渗透了转化的数学思想。 培养学生学数学、用数学的意识及综合运用知识的能力，渗透建模的思想。
体验收获	谈谈你的收获和体会： 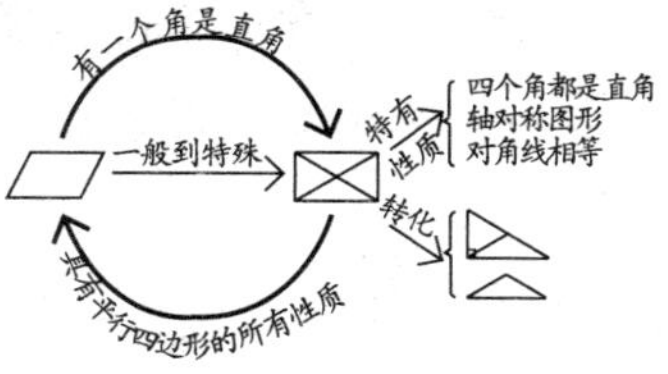	学生归纳总结，教师补充升华。	培养学生的概括能力，使知识形成体系，并渗透数学思想方法。
实践延伸	作业： 一张矩形纸片沿对角线剪开，得到两张三角形纸片，再将这两张三角形纸片摆成如下图形式，使点 B、F、C、D 在同一条直线上。 （1）求证：$AB \perp ED$。 （2）若 $PB = BC$，请找出图中与此条件有关的一对全等三角形，并给予证明。 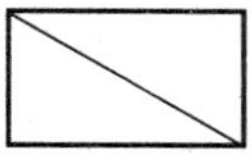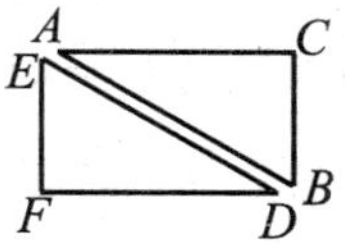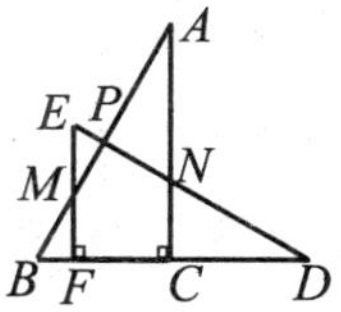		

八、点评

本节课设计的每一个环节都是以学生为主体，对新知识的获取建立在学生已有的知识经验基础之上，在得出矩形性质时采用观察、猜想、验证及交流的方式，让学生自己动手探索完成，并体会到进行的探索是有意义、有价值的，更是科学的。这样做不但帮助学生树立了信心，更激发了学生学习数学的浓厚兴趣。另外，学生对自己探索出来的结论记忆会更加深刻，理解也更加到位。这样的教学安排，将有助于学生完善学习过程，使学生的创新思维将获得较大的发展。

1. 对教学内容设计的评价。本节课探索的是矩形的特殊性质。根据学生已有的知识结构，采用的教学流程是：观察发现——探究说理——感悟深化——巩固提高——体验收获——实践延伸。这一流程体现了知识形成、发生、发展及应用的过程。这节课起到了承上启下的作用，既是前面平行四边形知识的深化，又是正方形引入的前提，学生在合作探究时有路可寻，所以很自然地得出了矩形的性质。

2. 对探究过程的点评。教师在探索矩形的特殊性质时采用了引导学生主动地进行观察、猜想、验证及交流等数学活动的方式，从而使学生理解数学知识并形成有效的学习策略，引导学生通过实验由特殊到一般，对矩形的性质进行研究并得出结论，让所有的学生用推理的形式给以证明。这种方法是认识事物规律的重要方法之一，通过教学让学生初步掌握这种方法，对于学生形成良好的思维品质有重要作用。

3. 对练习设计的点评。练习的配备由浅入深，根据教学内容逐层深化，在基础训练的基础上对学生进行综合训练，培养学生灵活运用知识的能力；作业设计既有巩固新知识的基础性题目，也有综合性相对较强、解题思路较灵活的题目，实现了“人人学有价值的数学，不同的人在数学上得到不同的发展”的目标。

本课通过创设情境，引导学生对矩形的性质进行独立探究。在观察、猜想、验证进而得出结论的同时，学生的数学思维能力得到了培养，创造能力得到提高。在感悟深化的环节中，通过对矩形性质的研究，得到了直角三角形斜边中线的性质，使得直角三角形与矩形有机地联系起来，丰富了学生的知识结构。巩固提高部分引入现实情境，使得学生将自己再创造的数学知识应用到实际生活中去，从而更加深刻地体会到探究数学的意义。

案例4　菱形的性质和判定

辽宁省鞍山市华育外国语实验学校　许百东

一、教学对象

八年级学生。

二、教学课时

1课时。

三、教学目标

（一）知识目标

了解菱形的概念以及菱形与平行四边形的关系，掌握菱形的性质和判定，并能运用菱形的性质进行简单的计算。

（二）技能目标

通过实物操作和观察分析，学会判断菱形，掌握解决问题的方法，体会数学的美和魅力，体会利用操作、归纳获得数学结论的过程。

（三）能力目标

培养空间观念、推理能力，发展有条理的表达能力，积累数学活动经验。

四、教学的重点与难点

1. 教学重点

菱形的性质及判定方法的探索。

2. 教学难点

利用菱形性质解决实际问题。

五、教具准备

三角板、纸片、剪刀、量角器、多媒体课件。

六、教学过程

教学步骤	教师活动	学生活动	设计意图
复习过渡，引入新知	复习平行四边形的定义、性质和判定。	在教师引导下回忆前面学过的知识，为探究新知识做好准备。	通过引入身边的事物，使学生感受到菱形给我们的衣食住行增添了色彩，营造一种轻松愉快的学习氛围，拉进学生与数学的距离。
创设情境，提出问题	投影展示生活中的菱形图案，带领学生回忆见过的漂亮的菱形图案。 目标一：掌握菱形的定义。 类比发现： 1. 回顾从平行四边形到矩形的过程，使学生体会到将平行四边形的一角变化为直角便形成了矩形。 2. 动画演示由平行四边形到菱形的形成过程，明确菱形的定义。 3. 引导学生动手操作，整体感知。 方法预设：学生们可以通过测量、折叠、重合等直观操作形象感知菱形的定义。	学生欣赏图片并认真观察寻找熟悉的几何图形。 活动一：动手操作，同桌组成小组，将课前准备好的平行四边形纸片通过不同的方法得到菱形。	通过数学活动，鼓励学生在独立思考的基础上积极参与活动，善于倾听他人的见解，勇于发表自己的观点，在交流中获得知识，在汇报中得到锻炼。
建立模型，探索发现	目标二：探究并掌握菱形的性质。 探究说理： 引导学生动手操作，探究菱形的性质，教师在这个过程中巡视，进行个别指导。 学情预设： 在学生汇报的过程中可能会存在一些问题，教师要让学生畅所欲言、整体感知，然后引导学生类比学习平行四边形或矩形，从边、角、对角线等方面有条理地总结结论。	汇报，简单验证结论。 活动二：动手操作，学生前后四人一组，用活动一中得到的菱形纸片来探究其性质，并进行组内交流后汇报。	引导学生运用类比思想解决问题，培养学生发散思维的能力，引导学生运用多种方法解题。
归纳总结，得出新知	1. 对菱形对角线性质进行证明。 方法预设： 方法一：动手操作，折叠法。 方法二：三角形全等。 方法三：等腰三角形三线合一法。 学情预设： 学生在证明垂直时可能会选择全等的方法，教师要引导他们优化方法，选择等腰三角形三线合一的方法。		让学生通过动手操作，感受几何语言的简洁美。

（续表）

教学步骤	教师活动	学生活动	设计意图
巩固运用及其推广	2. 引导学生将归纳出来的结论进行分类总结。 学情预设：学生在汇报的过程中还可能会得出菱形的面积求法，分割出特殊三角形，这时候教师需要帮助学生进行归类，抓住结论形成的根本原因，同时再进一步让学生理解菱形的边、角、对角线的性质，并让学生认识到具有这些性质的根本原因是它具有轴对称性。 3. 规范学生几何语言的运用。 目标三：运用菱形的性质解决问题。 应用实践 （1）如图，四边形 $ABCD$ 是菱形，$\angle ABD = 30°$，求：$\angle ADC$ 和 $\angle BAC$ 的度数。 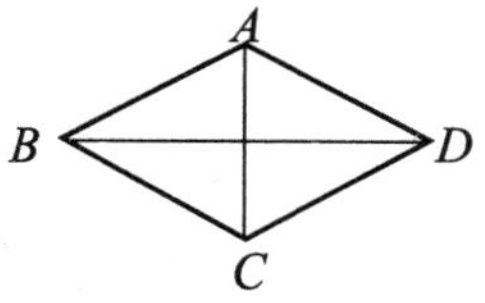 （2）如图，四边形 $ABCD$ 是菱形，O 是两条对角线的交点，$BD = 8\text{cm}$，$AC = 6\text{cm}$。 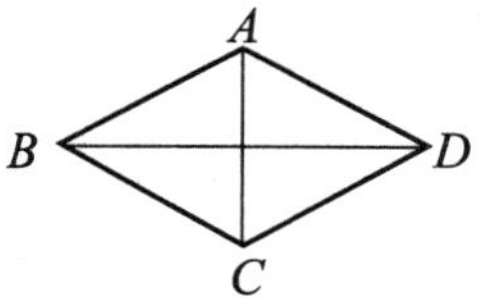 求：菱形 $ABCD$ 的周长和面积。 例 1　如图，菱形花坛 $ABCD$ 的边长为 20 米，$\angle ABC = 60°$，沿着菱形的对角线修建两条小路 AC 和 BD，求两条小路的长和花坛的面积（精确到 0.1）。 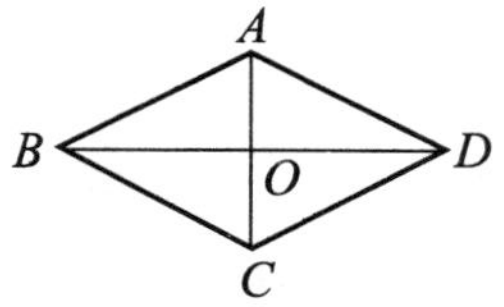 	学生汇报。 学生应用性质解决例 1，并发现小路长及面积的不同算法。 留下悬念，为下节课作铺垫。	全面检验学生的学习效果，了解学生掌握本课重、难点及运用新知识解决问题的能力。 引导学生运用转化的思想将菱形问题转化成三角形问题来解决。

（续表）

教学步骤	教师活动	学生活动	设计意图
反思小结，提炼规律	通过投影展示师生共同对本节课知识的梳理。		通过小结，有效地促进学生把外部感知活动内容化为内部的思维活动，从而形成合理的知识结构。
思考	课后作业。 必做题：教材113页5题。 选做题：探究体验性作业。		引导学生体会分析问题的方法，积累数学活动的经验。

八、点评

从教学设计上看，教师设计的动手实践活动、小组合作交流活动、开放性问题的探索活动都是可行的，达到了预期的效果。

从引导方式上来看，探究式教学让学生在教师的指导下自始至终处于一种积极思维、主动探究的学习状态，降低了学生学习的难度，更好地完成了教学目标，突破了重点、难点。为了使学生更好地掌握这一部分内容，教师遵循探究式教学原则，用设问形式创设问题情境，设计一系列实践活动，引导学生操作、观察、探索、交流、发现、思考，使学生经历从现实世界抽象出几何模型，并运用所学内容解决实际问题的过程。整堂课真正把学生放到了主体位置，产生了良好的效果。

从思维培养上看，本节课尽量为学生提供“做中学”的机会，不放过任何一个发展学生智力的契机，让学生在“做”的过程中借助已有的知识和方法主动探索新知识，发展能力，完善人格，从而使课堂教学真正落实在学生的发展上。

本课的亮点在于对菱形性质的探究。学生通过动手操作猜想菱形的性质，进而应用已经学过的几何知识证明自己的猜想，创造能力得到了充分的发挥。本课的设计流程从概念探索、猜想性质、验证猜想到最后的性质应用，展现了数学科学探究的过程，也为学生研究数学提供了优秀的模式，既培养了学生的数学思维能力，又激发了学生学习数学的兴趣。

案例5 探索三角形全等的条件——“边边边”

宁夏吴忠市第一中学 宋军红

一、教学对象

八年级学生。

二、教学课时

1课时。

三、教学目标

（一）知识目标

掌握三角形全等的“边边边”的判定方法，能初步运用“边边边”判定两个三角形全等。

（二）技能目标

在教师引导下，积极主动地经历探索三角形全等条件的过程，体会利用操作、归纳获得数学结论的过程，培养空间观念、推理能力，发展有条理表达的能力，积累数学活动经验。

四、教学的重点与难点

1. 教学重点

三角形全等“边边边”条件的探索。

2. 教学难点

三角形全等条件“边边边”的探索过程。

五、教具准备

三角板、纸片、剪刀、量角器。

六、教学过程

教学步骤	教师活动	学生活动	设计意图
复习过渡，引入新知	带领学生复习全等三角形定义及其性质。	在教师引导下回忆前面学过的知识，为探究新知识做好准备。	
创设情境，提出问题	小明画了一个三角形，怎样才能画一个三角形与他的这个三角形全等？我们知道，全等三角形三条边分别对应相等，三个角分别对应相等，那么，反之这六个元素分别对应，这样的两个三角形一定全等，但是是否一定需要六个条件呢？条件能否少些呢？ 对学生分类中出现的问题予以纠正，对学生提出的解决问题的不同策略要给予肯定和鼓励，以满足学生多样化的需要，发展学生的思维。	议一议：学生分小组进行讨论交流。受教师启发，从最少条件开始考虑，一个条件，两个条件，三个条件……经过逐步分析，各种情况渐渐明朗，学生进行交流，予以汇总、归纳。	教师加以分析，学生分组讨论，师生互动合作。经过对各种情况的分析、归纳、总结，对学生渗透分类讨论的数学思想。
建立模型，探索发现	按照三角形“边、角”元素进行分类，师生共同归纳得出： 1. 一个条件：一角，一边。 2. 两个条件：两角，两边；一角一边。 3. 三个条件：三角；三边；两角一边；两边一角。	想一想：对只给一个条件画三角形，画出的三角形一定全等吗？	学生动手操作，通过实践、自主探索、交流，获得新知。 让学生在合作学习中共同解决问题，使学生主动探究三角形全等的条件，培养学生分析、探究问题的能力。

（续表）

教学步骤	教师活动	学生活动	设计意图
归纳总结，得出新知	学生按以上分类顺序动脑、动手操作，验证。 教师收集学生的作品加以比较，得出结论： 只给出一个或两个条件时，都不能保证所画出的三角形一定全等。 下面将研究三个条件下三角形全等的判定：（1）已知三角形的三个角分别为40°、60°、80°，画出这个三角形，并与同伴比较是否全等。学生得出结论后，教师再举例引导学生体会。 举例说明：老师上课用的三角尺与同学用的三角板三个角分别对应 相等，但一个大一个小，很显然不全等；同是等边三角形，边长不等，两个三角形也不全等。 （2）已知三角形三条边分别是4cm，5cm，7cm，画出这个三角形，并与同伴比较是否全等。 板演：三边对应相等的两个三角形全等，简写为“边边边”或“SSS”。 由上面的结论可知，只要三角形三边的长度确定了，这个三角形的形状和大小就确定了。	画一画：按照下面给出的两个条件做出三角形。三角形的两个角分别是30°，50°；三角形的两条边分别是：4cm，6cm；三角形的一个角为30°，一条边为3cm。 剪一剪：把所画的三角形分别剪下来。 比一比：同一条件下作出的三角形与其他同学作的比一比，是否全等。 学生重复上面的操作过程，画一画，剪一剪，比一比。 学生总结出：三个内角对应相等的两个三角形不一定全等。 学生模仿上面的研究方法，独立完成操作过程，通过交流，归纳得出结论。	让学生明确，满足条件的有哪几种情形，为后面的学习埋下伏笔。 让学生独立完成操作，培养学生探究、发现、概括规律的能力。 培养学生的逻辑推理能力，让学生学会运用“SSS”条件判断三角形全等。

（续表）

教学步骤	教师活动	学生活动	设计意图
巩固运用，及其推广	例题：△ *ABC* 是一个钢架，*AB* = *AC*，*AD* 是连接点 *A* 与 *BC* 中点 *D* 的支架。求证：△ *ABD* ≌ △ *ACD* 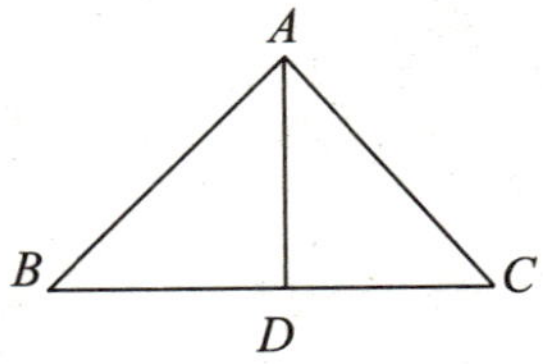	学生先独立思考，然后分析、讨论、交流。 学生独立思考，写出证明过程，全班交流。 学生在教师引导下回顾反思，归纳整理。	培养学生的独立分析能力，会运用“SSS”条件判断三角形全等。 引导学生规范地书写证明过程。检测学生对知识的掌握情况及应用能力。
提炼规律	教师引导学生分析问题中的已知条件。 从本节课的学习中你有何收获？ 教师带领学生回顾反思本节课对知识的研究探索过程，小结方法及结论，提炼数学思想，掌握数学规律。 三个角不能判断三角形全等，三条边能判断三角形全等，有些学生就在想“两角一边，两边一角”是否也能判断三角形全等。这就是学生课后的思考题。	给学生留下悬念，为下节课作铺垫。	再次渗透分类的数学思想，使学生体会分析问题的方法，积累数学活动的经验。
思考	P8 练习		

七、点评

证明三角形全等是研究图形的重要工具，学生只有掌握好三角形全等的内容，并且能灵活地运用，才能学好四边形、圆等内容。对于全等三角形的研究，实际是平面几何中对封闭的两个图形关系研究的第一步。它是两个三角形间最简单、最常见的关系。它不仅是学习后面知识的基础，而且是证明线段相等、角相等以及两线互相垂直、平行的重要依据。因此，学生必须熟练地掌握全等三角形的判定方法并且能灵活地应用。为了使学生更好地掌握这一部分内容，教师遵循探究式教学原则，用设问形式创设问题情境，设计了一系列实践活动，引导学生操作、观察、探索、交流、发现、思维，从现实世界抽象出几何模型，并运用所学内容解决实际问题。课堂真正把学生放到了主体位置。

学生通过前面的学习已了解了图形全等的概念及特征，掌握了全等图形的对应边、对应角的关系，这为探究三角形全等的条件做好了知识上的准备。另外，学生也具备了利用已知条件作三角形的基本作图能力，这使学生主动参与操作、探究成为可能。

“乐思方有思泉涌。”在课堂教学中，教师时时关注学生的思维发展过程，创设民主、宽松、和谐的课堂气氛，让学生畅所欲言，这样，学生的创造火花才能不断闪现，个性得以发展。

本课的设计充分体现了学生的主体地位，学生通过对全等三角形判定定理的再创造，培养了分类讨论、归纳、动手操作等数学能力。

案例 6　勾股定理

宁夏吴忠市第一中学　周玲

一、教学对象

八年级学生。

二、教学课时

1 课时。

三、教学目标

（一）知识目标

1. 了解勾股定理的历史背景，体会勾股定理的探索过程。

2. 掌握直角三角形中的三边关系和三角之间的关系。

（二）能力目标

1. 通过探究勾股定理的过程体验数学思维的严谨性。

2. 在探究活动中，学会与他人合作并能与他人交流思想。

（三）情感态度目标

在探究活动中体验解决问题方法的多样性，培养合作交流意识和探究精神。

四、教学的重点与难点

1. 教学重点

探索和证明勾股定理。

2. 教学难点

应用勾股定理。

五、教具准备

学生每人准备四个全等的直角三角形。

六、教学过程

活动一

（一）创设问题情境

1. 你听说过“勾股定理”吗？

（1）勾股定理是古希腊数学家毕达哥拉斯发现的，西方国家称勾股定理为毕达哥拉斯定理。

（2）在我国著名的《算经十书》最早的一部《周髀算经》中记载有“勾广三，股修四，径隅五”，这是勾股定理的特例。

2. 毕达哥拉斯是古希腊著名的数学家。相传在2500年前，他在朋友家做客时发现朋友家用地砖铺成的地面反映了直角三角形的某些特性。

（1）现在请你观察一下，你能发现什么？

（2）一般直角三角形是否也有这样的特点呢？

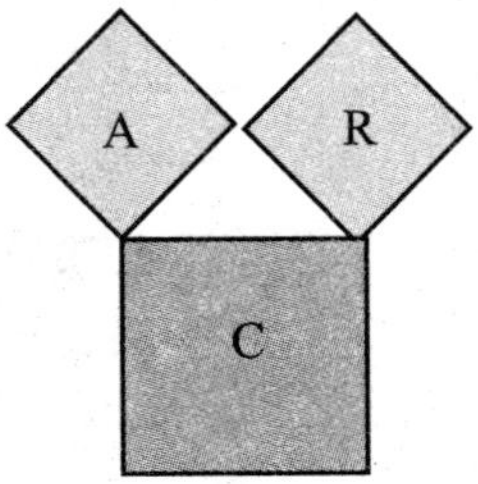

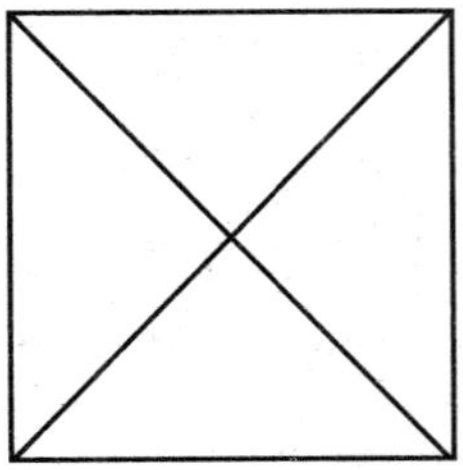

（二）师生互动

教师讲故事《勾股定理的发现》，展示图片，参与小组活动，指导、倾听学生交流，针对不同认识水平的学生，引导其用不同的方法得出结论——大正方形的面积等于两个小正方形的面积之和。

学生听故事发表见解，分组交流，在独立思考的基础上以小组为单位采用分割、拼接、数格子的个数等方法阐述自己发现的结论。

（三）设计意图

（1）通过讲故事，让学生了解历史，培育学生的爱国主义情操，激发学生学习的积极性。

（2）渗透从特殊到一般的数学思想，为学生提供参与数学活动的时间与空间，发挥学生的主体作用；培养学生的类比迁移能力及探索问题的能力，使学生在相互欣赏、争辩、互助中得到提高。

（3）鼓励学生发言，引导学生尝试从不同角度去寻求解决问题的有效方法，并使学生通过反思获得解决问题的经验。

在本次活动中教师要重点关注：

（1）学生能否将实际问题（地砖图形）转化成数学问题（探索直角三角形的特性及三边关系）。

（2）给学生足够的思考和交流时间，鼓励学生大胆说出自己的看法。

（3）学生能否准确挖掘图形中的隐含条件，能否计算出各个正方形的面积。

（4）学生能否用不同的方法（先补全再分割、数格子的个数、拼图等）来推导结论，能否正确地得出结论。

（5）学生能否主动参与探究活动，在探究中发表意见，提高与他人合作的意识。

活动二

（一）创设问题情境

（1）以直角三角形的两直角边 a、b 拼一个正方形，你能拼出来吗？

（2）面积怎样来表示，它们有什么关系呢？

（二）师生互动

教师提出问题，学生在独立思考的基础上以小组为单位动手拼接。

学生展示分割、拼接的过程。

学生通过图形的拼接、分割，通过数学的计算发现结论。

教师通过（Flash 课件演示拼接动画）图 1 与学生共同来完成勾股定理的数学验证。

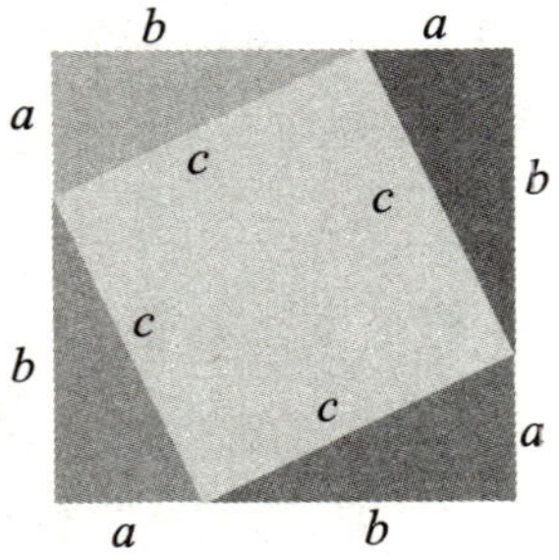

图 1

得出结论：

直角三角形的两条直角边的平方和等于斜边的平方。

教师引导学生通过图 1、图 2 的拼接（Flash 课件演示拼接动画）发现结论。

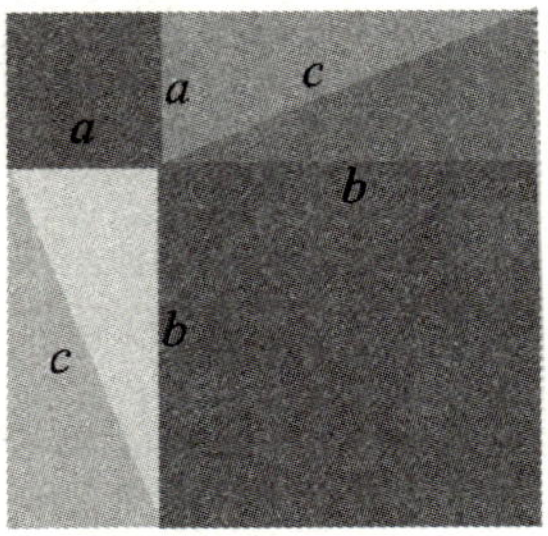

图 2

（三）设计意图

通过探究活动，调动学生的积极性，激发学生探求新知的欲望。给学生充分的时间与空间，让学生讨论、交流、推理、发现，鼓励学生发表自己的见解，感受合作的重要性。同时培养学生的动手操作能力，为以后探究图形的性质积累了经验。

在本次活动中教师要重点关注：

① 学生拼图的积极性，学生对拼图探究数学问题是否感兴趣。

② 学生能否通过拼图活动以及合理的分割获得数学结论。

③ 学生能否通过已有的数学经验来探究发现结论的正确性。

④ 学生能否用自己的语言正确表达自己的观点。

活动三

（一）创设问题与情境

例 1　甲船以 10 海里 / 小时的速度从港口向北航行，乙船以 20 海里 / 小时的速度从港口向东航行，同时行驶 3 小时后乙遇险，甲调转航向前去抢救，船长想知道两地间的距离，你能帮忙算一下吗？

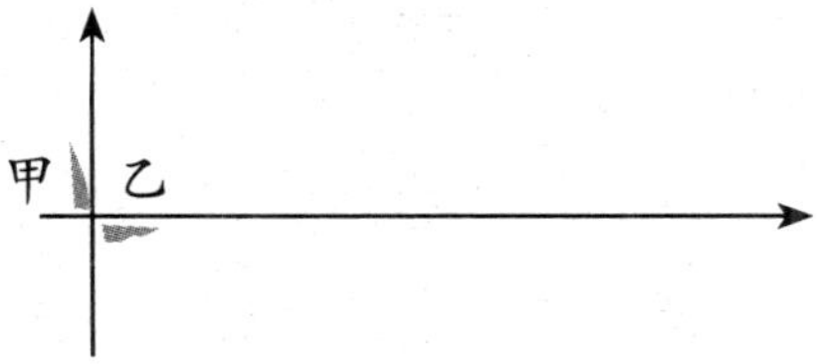

例 2　求如图所示矩形零件（单位：mm）上两孔中心 A 和 B 的距离（精确到 0.1mm）。

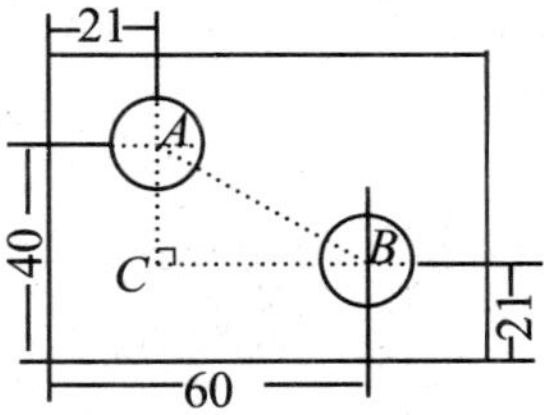

例 3　在我国古代数学著作《九章算术》中记载了一道有趣的问题，这个问题的意思是：有一个水池，水面是一个边长为 10 尺的正方形，在水池的中央有一根新生的芦苇，它高出水面 1 尺，如果把这根芦苇垂直拉向岸边，它的顶端恰好到达岸边的水面，请问这个水池的深度和这根芦苇的长度各是多少？

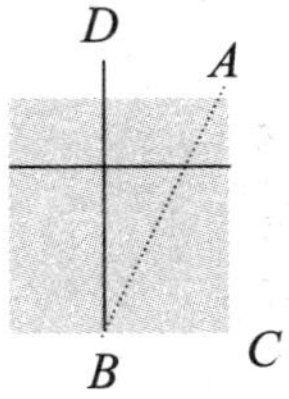

练习：

在 Rt△ABC 中，∠A，∠B，∠C 的对边为 a，b，c。（1）已知∠C 是直角，$a=6$，$b=8$，则 $c=$__________。（2）已知∠C 是直角，$c=25$，$b=15$，则 $a=$__________。（3）已知∠C 是直角，$a=3$，$b=4$，则 $c=$ _____。（4）已知∠C

是直角，$a:b=3:4$，$c=25$，则 $b=$ _____ 。

（二）师生互动

教师提出问题，学生通过思考、交流、解答问题。教师引导学生正确运用勾股定理来解决实际问题。

（三）设计意图

使学生正确地理解勾股定理，并能用它来解决实际问题。

在本活动中教师要重点关注：

① 学生能否运用勾股定理来解决实际问题。

② 学生能否运用图形来解决数学问题。（数形结合思想）

③ 学生的语言表达是否规范。

④ 引导学习有困难的学生，能让这部分学生基本理解勾股定理的实质。（直角三角形的两条直角边的平方和等于斜边的平方）

活动四

（一）创设问题情境

1. 通过本节课你学到哪些知识？有什么体会？

2. 布置作业。

① 上网收集有关勾股定理的资料以及证明方法。

② P77 复习巩固 1、2、3、4 题。

（二）师生活动

教师以问题的形式提出，学生归纳、总结所学知识，进行自我评价、自我总结，把作业写在作业本上，教师检查、批改。

（三）设计意图

通过回忆本节课所学的内容，从知识、技能等方面加以归纳，有利于学生掌握、运用知识。

在本次活动中教师要重点关注：

① 鼓励学生认真总结，不要流于形式。

② 关注不同的学生对学习过程的反思、对知识的理解程度，有针对性地给予指导。

七、点评

数学教学是师生之间、学生之间相互交往、积极互动、共同发展的过程，是“沟通”与“合作”的过程。在本节课中，教师结合勾股定理的历史自然地引入了课题，让学生认识到数学知识来源于实践，从而激发学生的学习积极性。教师为学生提供了大量的操作、思考和交流的学习机会，通过观察——操作——交流的过程引导学生发现勾股定理，层层深入，逐步引导学生体会数学知识的产生、形成、发展与应用的过程。教师引导学生在具体操作活动中进行独立思考，鼓励学生发表自己的见解，学生自主地发现问题、探索问题、获得结论的学习方式有利于学生在活动中思考、在思考中活动。

在信息社会，信息技术与课程的整合必将带来教育的深刻变化。教师充分利用多媒体为学生创设了生动、直观的现实情境，能激发学生的学习欲望。本节课中，教师通过 Flash 动画演示结果和拼图过程呈现教学内容，真正体现了数学规律的应用价值。

本课通过毕达哥拉斯发现勾股定理的历史背景的引入，激发学生探究勾股定理的兴趣。通过图形的剪切与拼接来证明定理，培养了学生动手操作能力，也提升了学生的数学思维能力。与此同时，证明方法的多样性既使学生感受到了数学的美，又使学生的思维得到了发散。在巩固练习中，对于勾股定理的应用，教师将练习与学生的实际生活相结合，使得学生感受到了数学的实用价值。

第四章

统计与概率

统计与概率部分的内容与日常生活紧密相关，具有趣味性和实用性。本部分内容是小学课标的新增内容，旨在培养学生的统计观念，给出了两个探究主题，所选探究主题具有实践性，并具有应用价值，有利于提升学生收集、整理、分析数据的能力，引导学生将现实问题转化为数学问题来进行分析处理。初中部分给出了 10 个探究主题，所选主题都体现出一定的开放性，给学生留下充分的探究空间，有利于激发学生探索数学问题的积极性，开阔学生的视野，发散学生的思维。高中部分给出了 3 个实践性较强的探究主题，旨在引导学生经历概率模型的建构过程，体验其中的数学思想方法。

第一节　统计与概率（小学部分）

探究主题

1. 等可能性。

2. 掷一掷。

主题论证

1. 所选主题是课标新增内容

新课程标准首次将培养“统计观念”作为义务教育阶段数学课程的重要目标，并将统计与概率内容作为数学教育的四个领域之一，这样的编排体系在以往的数学大纲中是没有的，也足以说明它在数学课程中的重要地位。以往的教材只有统计，没有对数据的收集、整理、分析等，而新课程增加了概率和可能性、平均数、中位数等内容。所以，统计与概率作为新的知识应该引起教师在探究教学中的注意。

2. 所选主题具有实践性

概率论起源于赌博。数学家们注意到赌博游戏中偶然现象背后隐藏的必然规律，同时做了很多相关的实验、工作，包括蒲丰、皮尔逊等人。我们一直强调不要教给学生现成的数学，而要还原数学探究的过程，所以本部分内容所选的主题具有实践性。案例 1 “等可能性” 这一部分内容和蒲丰等人的实验有着密切关联，把这一内容作为探究的主题，可以让学生动手操作，再现科学家探索的历程，亲历知识的获得过程，切身感受随机事件发生的不确定性。学生还自选骰子，自制转盘，思考如何才能使生活中的常见游戏显得公平，明白数学问题来自于生活、服务于生活。

3. 所选主题具有应用价值

在现代社会，随着信息技术的不断发展，收集、整理、分析数据的能力已经成为信息时代每一位公民的基本素养，而概率与统计知识则对处理数据与信息是不可或缺的，因此，将概率与统计方面的知识与现实相结合至关重要。新课程标准指出，在“统计与概率”内容中，教师要帮助学生逐渐建立起用数据分析的观念。案例2“掷一掷”中，从学生熟悉的骰子入手，引导学生注意其中的数学问题，思考投骰子游戏中的输赢问题、是否公平、所选数字与输赢是否有关系。学生在操作探究中深刻体会到“用数据说话”的好处，提高了学习的兴趣与研究数学的热情，并在以后的生活中学会将现实问题转化为数学问题来进行分析处理。

经典案例

案例1 等可能性

中国科技大学附属小学数学探究课题组

一、适用教材

苏科版八年级下。

二、教学课时

1课时。

三、教学目标

1. 学生经历抛硬币的过程，体验事件发生的等可能性，会用概率描述事件发生的可能性。

2. 学生经历猜测、实验、对比分析数据的过程，培养观察分析及逻辑推理能力。

3. 经历探究游戏规则公平性的过程，培养公平、公正意识；通过做游戏、设计方案等培养数学研究的积极态度。

四、教学过程

教学环节	教师活动	学生活动	设计意图
复习铺垫	出示课件，复习回顾： 1. 从下面某一个盒子中任意取一球，可能是什么？ 2. 教师板书“确定现象”“不确定现象”，并说明本节课研究确定现象中的等可能性现象。	在电脑上连线。	通过这个活动勾起学生原有认知，为新知引入建立支点，使学生建立起知识的整体框架。
情境导入	教师出示情境图。 问题引导： 1. 同学们，图上有许多活动和比赛，你们最喜欢哪项？ （放大足球比赛场面，显示开赛之前裁判敲定哪队先开球） 2. 裁判在干什么呢？ 3. 你认为抛硬币决定哪个队先开球公平吗？为什么？	1. 学生观察情境图，说出喜欢的运动项目。 2. 解释裁判行为。	有疑问才能进一步思考和探究。课堂上教师从学生喜爱的足球赛切入，精心创设了贴近学生生活实际、有意义且富有挑战性的问题情境，让学生在心里产生一种悬念，以疑激学，促使他们产生探索的欲望。这不仅激发了学生的兴趣，而且也使学生感受到，原来在自己熟悉的体育活动中也蕴含着数学知识，体会到生活中处处有数学。

（续表）

<table>
<tr><th>教学环节</th><th>教师活动</th><th>学生活动</th><th>设计意图</th></tr>
<tr><td>探究新知</td><td>1. 动手实验，获取数据。
大家自己动手抛一抛硬币，验证这种方法到底公不公平。
教师出示实验要求，并请一名学生读要求。
2. 展示小组实验结果。（大屏幕出示统计表，教师根据学生的汇报填入数据）
<table><tr><td>出现情况</td><td>总次数</td><td>正面朝上</td><td>反面朝上</td><td>正面朝上占总次数的百分率</td></tr><tr><td></td><td></td><td></td><td></td><td></td></tr></table>3. 分析数据。
观察数据，围绕以下问题进行讨论：
（1）正面朝上与反面朝上有什么关系？
（2）正面朝上与总次数是什么关系？
小结：通过实验，我们发现正面朝上和反面朝上的次数是非常接近的，它们要么是总数的一半，要么接近总数的一半。
4. 阅读材料，加深体会。
走进历史，看看一些数学家们付出努力得到的抛硬币的实验结果。（课件出示如下表格）
<table><tr><td>数学家</td><td>总数</td><td>正上</td><td>反上</td><td>正上比率</td></tr><tr><td>德·摩根</td><td>4092</td><td>2048</td><td>2044</td><td>0.5005</td></tr><tr><td>蒲丰</td><td>4040</td><td>2048</td><td>1992</td><td>0.5069</td></tr><tr><td>费勒</td><td>10000</td><td>4979</td><td>5021</td><td>0.4979</td></tr><tr><td>皮尔逊</td><td>24000</td><td>12012</td><td>11988</td><td>0.5005</td></tr></table>请学生认真观察这些数据，说明与自己刚才的实验结果是否相似。</td><td>1. 动手实验，2人一组，填写实验报告。

2. 小组汇报实验结果。

3. 汇报讨论结果。
A：正面朝上的次数占总次数的比率有的相等，有的不相等。
B：不相等的也比较接近。
C：正面朝上的次数有的刚好是总数的一半，有的差一点。</td><td>1. 教师让学生亲自动手实验，采用分组的方法，既能加强学生间的合作，充分调动学生的积极性，又能使学生有效地利用时间，较快地收集和整理数据，进而保证教学节奏的正常进行。实验要求明确具体，实验组织有序，保证了实验数据的科学性、实效性。

2. 紧紧围绕“怎样才能知道抛硬币的方法是否公平”这一问题，引导学生去实验、验证、发现，通过“提出问题——实验验证——分析数据——得出结论”充分参与活动。教师组织活动由浅入深，使学生切实感受到随着抛掷硬币次数的增加，正面朝上的可能性就越接近$\frac{1}{2}$。

数学史料的引入，使课堂教学更显丰满。</td></tr>
</table>

（续表）

教学环节	教师活动	学生活动	设计意图
探究新知	5. 用分数表示概率，科学验证。 引导学生推测：如果我们继续抛下去，抛的次数越来越多，出现正面和反面的次数可能会怎样呢？ 让学生思考抛硬币决定哪支队先开球的公平性。 小结：抛硬币出现正面和反面的可能性是相同的，我们数学上称之为“等可能性”。（出示课题：等可能性）游戏、比赛只有在可能性相同的情况下进行才公平。	随着抛硬币次数的增多，正面和反面的次数越来越接近。 学生认为正面和反面的可能性是相同的，所以认为这样决定谁先开球很公平。	让学生利用等可能性的知识来解释“用抛硬币的方法决定谁先开球是否公平”这一问题，加强了数学问题与生活之间的联系。
巩固练习	新知识解决问题： 骰子研究、转盘研究。 自主选择其一研究。 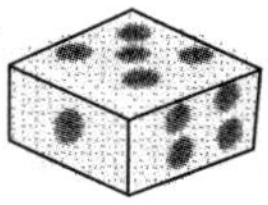 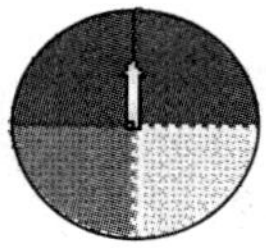 教师小结。	学生用电脑自己练习，汇报选择的理由。	通过辨析，使学生对“等可能性”的理解更为深刻，逐步加深学生对等可能性及游戏规则公平性的体验和感受，巩固学习成果。引导学生联系生活实际，关注身边的不确定现象，应用所学去解释、解决一些简单问题。
实践应用	教师给出预设：现在4人玩游戏，决定谁先走，你能设计一个公平的游戏规则吗？你想借助什么工具？	在电脑上自主设计，保证公平。 汇报交流、展示。	使学生在巩固知识的基础上充分培养自主创新能力。这种练习构思新颖、巧妙。
总结收获	让学生总结收获。	师生互相评价。	强调“只有事件发生的可能性相等时，游戏才公平”，既对全课作了一个总结，又起到了画龙点睛的作用。

五、点评

本课探究的是游戏中的数学问题——等可能性问题。等可能性事件与游戏规则的公平性是紧密相联的，因为一个公平的游戏规则的本质就是参与游戏的各方获胜的机会均等。怎样把“科学探究”落实到数学课堂？这是这节观摩课所主要承载的使命，也是做课者需要思考的重点。

1. 将游戏情境贯穿始终，让学生在现实生活中学习数学

等可能性事件与游戏的规则、公平性紧密联系，一个公平的游戏规则本质就是各参与者获胜的机会相等。因此，教师在教学中以游戏活动贯穿始终，让学生在积极参与中感受游戏规则的公平，丰富学生对等可能性的体验。

2. 让学生经历知识的形成过程，渗透概率统计思想

教师在教学中注意让学生亲自动手实验，让学生在实验中直观体验事件发生的可能性，探究游戏规则的公平性与等可能性事件之间的关系，使其经历知识的形成过程。在难点环节的教学中，教师引导学生理解“如果抛的次数更多些，那么出现正反面的可能性会更接近$\frac{1}{2}$”，但实际上学生感悟到这一点需要一定的时间，介入图表能让学生更直观地接受，从而很轻松地渗透概率统计思想。

3. 联系生活，让学生学“有用的数学”

教师在教学中联系生活实际，让学生逐步学会用概率的思想观察、分析生活中的事物。

4. 展现数学活动的全面性

教师在课后的游戏部分设计了“改转盘”的游戏，让全体学生都兴趣盎然地参与活动。在可能性知识的教学中，教师应注意增强学生对随机思想的理解，而不要把丰富多彩的可能性知识内容变成了机械的计算和练习。

案例2　掷一掷

宁夏银川市兴庆区第三小学数学探究课题组

一、适用教材

苏科版八年级下。

二、教学课时

1课时。

三、教学目标

1. 通过大量的动手操作亲身经历观察、猜想、实验、验证的学习过程，巩固组合的有关知识，探索事件发生的可能性大小。

2. 通过与同伴合作，培养动手实践能力和小组合作能力。

3. 通过亲身经历观察、猜想、实验、验证、总结的过程，应用已学的数学知识解决生活中的问题，感受数学的使用价值，体验学数学、用数学的乐趣。

四、教具准备

每人一张练习纸，两个骰子；教师自制挂图或“和”的组合统计表。

五、教学过程

<table>
<tr><th>教学环节</th><th>教师活动</th><th>学生活动</th><th>设计意图</th></tr>
<tr><td>激情导入</td><td>1. 认识骰子。
教师出示一颗骰子并提问：
（1）以前在哪里见过？
（2）有什么特点？
2. 说说一颗骰子掷下去可能出现的点数。
师掷，验证学生的猜想。
提问：有没有可能出现 0 或比 6 大的数？
小结：一颗骰子掷下去，可能会出现 1、2、3、4、5、6，但不可能会出现 0 或比 6 大的数字
3. 概括两颗骰子的点数的和可能出现的点子数。</td><td>1. 学生描述何时何地见过骰子，有 1~6 的点数。
2. 猜点数，不可能出现 0 或比 6 大的数。
3. 经过讨论得出：两颗骰子的点数之和应该在 2~12 之间。不可能是 1，也不可能是比 12 大的数。</td><td>吸引学生的注意力，提高学生参与探究的兴趣。</td></tr>
<tr><td>比赛展示</td><td>教师把骰子数分成 2 组，让学生拿两个骰子掷 15 次，掷出了谁选的数就是谁赢。
1. 猜一猜，哪组和出现的次数可能多一些？
2. 统计全班的活动结果。</td><td>1. 同桌一组，掷 15 次，并把结果记录在下表中。
<table><tr><th></th><th>赢的次数</th></tr><tr><td>A</td><td></td></tr><tr><td>B</td><td></td></tr></table>
2. 一组同桌上台活动，其余学生两人一组活动。
3. 汇报交流，比较得出结论。</td><td>激励学生通过比赛验证结论。</td></tr>
<tr><td>共同讨论</td><td>1. 揭示学生猜错的原因是掷骰子的过程隐藏着小秘密。
2. 师生共同做实验寻找答案。</td><td>1. 四人小组到讲台上抛，完成黑板上的表格。其他学生完成手中的表格。
2. 每个四人小组进行汇报，师生交流，发现这 11 个和出现的可能性不同。</td><td>通过生生交流、师生交流，训练了学生的逻辑思维能力，使学生找到了解决问题的方案。</td></tr>
</table>

（续表）

教学环节	教师活动	学生活动	设计意图
明理解秘	1. 教师询问结论。 2. 表扬学生，进而引出下一环节，应用所学知识。	学生得到结论：1. 教师选了 5 个和，学生选了 6 个和，5 个和出现的可能性比 6 个和的大，所以老师赢的可能性大。 2. 学生发现，老师的和出现的次数是 24 次，学生的和出现的次数是 12 次，证明老师赢的可能性大。	
应用规律	教师给出预设。 摸奖规律：箱内放 12 个球，每个球上分别写着 1~6 六个数字，每次摸出两个球，每次摸奖两块钱。 奖项设计：摸出两球之和是“1”为一等奖；摸出两球之和是“2”或“12”为二等奖；摸出两球之和是“3”或“11”为三等奖。 教师提问：看了这个摸奖规则你有什么要说的？	学生参与游戏。	通过游戏使学生进一步巩固所学内容，寓教于乐。
巩固练习	教师让学生总结收获。 作业设计： 利用骰子设计一次摸奖活动，如果你是商家你怎么设计，如果你是顾客你又怎么设计？	学生总结，教师补充。	回顾所学知识，加深记忆。

六、点评

此节课是一节活动性很强的课，需要学生通过大量的动手操作来发现问题进而解决问题，同时，课程内容具有较强的逻辑性。注重发展学生能力的数学学习应该尽量留给学生足够的独立思考、自主探索的时间与空间，发掘每一个学生的潜能，使学生在合作交流中互相促进、共同发展。在学生初步体验事件发生的确定性和不确定性后，教师采用了操作实验、自主探索、合作交流的小组学习方式，让学生在具有现实背景的小组活动中去研究、探索，培养探索与创新的精神。本节课的活动充满情趣，它不仅使学生感受到了事件发生的可能性，更重要的是使学生经历了解决问题的过程，发展了统计与概率的观念。本次活动通过让学生猜想、实验、验证等，引导学生在问题情境中自主探索、解决问题，既发展了学生的动手实践能力，又充分调动了学生的学习兴趣。

第二节　统计与概率（初中部分）

探究主题

1. 用替代物模拟实验。
2. 在反复试验中观察不确定现象。
3. 抽样调查。
4. 数据的描述与整理。
5. 统计图（表）的绘制。
6. 利用树形图与列表计算概率。
7. 平均数与加权平均数。
8. 中位数和众数。
9. 方差与标准差。
10. 用频率估计概率。

主题论证

1. 所选择的主题都体现出一定的开放性

在实际教学中融入开放性问题可以拓宽学生的视野，使学生的思维有更广阔的发展空间，使学生更加积极地参与探究活动。随着对所学知识的探究与探索的深入，学生不仅掌握了数学知识与数学技能，而且提升了思维能力和认知水平，培养了创新思维与创造能力，提高了数学思维和数学素养。

概率与统计同数学中的其他知识相比，本身就具有随机性与不确定性，其内容本身就有一定的开放性，因而对这部分探究主题的归纳也应注重其开放性的特点。如在“统计图的绘制”这一主题中，“怎样描绘看似散乱复杂的统计数据”

这一开放性问题给了学生充分的思考空间，学生给出各种解决问题的方案，通过比较、实践、探索，研究出统计图的绘制方法，进而总结出统计图的优点。

在案例 2 的“用频率估计概率”中，课程设计的创设情境部分通过选举篮球队员这一现实情境的引入使学生的思维得到发散。学生设想各种选举方法解决问题，既巩固了已有的概率统计知识，又提高了思考问题的能力。教师在概率与统计的教学中多设计开放性的数学问题，不仅可以激发学生探索数学问题的积极性，而且能够开阔学生的视野，发散学生的思维，培养学生的再创造能力。

2. 所选主题具有实际意义与应用价值

初中数学中的概率与统计内容和实际生活密不可分，教材中的例子都是日常生活中的随机事件。而在课堂教学中，教师主要引导学生用概率的思想解释身边的不确定事件，用统计的方法分析与描述生活中的随机事件，因此学生在探究学习的过程中需要自己收集数据、整理数据、分析数据，这不但能够提高学生分析问题和解决问题的能力，也能使学生充分体会到数学与生活的联系，领悟数学的实用价值，提高探究数学的积极性。

如案例 1“生活中的数据分析”就是将统计知识用于实际生活中的一个例子。学生将日常生活中感兴趣的课题做成调查问卷，通过问卷调查收集数据，进而利用学过的概率与统计知识绘制统计表和统计图，通过图表整理数据并对数据进行分析。又如案例 3“统计调查探究”，在这节课中，学生的主要任务就是在教师的指导下统计学校周围车辆的通过情况，课程与学生的实际生活联系紧密，学生通过自身的观察和实践进行统计分析，独立完成数据的整理与统计图的绘制，探究出统计结果，充分认识到概率统计的实用价值，提升了自己分析问题、解决问题的能力。

在新课标理念的指导下，初中部分概率与统计的教学将更加重视实际应用，无论是教材编写还是教师进行课程设计都注重结合社会热点，通过创设现实情境引导学生对概率与统计的知识进行探究，重点培养学生收集、整理、描述信息及建立数学模型的能力。学生通过解决实际问题，对概率与统计的理解也会更加深入，感受到数学就在身边，学会在生活中发现数学并将实际问题转化成数学问题，提高学习数学的兴趣与研究数学的热情。

3. 所选主题具有趣味性

概率与统计部分所选的主题多数包含了大量的数学实验、数学游戏、数学实践，使复杂的数学问题变得生动有趣、浅显易懂。对于初中生而言，概率与统计的随机性与自己印象当中严谨的数学有很大不同，因此他们会对这部分知识的不确定性及估计思想的理解产生较大困难。教师通过数学游戏和数学实验让学生在欢乐的气氛中轻松地掌握了概率与统计的知识，在课程设计环节融入学生感兴趣的元素，不但能让学生从参与中获得乐趣，而且能够使学生在轻松的氛围中学到知识，更能培养学生的合作意识，提高学生分析问题、解决问题的能力。

如案例 2“用频率估计概率”，对于初中生而言，用事件发生的频率刻画事件的概率是很难理解的，为了探究用频率估计概率的合理性，教师安排了抛硬币的实验。学生在分组实验中体现出了极大的兴趣，都积极地投入实验中去。学生已经知道了正面朝上的概率是$\frac{1}{2}$，通过实验，学生可以统计出正面向上的频率，通过对频率与概率的比较分析，初步感受到在数学中可以用频率估计概率。这一设计使得复杂的数学现象变得生动有趣，而让学生费解的结论又通过形象的实验得到了验证，课堂教学生动有趣，与学生的思维模式与认知规律相吻合，不但使学生克服了接受困难，也使学生在探究中获得了乐趣。

案例 4“随机事件的概率”也是如此。教师在课堂教学中设计了大量的数学游戏和数学实验，使学生在游戏中更加深刻地领悟了必然事件、不可能事件与随机事件。新知识的巩固并不是通过习题完成的，而是通过有趣的数学游戏完成，使学生将刚掌握的内容自然而然地内化到自己的知识结构中去，学生在轻松理解教学内容的同时增强了学习的兴趣与探索的热情。

经典案例

案例1　生活中的数据分析

宁夏吴忠市第一中学　邓珺　李宁波

一、使用对象

八年级学生。

二、教学课时

1课时。

三、教学目标

（一）知识与技能目标

1. 了解设计图表的方法和基本要素。

2. 了解数据的收集与处理的方法。

3. 掌握调查报告的撰写要求。

（二）过程与方法目标

经历设计调查问卷等活动，了解调查报告的基本要求和数据来源。

（三）情感、态度与价值观目标

通过参与课题学习中的调查活动，培养科学的学习态度和严谨的学风，体会数学的实用价值。

四、教学重点、难点

1. 教学重点

对统计数据进行恰当、准确的分析并撰写调查报告。

2. 教学难点

应用相关知识解决实际问题。

五、教学过程

（一）创设情境

你认为我们的生活中没有数字可以吗？

通过对学生感兴趣的问题进行研究，从而增强学生对数据分析的学习兴趣。问题设置的范围广，没有束缚学生的思维，可以使学生有更广阔的思维空间。

（二）展示课前准备

学生利用电脑展示课前准备的调查问卷。

调查问卷一

学生上学带手机情况调查表

此次调查为匿名调查，请你如实填写。

1. 你有带手机上学的习惯吗？
A. 有　B. 偶尔带　C. 没有
2. 你认为有带手机上学的必要吗？
A. 有　B. 没有　C. 不清楚
3. 你带手机来学校的目的是什么？
A. 炫耀　B. 和家人联络　C. 听音乐　D. 玩游戏
4. 你的父母同意你带手机上学吗？
A. 同意　B. 不同意　C. 不知情　D. 知道但不管
5. 请简要叙述带手机对你的影响。

（三）布置任务

1. 你收集到哪几个方面的信息？

2. 你收集的原始数据能清晰地反映你研究的问题的具体情况吗？用什么方式作进一步整理更好呢？

教师将学生分组，并详细给每个学生布置任务。每组按照教师提出的问题每次派一人回答问题。学生将根据全班的调查情况对数据进行说明。

注意：整理数据时要分析样本中的各项数据，按选项整理样本数据。

（四）整理数据

1. 描述数据可以用哪几种统计图？它们各有什么特点？

2. 如何选取适当的方法描述已整理的数据？

学生根据教师的提问回忆描述数据统计图的几种方法，并明确每种不同的统计图能表现数据的哪些特点，能够根据不同的数据采用不同的统计图。每组派一名代表说出采取此统计图描述数据的理由。

（五）得出结论

1. 由原始数据或统计图表计算出各组数据的平均数、中位数、众数、极差、方差。

2. 从这些数据中你得出什么结论？请每组学生派一名代表来说一下从这些数据中能得出什么样的结论。

（六）撰写调查报告

教师给出调查报告模板。

调查报告

题目	了解全校（　　）年级学生带手机上学的情况		
样本	（　　）年级各班部分学生	样本容量	
数据来源	学生带手机上学调查表		
数据处理过程	主要项目	整理、描述数据	分析数据得出结论
	是否带手机上学		
	带手机上学是否有必要		
	带手机上学的目的		
	父母是否同意		
总　结			
主要建议			
参加成员			
教师意见			
备　注			

（七）综合应用

1. 观察调查报告，调查报告有几部分构成？

2. 需要统计分析的是哪一部分？请将相关数据填入表格。

3. 通过调查报告中的数据分析，你得出了什么调查结论？有什么合理化建议？

学生根据教师给出的调查报告详细填写，并根据所填写的数据给出合理化的建议。教师对学生的错误描述进行指导。

（八）总结归纳

1. 在本次活动中你是如何开展调查的？请做简单的介绍。

2. 统计分析时，你在数据的处理中发现了什么规律？获得了哪些调查结论？

3. 请谈一谈你对调查的感受。

4. 各小组交流经验，是否发现共性？这说明了什么？

5. 你认为计算机在本次活动中扮演了什么角色？它对我们认识统计有何帮助？

此环节是对本节课内容的总结，教师可以从学生的总结中看出学生的掌握情况，让学生在调查方案的设计和数据的收集、处理、分析的过程中发展合作意识。

六、点评

在本次教学活动中，学生掌握了初步的统计知识，会对数据进行简单的描述、分析。教学时教师充分利用学生已有的经验，以知识迁移的方式建立起新旧知识之间的联系，放手让学生独立思考、互相合作，培养学生的创新意识与思维能力。教师精心选取了大量的生活素材，使统计知识与生活建立了紧密的联系。这些富有现实意义的素材让学生在分析数据、解读数据的过程中探究、发现数学知识，体验到数学就在身边，从而增强学习的动力，产生积极的情感。教师通过多层次的练习使学生在简单运用、综合运用、问题解决、扩展创新的过程中理解和掌握知识，发展能力。

本案例以学生的实际生活为背景，从学生上学是否带手机的话题引入，激发学生学习的兴趣，为新课的学习创造了良好的开端。教师能够密切关注数学与现实生活的联系，重视应用学习环节，让学生通过现场调查、统计带手机上学人数从统计过程中获取信息，引导学生发现问题、提出问题、解决问题。

建议在今后的教学设计中，加入部分训练题目，使学生进一步巩固所学。

案例2　用频率估计概率

宁夏吴忠市第一中学　王自力

一、使用对象

九年级。

二、教学课时

1课时。

三、内容分析

“用频率估计概率”是在学生学习了概率、用列举法求概率的基础上进一步学习的内容。

这一节内容，初看起来并不起眼，但实际上它能充分体现统计与概率的基本思想。统计与概率的基本思想来源于哲学原理：偶然现象中包含着必然的规律。用频率估计概率是因为我们可以把若干次实验当做一个样本，体现样本估计的思想。但这并不是最重要的，最重要的是，不管是用频率估计概率也好，还是用样本估计总体也好，它们的实质都是偶然现象中包含着必然规律，这才是统计与概率的基本的、核心的思想。但在现阶段，学生只能借助于大量的实验（包括等可能事件和不等可能事件）相信频率是能估计概率的。至于背后的思想，包括频率本身具有随机性和稳定性等要靠学生在学习中逐步体会。

本节课在学生已学习用列举法求概率的基础上引导学生学习用频率去估计概率。此方法求概率不受列举法求概率的条件限制，适用范围更广。相同条件下，一个事件发生的概率是一个常数，是由事件固有的属性决定的。如果用实验的方法，频率会随样本的变化而变化，但随着样本量的增加，频率会越来越集中于一个常数附近，这个常数就是概率。所以用频率估计出来的概率有时是不准确的（因为许多时候我们看不出频率稳定在哪个常数附近），会有误差。对初学统计概率的学生来说，用频率估计概率并不难，难在感受用频率估计概率的必要性以及体会用频率估计概率所蕴含的基本思想并自觉地运用到实际生活中，所以教师在教学中要发动学生积极参与，动手实验，在实践中感悟。

四、教学目标

1. 知识与技能目标

了解用频率估计概率的必要性和合理性，初步理解概率的统计定义；知道大量重复实验时频率可作为事件发生概率的估计值，能通过对事件发生频率的分析估计出事件发生的概率。

2. 过程与方法目标

经历收集数据、分析数据、得出结论的过程，体会用频率来估计概率的过程，发展根据频率的集中趋势估计概率的能力，在经历用实验的方法探究概率的过程中培养动手能力、分析能力。

3. 情感态度价值观目标

形成学数学、用数学的意识，体验数学的应用价值

五、教学重点、难点

1. 教学重点

了解用频率估计概率的必要性和合理性。

2. 教学难点

对频率与概率关系的理解。

六、教学准备

五分硬币，多媒体课件。

七、教学过程

（一）创设情境，引出问题

（1）用列举法求概率的条件是什么？

（2）播放篮球比赛片段引出问题：一家篮球俱乐部准备补充 2 名善于投 3 分球的队员，由于俱乐部此前对报名的队员依据身体条件和心理素质等方面进行了初选，确定了 30 名备选队员，这次着重考察的是投篮命中率（概率），请同学们设计一个方案，帮助俱乐部能从这 30 名队员中选出 2 名善于投 3 分球的队员。

学生活动：独立思考不少于 5 分钟，然后小组交流达成共识，最后以小组为单位阐述各自的方案。

经过探究得出的最佳方案是：让这 30 名候选队员分别投篮，每人投 100 次，

看各自的命中率是多少，选命中率高的前两名。

教师通过实际生活中生动、鲜活的实例自然而然地导入新课，学生通过自己设计方案初步体会频率与概率的相关性。此环节将统计知识与实际生活紧密相连，充分体现了数学的应用性，既培养了学生用数学解决实际问题的能力，又发展了学生自主探究与合作学习的能力。

（二）做实验

引言：刚才我们用了事件发生的频率去估计概率，这样可靠吗？（因为我们无法确切知道这两个选手投篮的命中率到底是多少）我们不妨用一个我们知道概率的例子来对比频率与概率。

活动一：组织学生分组合作开展实验（教材 P140），用抛掷硬币时正面向上的频率估计概率。学生以小组为单位到讲台前展示，在表格中填入统计数字。实验次数要在 100 次以上。

1. 教师布置实验任务

（1）明确规则。把全班分成 10 组，每组有一名学生投掷硬币，一名学生作记录，其余学生观察，实验必须在同样条件下进行。

（2）明确任务。每组掷币 50 次，以实事求是的态度认真统计“正面朝上”的频率及“反面朝上”的频率，整理实验的数据，并记录下来。

2. 教师巡视学生的实验情况

（1）观察学生在探究活动中是否积极参与试验活动、是否愿意交流等，关注学生是否积极思考、勇于克服困难。

（2）要求学生真实记录实验情况，对于合作学习中有可能产生的纪律问题予以调控。

3. 各组汇报实验结果

结论：当我们进行了大量的实验后，正面向上的频率稳定在 0.5 这个常数上，所以我们说，只要实验次数足够多，就能用频率估计概率。

此环节通过团队合作，让学生亲身经历了猜想实验——收集数据——分析结果的探索过程，在分析真实数据的过程中形成数学思考，在讨论交流中实现知识的主动建构。

活动二：介绍瑞士数学家雅各布·伯努利最早阐明频率具有稳定性的故事，

进行数学史及数学文化的教育。

历史上有许多著名数学家也做过掷硬币的实验，让学生阅读历史上其他数学家做投掷硬币实验的数据统计表。

实验者	抛掷次数（n）	“正面朝上”次数（m）	“正面朝上”频率（$\frac{m}{n}$）
棣莫弗	2048	1061	0.5181
布丰	4040	2048	0.5069
费勒	10000	4979	0.4979
皮尔逊	12000	6019	0.5016

在学生亲自动手实践的前提下，教师通过展示历史材料，清楚地观察到实验所体现的规律。

归纳：一般来说，在大量重复实验中，如果事件 A 发生的概率 $\frac{m}{n}$ 会稳定在某个常数 p 附近，那么事件 A 发生的概率 P（A）= p。

问题：随机事件的概率 P(A）有什么范围？对一个随机事件 A，用频率估计的概率 P(A）可能小于 0 吗？可能大于 1 吗？

设计意图：通过探求取值范围，促使学生对用频率估计概率的内涵有更深层的认识。

（三）练习巩固，发展提高

1. 在一个有 10 万人的小镇随机调查了 2000 人，其中有 250 人看中央电视台的早间新闻，在该镇随便问一个人，他看早间新闻的概率大约是多少？

2. 课本第 142 页练习 1。

3. 课本第 142 页练习 2。

学生活动：独立完成练习，交流、展示解题过程。

教师活动：关注学生对知识的掌握情况，帮助学生解决遇到的问题。

设计意图：进一步深化对频率估计概率的理解与认识。

（四）归纳总结，交流收获

1. 学生互相交流这节课的体会与收获，教师将学生的总结板书，使学生对知识掌握得更加条理化、系统化。

2. 引导学生在交流总结时注意评价这节课所经历的探索过程，使学生体会到数学的价值与合作学习的意义。

设计意图：培养学生的归纳总结能力。

（五）作业

1. 习题：第 25 页 3 中的（1）、（2）。

2. 小组撰写一份实验报告反映对概率的理解。

八、点评

本节课是在学生学习了用列举法来解决概率问题的基础上，从统计实验频率的角度去研究一些随机实验事件的概率。由于此方法不受列举法求概率的两个条件限制，所以本节要强调的是在什么情况下用这种方法，怎么用这种方法求概率也是本节的重点和难点之所在。在实际中，用频率估计概率有两方面的原因：一是因为概率确实求不出来；二是因为有时反倒需要用频率估计理论检验计算出来的概率是否正确。在现阶段我们着重于第一种。

本课教学设计合理，内容分析到位，教学活动贴近学生生活，易于激发学生的求知欲与探索热情，使学生为解决问题主动与他人交流合作。同时教师力求为学生提供从事数学探究活动的时间与空间，为学生的自主探索与交流提供保障，从而促进学生学习方式的转变，使之获得广泛的数学活动经验。

贴近生活现实的问题情境，不仅易于激发学生的求知欲与探索热情，而且会促使他们大胆猜想、主动试验、收集数据、分析结果、为寻求问题解决主动与他人交流合作，在主动建构知识的过程中促进了教学目标的有效达成。更重要的是，主动参与数学活动的经历会使他们终身受益。抛硬币的实验只是让学生看到，频率是可以估计概率的，所以，当概率确实求不出时，我们可以用频率估计概率。把频率当概率去解决问题，不应过分突出频率与概率之间存在的误差以及原因，而应着重于建立用频率估计概率这样一种解决问题的思维方式。

从学生角度看，由于受认知水平与经验的影响，面对选拔篮球运动员这样的问题，不一定能想到用投篮的成功率（频率）作推断，因为这是一种新的思维方式。

从教师角度来说，教师要深入到小组中去，了解学生合作的效果、讨论的焦点、认知的进程等，从而灵活地调整下一个教学环节。部分内容有具体的实验操作，鉴于教学条件及学生的差异，高效组织教学将是一个突出的问题。所以，需要事先精心设计教学。

案例3 统计调查探究

宁夏吴忠市第一中学 李 军

一、使用对象

七年级学生。

二、教学课时

1课时。

三、教学目标

1. 通过调查实践活动，进一步熟悉数据的收集、整理、描述和分析，学会用条形统计图、扇形统计图直观地描述数据。

2. 通过探究，了解总体、个体、样本及样本容量的概念以及抽样调查的意义，明确在什么情况下采用抽样调查或全面调查。

3. 认识到安全隐患，加强自我保护意识，进一步提高环保意识。

四、教学重点、难点

1. 教学重点

对概念的理解及对数据的收集整理。

2. 教学难点

对总体、个体概念及随机抽样的合理性的理解。

五、教具准备

统计卡。

六、教学过程

（一）调查活动

1. 准备

提出问题：在生活中我们见过的车辆有哪些？

引导学生对所见车辆进行分类，并根据车辆分类情况把学生分成几个小组，让学生自己设计统计表。

2. 统计

时间：15 分钟。

让学生拿着自己设计的统计表，由组长带领，在学校门口的道路两旁，统计 15 分钟内通过的车辆数量。教师要让学生在花坛旁边的人行道活动，不进入车行道。

3. 汇总

各小组之间相互交流，汇总各种车辆的数量。

（二）探究活动

1. 引导分析

现在每个人手上都有各小组调查出来的数据，同学们都很辛苦，怎样才能把这些辛苦得来的数据更直观、更漂亮地表达出来呢？请各小组同学相互讨论，看能不能找出方法。想想我们在小学学过哪些描述数据的方法，这些方法在这里能不能用上。

2. 绘制统计图

把各小组学生分成两部分，一部分绘制条形统计图，一部分绘制扇形统计图。如学生遇到困难，教师在旁边帮助。

3. 描述与分析

（1）根据绘制的统计图，你能得到哪些信息？

（2）根据 15 分钟内车辆通过的数量，你能不能准确计算出全天通过的车辆数量，这些计算出来的数据准不准确？如果不准确，它们之间有什么关系？能不能用 15 分钟内车辆通过的数量代表全天的情况？

（3）引导学生得出总体和样本的概念及它们之间的关系、全面调查和抽样调查的适用范围。

4. 思考

（1）我们在校门口调查车流量与我们自身有什么关系？

（2）平时我们应该怎么做才能保护自己？

七、点评

这一部分教学内容主要以学生的自主探究为主，有利于加强学生之间的合作交流。教师适时给予说明和讲解，关注学生对新知识的理解情况，让学生在交流合作中发现数学的乐趣，进而使学生在探究过程中提高应用数学的意识。总的来说，这节课的教学实现了三个方面的转变。

（1）教的转变。在本节课中，教师的角色从知识的传授者转变为学生学习的组织者、引导者、合作者与共同研究者。教师成为了学生的导师、伙伴甚至学生，在课堂上除了引导学生活动外，还要认真聆听学生“教”的活动的过程和通过活动所得的知识或方法。

（2）学的转变。学生的角色从学会转变为会学、跟教师学转变为自主去学。在本节课中，学生不是停留在学会课本知识的层面上，而是站在研究者的角度深入探究，不是简单地“学”数学，而是深入地“做”数学。

（3）课堂氛围的转变。整节课以“流畅”“开放”“合作”“引导”为基本特征，教师较少干预学生的思维活动，教学过程流畅。整节课以学生与学生、学生与教师之间的“对话”“讨论”为出发点，以互助、合作为手段，以解决问题为目的，让学生在一个较为宽松的环境中自主选择获得成功的方法、判断发现的价值。

本节课在室外进行，教师在引导学生学习知识的同时，也要保证学生的人身安全。

本设计尽量选取学生身边发生的、学生比较感兴趣的安全话题为题材，既激发了学生的学习兴趣，又增强了学生的自我保护意识和安全意识，让学生体会到数学知识与现实世界的联系。

此外，本教学设计也同样重视组织学生开展活动，让学生在了解探究任务中产生兴趣，在分析真实的数据中形成思考，在集体讨论中加深理解，在合作探究活动中进行学习。本节课的知识有较强的独立性，基础较差的学生也能圆满完成学习任务，获得久违的成功，体现了新课标“人人学有价值的数学”的理念。

案例4　随机事件的概率

宁夏吴忠市第一中学　韩瑞峰

一、教学对象

九年级学生。

二、教学课时

1课时。

三、内容分析

概率统计是研究随机现象的规律的内容。自然界和人类社会中大量存在着随机现象。概率是随机事件发生的可能性的数量指标。

本节课研究的这类随机事件具有两个特点：第一，只有有限个可能的结果；第二，各个结果发生的可能性相同。本活动通过探究身边的各种活动，如投硬币，让学生在解决实际问题的过程中理解概率的内容，提高学习数学的兴趣。

四、教学目标

（一）知识技能目标

1. 通过实验、游戏等活动感受事件发生的可能性。

2. 通过实验体会频率和概率的关系。

（二）能力目标

经历体验、操作、观察、归纳、总结的过程，发展从纷繁复杂的表象中提炼出本质特征并加以抽象概括的能力。

（三）情感态度目标

感受随机事件的概率，增强珍惜机会、把握机会的意识。

五、教学重点、难点

1. 教学重点

随机事件的特点。

2. 教学难点

判断现实生活中哪些事件是随机事件。

六、教具准备

硬币、各种颜色的珠子、不透明的布袋、乒乓球、骰子、统计表格、教学多媒体。

七、教学过程

（一）引入实际情境，展示具体问题

教师利用多媒体课件演示问题，使问题情境更具生动性。

教师在学生回答问题后应注意引导学生探究周围大量存在的随机事件。

下列事件中哪些是必然发生的，哪些是不可能发生的，哪些是随机事件？

（1）通常加热到100℃时，水会沸腾。

（2）姚明在罚球线上投篮一次，命中。

（3）掷一次骰子，向上的一面是6点。

（4）度量三角形的内角和，结果是360°。

（5）经过城市中某一有交通信号灯的路口，遇到红灯。

（6）某射击运动员射击一次，命中靶心。

（7）太阳东升西落。

（8）人离开水可以正常生活100天。

（9）宇宙飞船的速度比飞机快。

（二）进行模拟游戏，探究实际问题

1. 实验导入，进行分析

投掷10次硬币，计算出现正面的概率。

虽然在10次投掷中，正面朝上和反面朝上的机率比并不一定是1∶1，但教师可引导学生多投掷几次，在无数次重复实验后，正、反面向上的机率比值接近1∶1。通过模拟实验，让学生明白数学来源于生活而又高于生活，并对生活起着积极的指导作用。

2. 继续实验，获得资料

先将一些珠子放进不透明的布袋中，通过摸出的颜色来猜测其构成，最后将各有三种颜色的8个小球放入不透明的布袋中，根据摸出小球的颜色进行奖罚。具体来讲，可以按照以下的顺序进行操作：（1）从5个白色珠子中摸出1个白色珠子的概率；（2）从5个白色珠子中摸出1个黑色珠子的概率；（3）从5个白色珠子中摸出 2 个白色珠子的概率；(4) 从 5 个白色珠子中摸出 1 个白色珠子和 1 个黑色珠子的概率；(5) 从几个黑白混合色的珠子中摸出 1 个白色珠子的概率；(6) 从几个黑白混合色的珠子中摸出 1 个红色珠子的概率。注意以下三个细节：(1) 实验珠子的大小要一致；(2) 在实验过程中将珠子充分混合均匀；(3) 在实验过程中，每次摸完后要将珠子放回。让学生通过实验得出结果，并对结果进行分析，讨论出现各种结果的原因。

(三) 进行实验，解决问题

出示类似的实验，让学生猜测可能会出现的结果。学生经过具体的模拟实验，得到相应的结果，验证自己的猜想。

教师适时引导学生归纳出必然发生的事件、随机事件、不可能发生的事件的特点。

(四) 在实际生活中应用知识

请你列举一些生活中必然发生的事件、随机事件和不可能发生的事件，也可以自己设计类似的游戏。通过自己设计的游戏判断什么事件是可能的，什么事件是不可能的，可能事件发生的概率是多少。

(五) 归纳、小结

让学生说出自己的理解和困惑。

(六) 布置作业

设计一个生活中的小游戏，要求对游戏双方公平。

八、点评

现实生活中存在着大量的随机事件，而概率正是研究随机事件的学问。本课是“概率初步”一章的第一节课。教学中，教师首先以一个学生喜闻乐见的摸球游戏为背景，通过实验与分析，使学生体验有些事件的发生是必然的、有些是不确定的、有些是不可能的，引出必然发生的事件、随机事件、不可能发生的事件，然后通过对不同事件的分析判断，让学生进一步理解必然发生的事件、随机事件、不可能发生的事件的特点，结合具体问题情境，让学生举例说明必然发生的事件、随机事件、不可能发生的事件，鼓励学生的逆向思维与创新思维，在一定程度上满足了不同层次学生的学习需要。

做游戏是学习数学最好的方法之一。根据本节课内容的特点，教师设计了摸球游戏，力求引领学生在游戏中学习新概念、获得新知识，充分调动了学生学习数学的积极性。学生在游戏中参与数学活动，分析、归纳、合作、思考，领悟数学道理。在快乐轻松的学习氛围中，显性目标和隐性目标自然达成。

教师通过生动、活泼的游戏自然而然地引出必然发生的事件、随机事件和不可能发生的事件，不仅能够激发学生的学习兴趣，并且有利于学生理解，巧妙实现从实践认识到理性认识的过渡。

事件的发生既有随机性，更有规律性，这是学生理解的重点与难点。根据学生的年龄特点和认知水平，本节设计就从学生熟悉并感兴趣的实验入手，让学生亲自动手操作，在相同条件下重复进行实验，在实践过程中形成对随机事件的随机性以及随机性中表现出的规律性的直接感知，从而形成对概念的正确理解。

第三节　统计与概率（高中部分）

探究主题

1. 古典概型。
2. 随机抽样。
3. 随机事件的概率。

主题论证

在高中数学概率与统计这一部分的教学中，古典概型、随机抽样以及随机事件的概率所研究的对象具有抽象和不确定性等特点，学生很难用已获得的解决确定性数学问题的思维方法去解决概率问题。这就决定了教师的教学方式和学生的学习方式的转变，学生不能沿用传统的记忆加形成性训练的机械学习方法去学习，教师不能沿用传统的灌输式教学方法去教学，而必须引导学生经历概率模型的构建过程体验其中的数学思想方法，获得情境性的体验和感悟，进而深刻理解不确定性数学的主要研究内容和研究方法。上述三个教学课题适合进行探究性教学。

1. 主题的实践性强

从知识内容这一维度来看，古典概型、随机抽样方法以及随机事件的概率具有较强的实践性，这使得以上三个课题适合进行探究性教学。古典概型、随机抽样方法以及随机事件的概率是概率论与数理统计的基础知识，既为后续学习奠定基础，也是整个高中数学概率统计部分的重要内容，颇具代表性。概率论作为数学学科的一个重要分支，正是建立在大量实践活动的基础之上的。17 世纪，人们对必然现象和规律的探索与研究取得了重大进展，代数、几何、三角以及微积分等确定性数学蓬勃发展，与此同时，一些与随机数学相关的问题也逐步走进数学家的视野，成为人们感兴趣的课题。最早对随机现象的研究起源于赌博者的诉求。早在 16 世纪，数学家卡丹便注意到了赌博游戏中偶然现象背后隐藏的必然规律。值得一提的是，卡丹爱好赌博，参与赌博游戏使他获利颇丰，同时他将在游戏中总结得出的规律提升到科学研究的高度，发表了最早研究随机现象的著作《赌博论》一书，提出系统的概率计算方法。此后许多数学家，如蒲丰、贝努利等人做了很多工作，使得概率论这一学科逐渐发展壮大。由此可见，基础概率知识具有实践性与操作性。随机事件的概率这一抽象的数学概念是在进行如抛硬币、掷骰子的大量实验基础上得到的，人们发现随着实验次数的增加某一事件发生的频率会稳定在某一个值附近，而这个值可以度量随机事件发生的可能性的大小，于是将其命名为随机事件的概率；在古典概型中，事件概率的计算公式是通过反复利用概率加法公式观察计算而推得的。在向学生传递这些信息的过程中，如果仅仅是传统的讲授或启发式的教学，学生往往会质疑频率是否真的会稳定在某一个值附近，而且他们往往不能理解古典概型中事件的概率公式。从探究教学的角度出发，“操作——发现”的课堂探究模式具有自主性和本源性特点，即学生自主动手进行实验，从自己的操作中抽象得到概念，教师提供适当指导，进一步总结概念。学生在探究实验的过程中能够看到知识的来龙去脉，理解知识的现实背景，使得抽象的数学知识更加具体。

2. 主题蕴含丰富的数学思想

古典概型、随机抽样方法以及随机事件的概率这三个主题中包含随机、概率、公理化等重要数学思想方法，适合进行探究性教学。在对教育理论和数学知识认识愈加深刻的今天，仅仅教会学生公式、定理、命题的数学教育不再是成功的教育，让学生体会冰冷的数学知识背后的鲜活数学思想方法更为重要。古典概型和随机事件的概率这两个课题中都包含随机和概率两个重要思想方法和二者辩证统一的关系，随机现象最显著的特点是在相同条件之下重复实验所得的结果不同，每一种结果可能出现或者不出现，每一次实验的结果都是不可预知的，即随机的。当实验被大量重复之后，每种可能出现的结果的发生频率会稳定在某个常数附近，体现了事物发生的偶然性背后隐藏的必然性。概率是一个具体可观的数字，是随机事件的特性。随机抽样这一课题是高中数学统计部分的入门知识。统计是从总体之中抽出数量较小的样本进行分析、判断，进而估计整个总体的状态。统计思想在分析和认识客观现象中起着重要作用，选择随机抽样作为探究性教学的案例，可以使学生经历数据处理的过程，体会统计方法的合理性，理解方法中蕴含的统计思想。通常这些数学思想是根据直觉得到的，具有经验性，往往用语言和数学符号无法描述清楚。与传统的讲授式和教师演示式的教学相比，探究性教学之所以能让学生直观体会到这些数学思想，原因有以下几个方面：首先，探究式教学模式具有自主性的特点，学生在自主动手操作的过程中，教师辅助演示、讲解随机、统计概率的数学思想，学生的体会也必然会更加深刻，有利于学生形成数学素养。其次，“操作—发现”的课堂探究性教学模式具有牢固性，有利于引导学生在操作实验过程中体验知识的形成过程，使学生在实验中体验数学思想、对数学思想方法理解得更为深刻。

经典案例

案例1　古典概型

天津市宝坻区大白高中　李忠生

一、使用对象

高一年级学生。

二、教学课时

1课时。

三、教学目标

1. 知识与技能目标

理解古典概型的两个特征，推导和掌握古典概型的概率计算公式，会用列举法计算一些随机事件所含的基本事件的概率。

2. 情感态度与价值观目标

通过参与各种有趣的随机事件概率的推算激发学习兴趣，培养勇于探索、善于发现的精神。

四、重点和难点

1. 教学重点

理解古典概型的含义及其概率的计算公式。

2. 教学难点

应用古典概型计算公式 $P(A)=\frac{m}{n}$ 时，能正确求出 $\frac{m}{n}$。

五、教学过程

问题背景：意大利数学家卡当（1501 - 1576）提出这样一个问题：掷一白一蓝两颗骰子，以两颗骰子的点数和打赌，你压几点最有利？卡当认为7最好，你认为呢？

提出问题。

观察下列实验，它们有哪些共性？

探究 1：掷一枚均匀的硬币，观察实验结果。

探究 2：掷一颗骰子，观察实验结果。

（归纳类比，推导公式）

探究 1 中正面向上的概率与反面向上的概率各是多少？

探究 2 中出现各点的概率各是多少？

出现偶数点的概率是多少？

（一）探究导控

（1）向一个圆面内随机投射一个点，如果该点落在圆内任意一点都是等可能的，你认为这是古典概型吗？为什么？

（2）某同学随机地向一靶心进行射击，这一实验的结果只有有限个：命中 10 环、命中 9 环……命中 1 环和不中环。你认为这是古典概型吗？为什么？

（3）口袋中装有大小相同的一个黑球和已编好号的三个红球，从中摸出一个球。你认为这是古典概型吗？为什么？

（4）从区间［1，4］任意取一个数。你认为这是古典概型吗？为什么？

古典概型的计算公式 $P(A)=\dfrac{\text{事件 A 包含的基本事件数 } m}{\text{实验的基本事件总数 } n}$

（二）评价延伸

问题 1：从字母 a、b、c、d 中任意取出两个不同字母的实验中，有哪些基本事件？取出的两个字母中包含 a 的概率是多少？

问题 2：单选题是标准化考试中常用的题型，一般是从 A、B、C、D 四个选项中选择一个正确答案。如果考生掌握了考察的内容，他可以选择唯一正确的答案。假设考生不会做，会随机选择一个答案，考生答对的概率是多少？

思考讨论：在标准化考试中既有单选题又有不定项选择题，不定项选择题是从 A、B、C、D 四个选项中选出所有正确的答案，假设考生不会做，他随机选择一个答案，他答对的概率又是多少？

问题 3：抛掷一白一蓝两个骰子，求：

（1）一共有多少种不同的结果？

（2）其中向上的点数之和是7的结果有多少种?

（3）向上的点数之和是7的概率是多少?

将问题3进行变式。抛掷两个相同骰子，求：

（1）一共有多少种不同的结果?

（2）其中向上的点数之和是7的结果有多少种?

（3）向上的点数之和是7的概率是多少?

（三）归纳拓展

1. 同时抛掷两枚硬币。

（1）一共有多少个基本事件?

（2）出现都是一正一反的概率是多少?

2. 一枚硬币连掷3次，只有一次出现正面的概率为__________。

3. 甲、乙两个人做出拳游戏（石头，剪刀，布），求甲赢的概率。

（四）回顾总结

1. 古典概型的特点。

2. 古典概型概率的计算公式为：$P(A)=\dfrac{\text{事件A包含的基本事件数}\ m}{\text{实验的基本事件总数}\ n}$

3. 求某个随机事件A包含的基本事件的个数和实验中基本事件的总数，常用的方法是列举法（画树状图和列表），注意做到不重不漏。

六、点评

在这节课中，教师认真研究教材，教学设计符合学生实际，教学要求恰如其分，内容的安排符合学生的认知结构，密切联系学生的生活实际，对于例题和习题的选配具有针对性和阶梯型。教师在讲课过程中紧紧抓住这节课的重点，对教材处理得当，从特殊到一般，从具体到抽象，从简单到复杂，让学生在不知不觉间掌握了核心知识点。同时用计算机模拟掷骰子实验生动形象，节约了时间，让学生从实际出发，培养了学生的思维能力、观察能力等。

在本节课中，教师创设能够激发学生学习兴趣的问题情境，引导学生通过提出问题、思考问题、解决问题等教学过程观察对比、概括归纳古典概型的概念及其概率公式，再通过具体问题的提出和解决来激发学生的学习兴趣，调动学生的积极性，让每一个学生都能充分参与学习活动。

案例2　随机事件的概率

天津市宝坻区大白高中　李富贺

一、适用教材

人民教育出版社高中数学必修3。

二、教学课时

1课时。

三、教学目标

1. 了解必然事件、不可能事件、随机事件的概念。

2. 理解随机事件在大量重复实验的情况下其发生呈现规律性。

3. 会用频率估计概率。

四、教学重点和难点

1. 教学重点

随机事件的概念及其概率。

2. 教学难点

用频率估计概率。

五、教学方法、教具

教法：诱思探究、答疑讲解。

学法：协作探究。

教具：自制教学课件。

六、教学过程

（一）创境导课

1. “角色互换”式地回顾知识

学生活动：学生充当“小老师”，可向全体学生和教师提问上节课的相关知识。

生生共动：在提问的过程中，学生互相评价。

师生互动：教师适时地进行点评，起到一个“托”和“衬”的作用。若学生提问不到位，教师要补充。

2.“实例”导入新课

日常生活中，有些问题是能够准确回答的。例如：“明天我们上数学课吗”，“明天上午第一节课一定是八点钟上课吗”，等等，这些事情的发生都是必然的。同时也有许多问题是很难给予准确回答的。例如：“数学考试你能得 100 多分吗”，“运动会上你能夺冠吗”，“你购买的本期福利彩票是否能中奖”，等等，这些问题的结果都具有偶然性和不确定性。

（二）新知探究

1. 必然事件、不可能事件和随机事件

问题 1：考察下列事件。

（1）导体通电时发热。

（2）向上抛出的石头会下落。

（3）在标准大气压下水温升高到 100℃时水会沸腾。

这些事件就其发生与否有什么共同特点？

问题 2：我们把上述事件叫做必然事件，你能列举一些必然事件的实例吗？

学生讨论并作答。

问题 3：考察下列事件。

（1）种子在没有水分的真空中发芽。

（2）在常温常压下钢铁融化。

（3）服用一种药物使人永远年轻。

这些事件就其发生与否有什么共同特点？

问题 4：我们把上述事件叫做不可能事件，你能列举一些不可能事件的实例吗？

学生讨论并作答。

问题 5：考察下列事件。

（1）某人射击一次命中目标。

（2）马琳能夺取北京奥运会男子乒乓球单打冠军。

（3）抛掷一个骰子出现的点数为偶数。

这些事件就其发生与否有什么共同特点？

问题 6：我们把上述事件叫做随机事件，你能列举一些随机事件的实例吗？

2. 随机事件的概率

导入：历史上曾有人做过抛掷硬币的大量重复实验，结果如下表所示。

抛掷次数	正面向上的次数	频率
2048	1061	0.5181
4040	2048	0.5069
12000	6019	0.5016
24000	12012	0.5005
30000	14984	0.4995
72088	36124	0.5011

教师设疑：在上述抛掷硬币的实验中，正面向上发生的频率的稳定值为多少？

问题7：上述实验表明，随机事件A在每次实验中是否发生是不能预知的，但是在大量重复实验后，随着实验次数的增加，事件A发生的频率呈现出一定的规律性，这个规律性是如何体现出来的？

学生总结：事件A发生的频率较稳定，在某个常数附近摆动。

教师设疑：上述抛掷硬币的实验中，正面向上发生的概率是多少？

问题8：在实际问题中，随机事件A发生的概率往往是未知的（如在一定条件下射击命中目标的概率），你如何得出事件A发生的概率？

通过大量重复实验得到事件A发生的频率的稳定值，即概率。

3. 典型应用

例1　判断下列事件哪些是必然事件，哪些是不可能事件，哪些是随机事件。

（1）如果 $a>b$，那么 $a-b>0$；

（2）在标准大气压下且温度低于0℃时，冰融化。

（3）某电话机在1分钟内收到2次呼叫。

（4）手电筒的电池没电，灯泡发亮。

学生分析并口答。

例2　某射手在同一条件下进行射击，结果如下表。

射击次数数 n	10	20	50	100	200	500
击中靶心次数 m	8	19	44	93	178	453
击中靶心频率 $\frac{m}{n}$						

（1）计算表中击中靶心的各个频率。

（2）这个射手射击一次，击中靶心的概率约是多少？

师生互动，此题可从多个角度进行变式探究。

4. 知识建构

这一环节由师生共同进行。

七、点评

本课教学以学生为本，支持学生的自主学习，尊重学生的个性思维，教师创造性地使用教材，让现代化的教学走进课堂。在教学中，教师注重采用小组合作交流的方式，让学生共同探究，真正成为学习的主人。

课堂教学中教师要正确引导学生进行探究性学习，要给学生足够的思考时间和空间，不要通过解释或让学生记住最简捷的方法得出答案，“表面上像探究，实际上是讲解”，要让学生真正地体验知识的生成过程。培养学生的探究意识和探究能力是长期的、日积月累的过程，应融入平常的课堂教学之中。教师应改变传统的教学理念，学习新的教育教学理论，以适应当前教育发展的形势。

第五章

综合实践

综合实践部分是引导学生“做数学”的内容，以解决某一实际数学问题为目标，基于学生的直接经验，密切联系学生的日常生活和社会生活，培养学生解决问题的能力，因此本部分所选的4个探究主题都具有很强的现实性。为了给学生提供更大的发挥空间，发展其创造能力，本部分课题亦具有开放性，能发散学生的思维，加深学生对问题理解的深度和广度。同时，本部分内容还具有综合性，旨在引导学生主动接触社会、深入生活、用已有的数学知识解决身边的问题。

探究主题

1. 看一看，摆一摆。

2. 打电话。

3. 算出它们的普及率。

4. 大蒜有几瓣。

主题论证

1. 所选主题具有很强的现实性

新课程标准制订了“实践活动”方面的要求，强调与学生的生活经验的联系，强调具体化的实践活动，制订了“综合应用”方面的要求，不仅有实践的要求，还有综合应用数学知识来解决实际问题的要求。所以本部分内容选择的探究主题要贴近学生的生活，符合学生的知识水平。

“实践与综合应用”就是“做数学”的具体体现，它以解决某一实际数学问题为目标，基于学生的直接经验，密切联系学生的日常生活和社会生活，其本质是一种解决问题的活动。综合与实践探究教学的主题选择应该具有很强的现实性，才能将综合与实践领域的探究教学优势发挥到极致。在这一模块中，我们所选的主题都符合学生的知识水平，贴近学生的生活。新课程标准要求，在第一学段，学生能在教师的指导下，从日常生活中发现和提出简单的数学问题，并尝试解决。如案例 4“大蒜有几瓣”，学生对大蒜较熟悉，从学生熟悉的生活中提取素材，易于引起学生的探究热情，也便于学生理解。课堂从学生感兴趣的游戏——猜谜语开始，引出实践探究的课题。教师掰开大蒜，让学生观察大蒜并尽可能多地提出数学问题，激活学生的思维，让学生感受数学就在身边。再如案例 1“看一看，摆一摆”，不需要进行烦琐的计算，只需动动眼睛，观看自己喜爱的物品，观察身边的桌椅、车子等，学生就会真切地体会到，角度不同，观察到的形状也不同。

然后，学生再动手摆小棒，拼摆出自己学过的图形、角或其他图案。这样学生既玩了也学了，在游戏中学习，有利于提升学生的学习兴趣。再如案例3“算出他们的普及率”的问题就发生在学生身边，这样就很容易勾起学生的好奇心和求知欲，适合学生进行探究。

2. 所选主题具有开放性

开放性问题可以给学生更大的发挥空间，发展他们的创新能力。综合实践课题更应该具备开放性。本模块所选的主题很好地体现了这一要求。案例1“看一看，摆一摆”，只要学生能够领悟到“多方面观察才能够准确了解事物”这一结论，不管观察什么事物都可以；给学生同样的小棒，任其发挥想象，拼摆图形，学生会拼出多种多样的图案，从中领悟“相同的开头也可能会有不同的结尾”。案例3“算出它们的普及率”，只要学生学会收集、统计、分析数据，计算普及率，不管计算什么普及率都行。案例2“打电话”，只要学生能够最快地打完电话，通知到每一位同学，不管用什么方式都是好方式。这些课题，或让学生能够提出大量不同问题，或让学生有多种多样的解决办法，或让学生得到五花八门的结论，发散了学生的思维，发展了学生的创新能力，加深了学生对问题理解的深度和广度。

3. 所选主题具有综合性

新课程标准中指出，“综合与实践”的目的在于培养学生综合运用有关知识与方法解决实际问题的能力，培养学生的应用意识、创新意识、合作意识，提高学生解决问题的能力。在案例1“看一看，摆一摆”中，学生依据已有的图形知识用小棒拼摆各种图形，拼摆出活动角后，用已具备的测量知识去估量角的大小，锻炼了动手操作能力。案例3“算出它们的普及率”，学生在调查家庭电脑使用情况及班级学生近视情况时，都需要收集、统计、分析数据，甚至需要做统计图，然后才能继续计算。学生开展这些调查时主动接触社会，深入生活，发现数学就在身边。同时，学生用已有的数学知识解决身边的问题，体会到数学的用途，增强了学习数学的意识。

经典案例

案例 1　看一看，摆一摆

宁夏银川市兴庆区第三小学子课题组

一、适用教材

人教版实验教材二年级上册。

二、教学课时

1 课时。

三、教学目标

1. 学会从不同角度观察物体，培养观察能力。

2. 通过动手操作，巩固对所学平面图形的认识，感受图形变化的乐趣，提高学习兴趣。

四、教学过程

教学环节	教师活动	学生活动	设计意图
引导学生观察物体	1. 让学生观察自己喜欢的物体。 （1）展示卡车模型的前面、后面、侧面让学生辨认。 （2）展示椅子的前面、侧面、后面让学生辨认。 2. 讲《盲人摸象》的故事，要求学生讲一讲听完故事后的感受。 3. 小结。观察物体时要做到从不同角度、全面观察物体。	小组讨论，并说出从不同角度观察物体后的感想。 听完故事，小组讨论汇报明白了什么道理。	引导学生理解：从不同角度去看一个物体，看到的形状不同，所以不能从一个侧面去断定一个物体的形状，要全面地观察物体。

（续表）

教学环节	教师活动	学生活动	设计意图
引导学生动手拼摆	1. 要求学生拼摆基本图形。 2. 拼摆组合图形。出示范例，摆出一个图形(课本93页图案)，比较最巧妙的办法。展示讲评学生的比较结果。 3. 量一量、画一画。 （1）让学生制作活动角，同时玩一玩。 （2）按要求转出角。小组讨论用测量的方法来验证。 （3）让学生用活动角画出大小不同的角。 （4）让学生用自己喜欢的工具画出自己喜欢的角。	1. 用活动角画出大小不同的角。 2. 认真观察发现，阐述发现的结论。	引导学生在小组里充分发表自己的意见。只要学生说得有道理，教师就要给予充分的肯定，以调动学生的学习积极性。
课堂总结	让学生谈一谈本节课的收获。	学生举手发言，讲述自己本节课的收获。	在活动中给学生充分的自由，让他们发挥自己的想象拼摆出不同的图形，提高学生的参与兴趣和动手实践能力。

五、点评

教师们都明白这样一个道理：学生要想学到东西，必须渴望学习，而不是要老师逼着学。如何实现这一学习目标呢？唯一的办法就是让学生在学习过程中担任主角。在新课程理念中，学习始终是一项参与性的活动。学生学习的方式是实践——不断实践。而无论是自主学习还是合作学习亦或是探究学习，体现的正是学生亲身的体验和实践。传统的教学模式是：教师在课堂上滔滔不绝地讲，学生认认真真地记笔记。多年来，学生已习惯于教师讲、学生听、做笔记、课后进行大量的训练。对如何让学生动起来的问题，教师确实动了一番脑筋。可当学生真的动了起来以后，新的问题又出现了：学生积极参与学习，课堂气氛空前活跃，学生提出各种各样的问题，有些甚至是教师意料之外的，课堂纪律难以控制，教学任务难以完成，最令人担心的是考试怎么办。课改使学生的思维变得活跃了，自我意识增强了，甚至敢于向教师挑战，教师得放下架子，学会换位思考，有勇气承认自己有不懂的地方，愿意与学生共同探讨。因此教师在课前无论怎么准备，都不会尽善尽美，课堂上会发生很多事先无法预知的情况，有时教学任务没有完成也很正常。当学生在某一方面获得了充分的发展时，教师应当肯定。总之，新课程背景下的课堂教学应是通过师生互动、学生之间的互动实现共同发展的课堂。因此，教师在教学中对教材的处理、教学过程的设计以及评价的方式都要以学生的发展为中心，以提高学生的全面发展为宗旨，这才是课程改革的最终目标。

案例2　打电话

宁夏银川市兴庆区第三小学子课题组

一、适用教材

北师大版教材五年级下册。

二、教学课时

1课时。

三、教学目标

1. 通过小组合作的探究活动，综合运用所学知识和方法研究打电话的多种方案，并优化出最佳方案。

2. 通过画图的方式发现事物隐含的规律，培养归纳推理的思维能力。

3. 体会探索的乐趣，感受应用数学的愉悦。

四、教学内容

教师在学生以往的学习中已经渗透了方法优化的思想，通过分析日常生活中的一些简单事例，让学生初步体会统筹思想在实际生活中的应用以及对策论方法在解决问题中的运用。“打电话”这个综合应用就是结合学生生活中熟悉的情境，让学生进一步体会数学与生活的密切联系以及优化思想在生活中的应用，培养学生应用数学知识解决实际问题的能力，让学生通过画图的方式发现事物隐含的规律，培养学生归纳推理的思维能力。

五、探究方法

对于本节内容，要通过分析具体的情况并从事例中分析提炼出打电话的原理有较大的难度，而且这一规律比较抽象，学生理解起来很难，所以采取合作探究的方式来完成这一内容比较好，可以极大地激发学生对数学综合实践内容的兴趣。

六、教学过程

教学环节	教师活动	学生活动	设计意图
提出问题	1. 板书课题，谈话引入。 今天，我们学习打电话，你们会打电话吗？那我们现在就试试你们到底会不会。 2. 大屏幕出示打电话的场景图。 李老师刚接到学校的紧急通知，要合唱队的15人去参加演出，怎样尽快地通知到这15个队员呢？同学们帮忙想想办法吧！ 根据学生的回答，教师引导学生猜测。 （1）帮忙转告？怎么个转告法？你想让几个人去转告？没有别的方法了吗？ （2）猜一猜哪种方法快，比如平均分成3组和平均分成5组比，哪种快？是不是分的组数越多就越快？我们怎样才能比较出哪种方法最快？ （3）为了更好地研究今天的这个问题，我们假设每1次通话要一分钟，每个学生都在家。那么你估计一下你最少要几分钟。	学生出现以下两种情况：1. 逐个通知；2. 帮忙转告。 学生针对教师的提问自由猜测。	情境引入，使学生身临其境，开始探究问题。 教师让学生猜想，一是为了增加趣味性，让学生心中有个疑团，提高探索的欲望；二是要让学生体会验证的必要性。

（续表）

教学环节	教师活动	学生活动	设计意图
探索比较	1. 要求学生把知道的方法都列出来，并比较，哪种方法最好。让学生想一想从刚才的比较中领悟到了什么。 2. 教师巡视，参与讨论，了解情况。 3. 与学生共同评价方案的内容。这两种方案与之前你猜想的结果一样吗？是不是组分得越多就越快？有什么想说的吗？要大胆猜想，多想，然后再验证。如果每组分的人数不同呢，结果会怎样？（课件演示）	学生积极讨论，分别列出方案：方案1要15分钟。这样太慢了。 学生设计分组方案。针对教师的问题，小组讨论，汇报结果。 每分钟通知的人数用不同颜色的笔表示。学生讲解。	只有让学生亲自去比较才能体会到优化的过程，切身体验到优化是怎么一回事。让学生去比较各种方案，学生更容易得出各种方案优化的原因。
探究规律	1. 肯定方案，引导学生发现规律。（先出示空表，边问边填完整） （1）你发现了什么规律？（预设：第几分钟通知的人数，是前一分钟通知人数的2倍） （2）按照这个规律，第5分钟可以通知多少人？第6分钟可以通知多少人？ 2. 引导学生发现规律。 小组讨论用测量的方法来验证。	2分钟通知的人数＝2个2相乘－1；3分钟通知的人 数＝3个2相乘－1； 4分钟通知的人数＝4个2相乘－1； ……	引导学生充分发表自己的意见。只要学生说得有道理，教师就要给予充分的肯定，以调动学生的积极性。
优化方案	2. 同学们用自己的聪明才智列举出了这么多种方法，你喜欢哪一种方法，你觉得哪一种方法最好？（学生说后）怎样才能知道哪种方法最好？	学生举手发言，讲述自己比较出的最优方案，并阐述原因以及比较方法。	引导学生在小组里充分发表自己的意见，提高学生的表达能力。

七、点评

“打电话”这个主题立足于培养学生良好的数学思维能力，教师从学生的生活经验和知识基础出发，创设问题情境，让学生通过操作、实验、推理、交流等活动寻找解决问题的方法，从中选择最优方法。探究主题是发生在学生身边的事情，学生经历了从直观认识到理性思考的过程，积累了从事数学活动的经验。

案例3　算出它们的普及率

中国科学技术大学附属小学数学探究课题组

一、适用教材

苏教版六年级（上册）。

二、教学课时

1课时。

三、教学目标

1. 学生能有序地开展调查活动，用合适的方法整理数据，获得统计结果。

2. 学生在读表和交流的过程中理解普及率的含义，领悟普及率的计算方法。

3. 学生通过对数据的观察分析提高发现问题的能力，增强应用数学知识解决实际问题的意识。

四、教学过程

教学环节	教师活动	学生活动	设计意图
理解普及率及其计算方法	1. 谈话。 我们已经学习过了百分率，生活中有哪些常用的百分率？ 2. 揭示课题。 刚才同学们提到了许多百分率。随着信息技术的迅速普及和发展，电脑、手机等信息产品已经进入大多数家庭，这节课我们就来算算它们的普及率。（板书课题） 3. 引导。 什么是电脑的普及率？电脑的普及率又该怎样计算呢？ 4. 指名回答。 5. 教师小结。 电脑的普及率是指拥有电脑的家庭户数占总户数的百分率。用拥有电脑的家庭户数除以总户数，再把结果改写成百分数。	学生针对教师的提问进行思考、作答。	由学生熟悉的百分率切入，引出普及率，自然而贴切。

（续表）

<table>
<tr><th>教学环节</th><th>教师活动</th><th>学生活动</th><th>设计意图</th></tr>
<tr>
<td>展开实际调查</td>
<td>1. 提出问题。
下面我们一起来调查一下我们班同学家庭中的电脑普及率，好吗？
2. 小组收集数据。
首先请同学们以小组为单位，统计一下小组中已经购买电脑的户数，然后填写在统计表内。注意：我们的调查是以家庭为单位的，如果有的同学家里有两台电脑，在统计的时候是算一户还是两户呢？
第（　）组家庭中的电脑普及率统计表
年　月
<table>
<tr><th>小组总户数</th><th>购买电脑户数</th><th>普及率</th></tr>
<tr><td></td><td></td><td></td></tr>
</table>
3. 计算全班学生家庭中的电脑普及率。
明确：要想知道全班同学家庭中的电脑普及率，需要把每个小组的数据整理成一张统计表。
<table>
<tr><th>项目 户数 组别</th><th>小组户数</th><th>购买电脑户数</th><th>电脑普及率</th></tr>
<tr><td>第一组</td><td></td><td></td><td></td></tr>
<tr><td>第二组</td><td></td><td></td><td></td></tr>
<tr><td>第三组</td><td></td><td></td><td></td></tr>
<tr><td>第四组</td><td></td><td></td><td></td></tr>
<tr><td>第五组</td><td></td><td></td><td></td></tr>
<tr><td>合　计</td><td></td><td></td><td></td></tr>
</table>
4. 介绍抽样调查。
设疑：如果要调查整个合肥市的家庭电脑普及率，该怎么办呢？
介绍：科学家在进行这样的统计时，经常采用抽样调查的方法，就是从要调查的整体中抽取一定数量的对象作为样本，然后根据样本的情况推算出整体的情况。这种调查方法调查单位少，代表性强，所需调查人员少，工作误差比较小，特别适用于调查对象较大的情况。</td>
<td>1. 积极讨论。
2. 得出数据，填表。
3. 交流：电脑普及率的计算方法。

整理数据后，学生计算家庭的电脑普及率。</td>
<td>在市内，学生家庭固定电话和移动电话的普及率已接近或达到100%，对固定电话和移动电话普及率的调查和分析没有太大的实际意义。因此，本课设计没有调查电话的普及率，而选择了较具代表性的电脑普及率和值得关注的学生近视率。通过小组统计和全班汇总，让学生经历数据获得和整理的过程。教师有意识地引导学生探索全班电脑普及率的计算方法，引导学生进一步理解普及率的含义。

介绍抽样调查的统计方法，丰富学生的统计知识。</td>
</tr>
</table>

（续表）

<table>
<tr><th>教学环节</th><th>教师活动</th><th>学生活动</th><th>设计意图</th></tr>
<tr><td>计算全班学生的近视率</td><td>老师看到我们班有许多戴眼镜的同学，对我们班同学的近视率很感兴趣，你们想知道吗？
请同学们以小组为单位，先设计统计表，统计一下小组中有几个同学近视，把数据填写在统计表中，然后算算你们小组中的近视率。
注意：裸眼视力 5.0 以下就算是近视。
第（　）小组近视情况统计表<table><tr><th>总人数</th><th>近视人数</th><th>近视率</th></tr><tr><td></td><td></td><td></td></tr></table>你能根据你们小组的近视率推算一下全班的近视率大约是多少吗？
引导：怎样计算全班同学的近视率？
提问：看了我们班的近视率，你有什么想法？根据这个结果我们来估计一下，全校的近视率是多少？
小结：全校的近视率应该比我们班的低一些，因为低年级的学生中近视的人数会少一些。
出示：安徽省小学生的近视率是 40.6%。看了这个数据，你有什么想法？</td><td>学生计算小组的近视率并填表。

学生推算全班的近视率并填表。</td><td>引导学生充分发表自己的意见。只要学生说得有道理，教师就要给予充分的肯定，调动学生的学习积极性。

引导学生注意用眼卫生、保护视力。</td></tr>
<tr><td>课后调查</td><td>刚才，我们了解了我们班同学家庭中的电脑普及率及我们班同学的近视率。在刚才的调查统计中，我们采用的是小组统计的方法，有没有更方便的办法？
还可以调查哪些东西的普及率呢？
课后，小组合作，选择一项你们感兴趣的内容进行调查，计算出普及率。</td><td>学生举手发言，直接在全班调查家用轿车普及率、家庭报刊订阅普及率等。</td><td>引导学生拓展知识的应用范围，开发学生的发散性思维。</td></tr>
</table>

五、点评

“算出普及率”是苏教版小学数学第十一册“百分数”这一单元安排的最后一节数学实践活动课。

这是学生在学习了百分数的意义和应用的基础上以及掌握了分数、百分数应用题这样的背景下进行的学习实践。教材通过让学生调查本班拥有电脑的家庭数占全班家庭数的比例，再通过计算出的百分率推算本地区电脑的普及率。

在教学模式上，教师努力营造轻松、快乐、有效的课堂生态，使课堂成为学生发现问题、分析问题、解决问题的园地，体验成功的园地。

在教材处理上，教师合理选取和创生教学内容，使教学内容更富有时代性、现实性、挑战性和科学性，使其更贴近学生的生活。

案例4　大蒜有几瓣

中国科学技术大学附属小学数学探究课题组

一、教学课时

1课时。

二、教学目标

1. 学生通过数一数大蒜有几瓣这一有趣的活动产生参与统计活动的兴趣，感受统计方法的重要性。

2. 巩固学过的统计及其他有关知识，并通过实践活动，初步学会收集信息、整理信息，并借助简单的统计结果培养发现规律、分析问题的能力。

3. 经历操作、观察等过程，体会数学与生活的联系，感受数学在解决实际问题中的作用，获得一些初步的数学活动经验；在与同伴合作解决问题的过程中提升学生对数学的兴趣。

三、教学准备

大蒜若干个、实物投影仪、大蒜图片。

四、教学过程

教学环节	教师活动	学生活动	设计意图
猜谜语，自主提出要研究的问题	1. 出示谜面，小朋友，你们喜欢猜谜语吗？请听好了：“兄弟好几个，围着栏杆坐，脱掉白衣服，露出大肚子。”大家猜一猜是什么。 2. 实物投影出示大蒜的图片引导学生了解大蒜的知识。 3. 摆出大蒜的实物，请学生仔细观察这些大蒜，并提出数学问题。	1. 学生举手作答“是大蒜”。 2. 大蒜很辣，大蒜可以杀菌…… 学生提问：每头大蒜有几瓣？哪头大蒜的瓣数最多，有几瓣？哪头大蒜的瓣数最少，有几瓣？	通过猜谜语引出课题，能激发一年级学生的活动热情。学生对于熟悉的大蒜，思维很容易活跃起来，对大蒜肯定会有很多疑问。教师要让学生在提出数学问题的过程中体会到数学就在他们的身边，进而引导学生研究。同时，问题由学生自己提出，学生研究的积极性比起解决教师提出的问题要高得多。
思考交流，探索研究问题的方法	1. 板书课题。 明确问题：研究大蒜瓣数的问题。 2. 要求各组组长每人拿出一头大蒜，让组长先估一估这头大蒜可能有几瓣，然后再一起来想办法验证一下，看谁估计得准确。 3. 引导学生探究规律，问学生瓣数是否有规律，学生进行小组讨论。 4. 引导学生寻找最优方案。	1. 学生小组开始活动，寻找解决问题的办法。 2. 小组讨论交流结论。可能出现的答案有：掰开大蒜数一数；记录下每头大蒜的瓣数…… 3. 每个小组安排一名同学做记录员。 可能出现的情况：（1）用符号表示蒜瓣；（2）用数字表示蒜瓣；（3）写上数，是几瓣就在几瓣上画图做好标记，最后比一比，数一数……	培养学生的推测能力，让学生自己寻找解决问题的策略。这一环节是最关键的，教师要让学生充分探索、研究解决问题的方法，并且通过讨论、交流环节培养学生的思维能力、语言表达能力、合作能力和创新意识。
分工合作，探究新知	1. 按刚才讨论的办法，以小组为单位进行研究，展示自己的研究结果，并说一说要表达什么意思。 2. 教师引导学生继续探寻规律。	学生讨论交流。 学生讨论的结果是：（1）看一看每头大蒜的瓣数；（2）每个小组汇报，然后教师把全班的情况整理出来，得出结论。	整理数据的方法很多，教师应当充分尊重学生的选择，只要方法正确就要对学生给予肯定。因为每个组的大蒜太少，不容易发现规律，所以要全班汇总。观察、猜测、验证与交流等数学活动的开展可以让学生真正地进行“数学探究”。

（续表）

教学环节	教师活动	学生活动	设计意图
方法迁移，回归生活	用统计的方法可以了解一头大蒜一般有几瓣。这种方法还能帮助我们了解什么？生活中还有那些地方用到统计的知识？	学生思考。	数学实践活动的内容源于生活。因此，教师设计了延伸活动这一环节，主要意图是让学生用学到的学习方法把数学学习从课内引向课外。
拓展延伸，全课总结	1. 提问学生，总结本节课的学习内容。通过本节课的学习，你都有什么收获？还有什么想问的问题？ 2. 拓展延伸。课后，我们可以运用本节课学习的研究问题的方法研究一下桔子有几瓣，它的瓣数有什么规律。	学生总结所学知识点，记录拓展内容。	拓宽学生的知识应用范围，拉近数学与生活的距离。

五、点评

这是一节数学实践活动课。该实践活动是在学生学习了简单的统计知识之后安排的，既是对统计知识的巩固，也是对本册知识的综合运用。其核心是让学生在有趣、生动、富有挑战性的活动中经历、体验研究数学问题的过程。大蒜的瓣数到底有没有规律、有什么规律并不重要，重要的是要从小培养学生这样的意识和习惯：要解决问题，就要研究解决问题的方法，“方法比事实更重要”。

（一）结合学生熟悉的事物，创设问题情境

本次实践活动意在让学生经历简单的统计活动，引导学生研究大蒜的瓣数规律，从而培养他们提出问题、解决问题的能力。

（二）拓展教学空间，引导学生自主探究

在实践活动过程中，教师大胆放手，给学生充足的探究空间，给学生自主实践的机会，让学生自己寻找解决问题的策略。尽管对于我们成年人来说，解决这一问题很容易，但对于一年级的孩子来说，当他们通过思考，想出要把大蒜剥开后数一数来验证自己的猜测时，实际上他们已经获得了一种解决问题的策略，这一点对他们来说尤为重要。

（三）搭建交流平台，让学生交流活动成果

数学需要交流。对于同一个数学问题——大蒜有几瓣，不同的小组可能有不同的考虑，因此小组活动结束后，教师适时搭建了一个交流的平台，引导学生打开思路。

（四）引导学生进行方法迁移，让数学回归生活

数学实践活动的内容源于生活，因此，教师设计了实践活动延伸这一环节。其主要意图是让学生用学到的学习方法解决生活中的问题，把学生的“数学探究视野”从课内引向课外，从校内引向校外，使数学教学不断融入生活，在课外实践活动中磨炼学生的实践能力。

整节课体现了新课程标准的一些新的理念和精神。教师注意从学生的身边寻找素材，组织学生开展有趣的数学实践活动。在整个活动中，教师只是组织者和引导者，帮助学生在自主探索和合作交流中经历、体验数学研究的过程和乐趣，激发和培养学生学习数学的兴趣，培养了学生的动手实践能力。

第六章

数列

数列是高中数学的重要内容，本部分开发了数列的 6 个主题进行探究性教学研究。所选主题蕴含了丰富的数学思想，有助于学生展开自主联想、自主分析、自主实验，独立或合作解决疑问，建立自主研究的意识，在脱离学校和教师后仍能不断探索研究。此外，本部分的探究主题具有丰富的教育价值，体现了数学在培养人的科学素养方面的价值，而探究课题的复杂性和结论的简洁性能使学生获得成就感，培养学生坚持不懈的品质。

探究主题

1. 数列的通项。
2. 等差数列。
3. 等差数列的前 n 项和。
4. 等差数列与函数。
5. 等比数列。
6. 等比数列的前 n 项和。

主题论证

在高中数学“数与代数”这一部分内容中，主要包括以下几个部分：函数，数列以及不等式。本课题开发了数列的几个主题进行探究性教学研究，以下从选题蕴含的数学思想方法及具有的教育价值两个维度论证选题进行探究性教学的合理性。

1. 所选课题蕴含了丰富的数学思想方法

在实践教学的过程中，重要的思想方法往往很难言传，若对选题进行探究性教学，学生对思想方法的体会将更加深刻。在学习等比数列时，学生往往联系等差数列的定义，通过对比而理解等比数列概念，这些都是类比与化归的数学思想方法。几何图形是有效的工具，类比相似概念也是总结规律的可行方式，如果情况复杂则可以采用分类的方式使问题简化，对这些过程的深刻领悟有时只能通过学生的自主探究活动。自主联想、自主对比分析、自主实验能使学生独立或者合作解决疑问，促进学生学习能力的提高，让学生建立自主研究学习的意识，在脱离学校和教师之后仍能不断探索研究。

2. 所选探究主题具有丰富的教育价值

数学的教育价值是指数学在人的发展方面的作用，具体可分为实践价值、科学素养价值和德育价值。

首先，在所选主题中，等差数列、等比数列具有实践价值。数学的实践价值体现在数学是一种手段，是解决科学问题的重要工具，体现在数学是计算的工具、数学是反映事物本质属性的工具两个方面。本部分所选的探究主题充分体现了数学在解决实际问题方面的价值。

其次，所选探究主题体现了数学在培养人的科学素养方面的价值。所谓人的科学素养是指人在科学意识、科学精神及科学态度等方面的素质，这一素质对于人类探索未知世界、认识已知世界和自身有重要意义。数学教育是学校教育的重要组成部分，在学生科学素养的形成与培养方面发挥了重要作用。选题之所以具备这一教育价值，是因为其中包含了丰富的科学精神和科学态度，能够培养学生的科学意识，主要体现数学研究和学习要求学生具备的客观真实、怀疑批判、平等民主、创新合作等品质。科学意识是从科学的角度理解问题，分析、解决问题的态度。学生在教师的指导下与同伴合作，探寻知识真理和一般规律，如在探究等差数列、等比数列的通项公式，前 n 项和公式，指数函数性质时，这些内容比较抽象并且复杂，等比数列求和的错位相减法更是学生没有接触过的，按照传统方式直接将巧妙的消项过程灌输给学生往往不能使其体会到构造方法的精髓所在，即消掉中间多余项从而令求和式子更加简洁，但这些抽象复杂的知识内容并非使学生无从入手，而是接近学生的最近发展区，教师要借助探究让学生明白错位相减的目的就是要消去中间的无关项，从而得到等比数列的前 n 项和，进而使学生领悟这一方法的精髓所在。数学知识本身的科学性和严谨性有助于培养学生的理性精神，发展学生的逻辑思维能力。在探究过程中，学生并不能通过一次尝试就得到正确结论，甚至要走许多弯路，在怀疑结论、民主讨论、对公式性质进行不断探究的过程中获得满意的结论。

再次，选题具有德育功能。在探究学习的过程中，学生使用严密的逻辑进行推理论证，需要具有追求真理的锲而不舍的顽强精神，而探究课题的复杂性和结论的简洁性往往能使学生获得成就感，在激发学生学习兴趣的同时也培养了学生坚持不懈的品质，将数学知识内化为精神财富才是数学教育应该给予学生的。同时，探究性教学在德育方面的价值正体现在此，过程比方法更重要，而态度比过程更重要。

经典案例

案例1 等差数列

北京师范大学珠海分校附属高级中学 周爱国

一、适用教材

人教版高中数学必修五。

二、教学课时

1课时。

三、教学目标

1. 知识目标

(1)能正确理解并掌握等差数列的定义。

(2)了解等差数列的通项公式的推导过程及思想。

(3)会求等差数列的公差及通项公式。

2. 能力目标

(1)通过归纳等差数列的概念,培养阅读信息、分析信息的能力。

(2)通过推导等差数列的通项公式,培养学生的推理能力、归纳能力。

3. 情感目标

在推导等差数列通项公式的过程中培养主动探索、勇于发现的精神,认识事物的变化形态,养成细心观察、认真分析、善于总结的良好思维习惯。

四、重点和难点

1. 教学重点

(1)对等差数列概念的理解与掌握。

(2)对等差数列通项公式的推导及应用。

2. 教学难点

（1）对等差数列“等差”特点的理解。

（2）对等差数列的通项公式的灵活运用。

五、探究流程

第一步，提出探究问题。

第二步，理解、分析所要探究的问题。

第三步，探究尝试。（让学生试着思考，提出想法，争取去解决问题）

第四步，交流，讨论，评价，完善。（探讨提出的想法是否可行，是否可以进一步完善。如果评价为难以往下进行，则回到第三步；如果评价为比较有希望，则讨论完善甚至进一步推广）

第五步，整理表达，形成具体结论。（将思路相对比较完整地表达出来，并在此过程中随时接受同学的质疑）

第六步，反思总结。（总结探究过程中的收获）

六、教学过程

教学环节	教师活动	学生活动	设计意图
探究等差数列的定义	提问：请同学们仔细观察以下这些数列有什么共同的特点。 ①1，2，3，4，5，6 ②10，8，6，4，2，…… ③$21, 21\frac{1}{2}, 22, 22\frac{1}{2}, 23$ ④2，2，2，2，2，……	观察四个数列，进行积极的思考以初步认识等差数列。	通过让学生观察这四个等差数列，引导学生初步认识等差数列，提出问题是希望培养学生的观察能力和归纳能力及发现问题、分析问题和解决问题的能力。根据学生的回答，教师可以判断学生是否抓住了等差数列的本质，如果学生回答得较好，教师就可以讲授等差数列的概念，否则，就要做进一步的引导。

（续表）

教学环节	教师活动	学生活动	设计意图
探究等差数列的定义	如果学生回答不出或回答不理想，教师可引导学生回答以下问题： （1）对于数列①，从第 2 项起，每一项与前一项的差都等于______。 （2）对于数列②，从第 2 项起，每一项与前一项的差都等于______。 （3）对于数列③，从第 2 项起，每一项与前一项的差都等于______。 （4）对于数列④，从第 2 项起，每一项与前一项的差都等于______。 综上，它们的共同特点是什么呢？	反应积极。	引导学生去发现和归纳等差数列的特点。
总结等差数列的定义	等差数列：如果一个数列从第 2 项起，每一项与它的前一项的差等于同一个常数，那么这个数列就叫做等差数列，这个常数叫做等差数列的公差，通常用字母 d 表示。 等差数列定义的数学表达式： $a_n-a_{n-1}=d\ (n\geqslant 2)$	归纳等差数列的定义，较多学生不会总结出“每一项与它的前一项的差等于同一个常数”。	让学生的学习从感性认识过渡到理性认识，从而深化学生对等差数列定义的理解。
	判断下列数列是否为等差数列？ （1）2，4，6，8……（2）7，5，3，2……	自主思考，独立完成。	检测学生对等差数列概念的理解。
推导等差数列的通项公式	提问：以上四个数列都是等差数列，请同学们思考它们存在通项公式吗？如果存在，请写出它们的通项公式。	学生会写出数列①的通项公式 $a_n=n$，数列④的通项公式为 $a_n=2$，但是写不出数列②③的通项公式。	要学生写出数列②③的通项公式，是为引出求一般等差数列的通项公式做铺垫。
	提问：如何写出等差数列的通项公式呢？（引导学生从等差数列的定义入手，去思考怎样求出通项公式）		培养学生的归纳能力和推理能力。

（续表）

教学环节	教师活动	学生活动	设计意图
推导等差数列的通项公式	方法一：等差数列定义是由一数列相邻两项之间关系而得，若一个等差数列的 $\{a_n\}$ 首项是 a_1，公差是 d，则据其定义可得： $a_2-a_1=d$，即 $a_2=a_1+d$ $a_3-a_2=d$，即 $a_3=a_2+d=a_1+2d$ $a_4-a_3=d$，即 $a_4=a_3+d=a_1+3d$ …… 由此归纳等差数列的通项公式可得： $a_n=a_1+(n-1)d$ 方法二：等差数列的定义是由一数列相邻两项之间关系而得，若一等差数列 $\{a_n\}$ 的首项是 a_1，公差是 d，则据其定义可得：$a_2-a_1=d$；$a_3-a_2=d$；$a_4-a_3=d$，……$a_n-a_{n-1}=d$ 以上共有 $(n-1)$ 个等式，若将这 $(n-1)$ 个等式左右两边分别相加，则可得： $a_n-a_1=(n-1)d$，即 $a_n=a_1+(n-1)d$ 根据等差数列的通项公式，写出前面四个等差数列的通项公式。	学生自己动手不断尝试求等差数列的通项公式，可能有结果，可能没有结果，有结果也不一定会对，最后在老师的带动下参与推导过程。 独立完成。	正确理解等差数列的通项公式，并能简单运用公式解决问题。
例题研究	例 1 （1）求等差数列 8，5，2……的第 20 项。（2）-401 是不是等差数列 -5，-9，-13……的项？如果是，是第几项？ 点评：若已知一个数列为等差数列，则只要知其首项 a_1 和公差 d，便可求得其通项公式。	学生根据等差数列的通项公式自己解决问题。	巩固学生对等差数列的定义及对通项公式的理解，培养学生运用公式解决问题的能力。
	例 2　在等差数列中 （1）若 $a_1=1$，$n=6$，$d=-2$，求 a_n。 （2）若 $a_n=4$，$n=6$，$d=-2$，求 a_1。 （3）若 $a_1=1$，$a_n=-7$，$d=-2$，求 n。 （4）若 $a_1=1$，$n=6$，$a_n=11$，求 d。 点评：在公式 $a_n=a_1+(n-1)d$ 中，知道其中三个量，就可以求出剩下的那个量，简称“知三求一”。 例 3　在等差数列 $\{a_n\}$ 中，已知 $a_5=15$，$a_{15}=35$，求 a_{12}。 点评：将所有条件向基本量 a_1、d 转化，运用方程思想求解，这种方法称为“基本量法”，它是解决等差数列问题最基本的思路。	学生上黑板完成。 根据等差数列的已知两项，可求出 a_1 和 d，然后可得出该数列的通项公式，便可求 a_{12}。	剖析公式中的基本量及结构特征，让学生明白“知三求一”思想，并强化运用公式的思想。 引导学生用“基本量法”来解决等差数列的问题。

（续表）

教学环节	教师活动	学生活动	设计意图
课堂练习	1. 求等差数列2，9，16……的第14项，100是不是这个等差数列的项？如果是，是第几项？如果不是，说明理由。120呢？ 2. 在等差数列$\{a_n\}$中，已知$a_8=16$，$a_{10}=30$，求a_{22}。	学生集体或独立完成，教师辅导。	根据学生对本堂课知识的掌握程度及时调整教学。
课堂小结	通过本节的学习，首先要理解与掌握等差数列的定义及数学表达式：$a_n-a_{n-1}=d\ (n\geqslant 2)$；其次，要会推导等差数列的通项公式：$a_n=a_1+(n-1)d$，并掌握其基本应用。	学生参与回顾、小结本节课的内容。	让学生回顾本节所学知识与方法，逐步提高学生自我获取知识的能力。
作业布置	教材第40页习题2A组第1，2，3题。	学生独立完成。	让学生及时消化所学知识，并进行巩固。

七、点评

本节课设计得环环相扣、简洁明了、重点突出，引导分析细致、到位、适度，如判断某数列是否成等差数列，这是促进概念理解的好素材。在推导等差数列的通项公式时，教师提示及时、恰当，在学生没有思路或思路混乱时给学生以点拨，让学生有柳暗花明又一村的感觉。学生在探究的过程中加深了对概念的理解和巩固。

本节课的教学体现了课堂教学从“灌输”到“引导发现”的转变，以教师提出问题、学生探讨解决问题为途径展开教学，对知识体系的总结科学合理，师生之间互动良好，教学手段和教学方法的选择合理有效，体现了新课程所倡导的理念。

案例2 等差数列与函数

北京师范大学珠海分校附属高级中学 王洋洋

一、使用教材

人教版教材必修五。

二、教学课时

1课时。

三、教学目标

（1）知识与能力目标。熟练掌握数列的通项公式及求和公式，能通过对公式与函数的关系，认识数列的性质，能用函数与公式的关系解决某些问题。

（2）情感态度与价值观目标。培养观察、分析资料的能力，探索新知的创新意识。利用图象理解通项公式与函数的关系，发现数学中的图形美。

四、重点和难点

1. 教学重点

通过函数图象进一步认识、理解等差数列。

2. 教学难点

数列中基本量对函数图象的影响。

五、教学过程

	教学环节	设计意图与评述
知识回顾	回顾等差数列的通项公式、求和公式。 在数列的学习中我们已经了解到这些公式都体现出了函数关系，本节课我们将继续研究数列与函数。	通过对已有知识的复习，为学生学习新知识做好铺垫。公式的出现，便于学生更直观地感受其中的函数关系。
实践探究	等差数列的通项公式：$a_n=dn+(a_1-d)$是a_n关于n的一次函数，简记为$a_n=An+B$； 等差数列的前n项和公式$S_n=\frac{d}{2}n^2+(a_1-\frac{d}{2})n$是$S_n$关于$n$的二次函数，简记为$S_n=An^2+Bn$。 它们的图象应该是怎样的呢？$a_1$，$d$对图象会有怎样的影响？ 在同一条件下画出$a_n$与$S_n$的图象，从两种图象中分析等差数列$S_n$的最值情况。	由于是已学过的知识，学生有了一定的基础。因此教师提出问题后，立刻激发了学生的学习热情，之后，教师引导学生参与课堂活动。通过特殊数列的代数形式，学生极易直观地看到数列是一种特殊的函数。

（续表）

	教学环节	设计意图与评述
实践探究	通项与函数： d 的取值情况会影响数列的单调性，因此可以分以下三种情况进行研究。 当 $d=0$ 时，$a_n=a_1$。 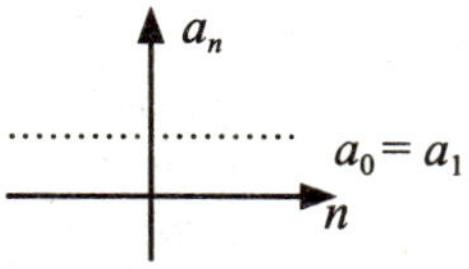 当 $d>0$ 时， 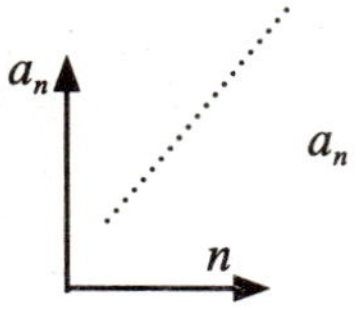 当 $d<0$ 时， 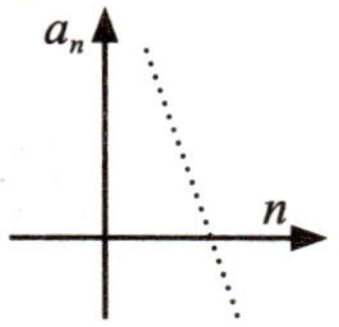 和与函数： 当 $d=0$ 时，$s_n=a_1n$。 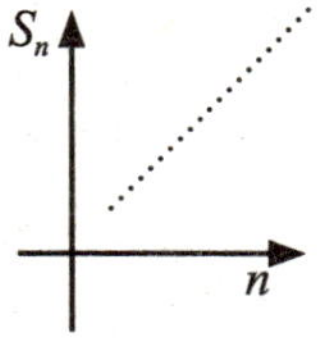 当 $d>0$ 时， 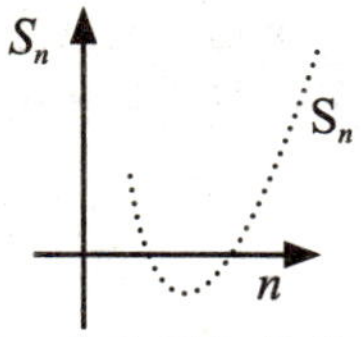 函数图象为开口向上的抛物线的一部分。 当 $d<0$ 时， 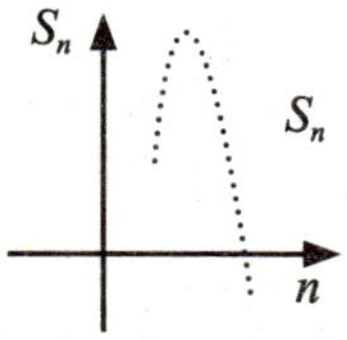 函数图象为开口向下的抛物线的一部分。	此环节应该说是本节课最重要的一个环节，学生对于函数部分的知识已经掌握，但是由于刚刚结束数列新课的学习，所以学生对于数列与函数的关系只局限于了解，理解得仍不够充分。因此教师提出一些具体问题引导学生思考。 在思考过后，学生大胆地尝试画函数的图象。因为图象能够非常直观地反映出函数的性质，在画图象的同时了解函数的性质，因此得到函数图象的过程就显得更为重要。

（续表）

	教学环节	设计意图与评述
实践探究	我们已经分别研究了数列以及函数的哪些问题?	学生在总结题型时，对已学过的数列以及函数部分的内容进行回忆并积极讨论。
知识应用	我们可以尝试用函数的方法去解决数列的问题。 你能用本节课所研究的函数的思想，在刚才我们所画的关于 n 与 a_n、n 与 S_n 的图象的基础上尝试分析下 S_n 的最值情况吗? 例 1　已知等差数列 $\{a_n\}$，$a_5=10$，$a_{10}=5$，求数列 $\{a_n\}$ 的通项公式 a_n。 解法一：设 $a_n=An+B$，则 $\begin{cases}5A+B=10\\10A+B=5\end{cases}$ 解得 $\begin{cases}A=-1\\B=15\end{cases}$ $\therefore a_n=-n+15$ 解法二： 由已知（5，10）（10，5）为等差通项对应的一次函数图象上的两个点，则 $k=\frac{5-10}{10-5}=-1$， $\therefore$ 等差通项对应的一次函数解析式为 $a_n-5=-(n-10)$，即 $a_n=-n+15$。 例 2　已知等差数列 $\{a_n\}$，$S_{10}=100$，$S_{100}=10$，求 S_{110}。 解：设 $S_n=An^2+Bn$ $\begin{cases}10^2A+10B=100\\100^2A+100B=10\end{cases}$ 解得 $\begin{cases}A=-\frac{11}{100}\\B=\frac{111}{10}\end{cases}$ $\therefore S_n=-\frac{11}{100}n^2+\frac{111}{10}n$ $\therefore S_{110}=-110$	应用知识求解问题，巩固用图象解决函数问题的方法，开阔视野。 学生首先选用了解决数列问题的常用方法。教师可以启发学生用函数思想解决问题。当然除此两种方法之外还有其他方法，但这两种方法给学生解决数列问题提供了新思路。 在例 1 的基础上，学生学会使用函数思想以及方程的思想来解决数列问题。当然解决问题的方法很多，学生通过对比各种解法，进而体会到这种解法解决数列问题的优势。

（续表）

	教学环节	设计意图与评述
能力提升	例 3　已知等差数列 $\{a_n\}$，$a_1=12$，$S_3=S_{10}$，求 S_n 的最大值。 解：设 $S_n=An^2+Bn$ $\because a_1=12$ $\therefore S_1=12$ $\therefore A+B=12$ ① $\because S_3=S_{10}$ $\therefore 3^2A+3B=10^2A+10B$ ② 由①②解得 $\begin{cases}A=-1\\B=13\end{cases}$ $\therefore S_n=-n^2+13n$ 对称轴为 $n=\frac{13}{2}$，所以当 $n=6$ 或 7 时，S_n 有最大值为 42。	在上两个题目的基础上，学生很容易应用相同的方法求解出 S_n 的表达式，及时巩固了用函数思想与方程思想解决数列问题的方法，利用二次函数的图象解决数列的问题让学生对于等差数列的前 n 项和是二次函数的印象更为深刻，开阔了学生的视野。
练习检测	设 $\{a_n\}$ 是等差数列，S_n 为其前 n 项和，且 $S_5<S_6$，$S_6=S_7>S_8$，则错误的是（　　）。 A. $d<0$　B. $a_7=0$　C. $S_9>S_5$　D. S_6，S_7 均为 S_n 最大值	使学生用练习去巩固所学知识，逐步形成良好的知识结构，提升应用数学知识的能力。
课堂小结	从本节等差数列与函数的关系中你学到了哪些知识和方法？	通过知识回顾，让学生总结收获。
作业设计	1. 将之前等差数列部分做过的习题用本节介绍的方法求解。 2. 试着研究等比数列与函数的关系。	巩固本节课所学的解决问题的方法。

六、点评

本课是在学生学习了数列的基础上而设置的教学内容，是数列部分的一个延伸，因此没有过多的新的知识点。本节除了提供了一个巩固的函数与数列部分内容的机会，更主要的是让学生建立起函数的思想以及方程的思想，为解决问题提供更广阔的思路。

在本节定理教学课中，教师把重点放在通过函数图象进一步认识、理解等差数列上，符合新课标重视过程与方法的理念，克服了传统教学只注重结论的倾向。

数列与函数之间的关系是交汇的，数列是一种特殊的函数，学习数列是学习函数的继续与引申，利用函数的思想解决数列问题使得解决问题的过程更简化，丰富了学生的解题思路，提高了学生分析问题、解决问题的能力，使学生的思维能力得以提高。函数是代数学习过程中的一个重要内容，数列教学应该重视函数思想的渗透，让学生认识到数列的本质。

案例3　等比数列

北京师范大学珠海分校附属高级中学　邱家寰

一、适用教材

人教版高中数学必修5。

二、教学课时

1课时。

三、教学目标

1. 知识与技能方面，掌握等比数列、等比中项等相关概念，理解等比数列的性质，并能应用其解决某些简单的问题。

2. 过程与方法方面，在学习过程中将等差数列的相关概念与性质与等比数列进行类比，猜想等比数列的相关概念与性质，培养迁移能力。

3. 情感、态度与价值观方面，亲身体验数学规律的发现过程，培养勇于探索、善于发现、不畏艰辛的创新品质，增强学习的成功心理，激发学习数学的兴趣。

四、教学重点与难点

1. 教学重点

等比数列的概念与性质。

2. 教学难点

等比数列性质的探究。

五、探究方法

分组讨论。

设计思想：本节课采用探究式课堂教学模式，即在创设良好教学情境的前提下，引导学生合作交流，以问题为导向设计教学情境，以“等比数列概念及性质”为基本探究内容，为学生提供充分的自由表达、质疑、探究、讨论问题的机会，让学生通过个人、小组、集体等多种解难释疑的尝试活动，在知识的形成、发展过程中展开思维，逐步培养发现问题、探索问题、解决问题的能力和创造性思维的能力。

六、过程设计

教学过程	学生探究过程	简析
1. 复习等差数列的相关概念及性质。 提问：请同学们回忆关于等差数列的概念，我们在这部分内容中研究了哪些内容？	学生回答。（或在教师引导下回答）	为了学习等比数列而复习等差数列的相关内容，为本节课的学习奠定基础。
2. 实例引入。 （1）在现实生活中我们还会遇到这样一类特殊的数列：细胞分裂可以组成数列 1，2，4，8…… 我国古代有学者提出：“一尺之棰，日取其半，万世不竭。”如果把“一尺之棰”看成单位“1”，那么，得到的数列为：1，$\frac{1}{2}$，$\frac{1}{4}$…… （2）设问。观察以上数列的特点，能否类比等差数列进行定义。	学生思考、研究后回答。 在教师的指导下得出等比数列的概念、公比及递推公式。 $\frac{a_n}{a_{n-1}}=q(n\geqslant 2)$	学生在学习等差数列有关内容后，类比创造回答新的内容。
3. 等比数列的通项公式。 （1）能否给出以上两个数列的通项公式？ （2）等差数列的通项公式是通过“叠加”得到的，那么如何推导等比数列的通项公式？ （3）推导等比数列的公式。	学生讨论回答“叠乘”，如有必要教师可以进一步引导学生进行类比： 等差——叠加 等比（商）——？ 根据上面的方法，由学生完成通项公式的推导，得出 $a_n=a_1q^{n-1}$。	通过推理过程提高学生的创新能力。
4. 等比数列的性质。 （1）设问：请同学们类比等差数列的性质研究等比数列，猜想等比数列会有哪些性质。 （2）论证等比数列的性质。	学生分组讨论，并上报结果。 每一小组要接受其他同学对本小组的研究结论的质疑，并给出相应的有说服力的论证。（必要时要有教师的引导与参与）	

（续表）

教学过程	学生探究过程	简析
5. 应用 （1）例题。一个等比数列的第 3 项和第 4 项分别是 12 和 8，求它的第 1 项和第 2 项。 （2）课后练习 1、2、5。	师生共同完成。 学生独立板书。	
6. 对本节课进行总结。	学生完成，教师补充。	
7. 课后思考。 等差数列由于有 $a_1+a_n=a_2+a_{n-1}=\cdots\cdots=a_n+a_1$， 所以我们用“倒序相加法”求出了等差数列的前 n 项和。类比上面的结论，那么对于等比数列我们可以得到什么结果？	课后结论： $a_1a_n=a_2a_{n-1}=\cdots\cdots=a_na_1$ 所以我们用“倒序相乘法”可以求出等比数列的前 n 项积。	

七、点评

1. 等比数列是在等差数列之后学习的，学生对等差数列的研究内容和研究方法已有了一定的了解，因此教师在教学方法上突出类比思想的使用，引导学生自己研究等比数列的相关内容，如定义、表示方法、通项公式，这样从学生的最近发展区出发，不仅符合学生的认知规律，而且充分发挥了学生的主体作用。

2. 在教学过程中，教师尽可能“指着走”（在教师的启发与点拨下，学生自主展开探究），而不是“抱着走”。如对于等比数列的通项公式应从哪几方面去认识的问题，教师只是指出这一研究方向，点拨一下方法（类比等差数列），让学生去联想、探究、归纳、总结。不过，“教师怎样才能真正成为学生的引导者、合作者”，“怎样才能真正做到关注学生的需要”，这些问题还值得继续深入思考和探索。

3. 在进行教学总结时，教师指导学生进行规律性知识（等比数列的定义、通项公式）与方法论知识（不完全归纳法、类比法）的归纳总结，通过“多面互动”，让学生自主建构知识，在动态中生成知识，从而达到培养学生概括能力的目的。

4. 教学设计重视“过程与方法”，符合新课标的理念，用到了许多重要的数学方法和思想。学生从中深刻地领会到推导过程中所蕴含的数学思想，这个推导过程有效地培养了学生的思维深刻性、敏锐性、广阔性、批判性，培养了学生解决问题的能力。

5. 本节课设计精巧。通过精讲例题、练习，使学生既巩固了知识，又形成了技能，体现了数学的文化价值。这节课在民主和谐的课堂氛围里培养了学生自主学习、合作交流的学习习惯，也培养了学生勇于探索、不断创新的思维品质。

案例4 等比数列的前n项和

北京师范大学珠海分校附属高级中学 李 洪

一、适用教材

人教版高中数学必修5。

二、教学课时

1课时。

三、教学目标

1. 知识技能目标。探究等比数列前n项和公式，理解并掌握等比数列前n项和公式，在此基础上，能初步应用公式解决与之有关的问题。

2. 能力方法目标。通过对公式推导方法的探索与发现，学习从特殊到一般、类比与转化、分类讨论等数学思想，培养观察、比较、抽象、概括等逻辑思维能力和逆向思维的能力。

3. 情感态度目标。培养勇于探索、敢于创新的精神，从探索过程中获得成功的体验。

四、重点和难点

1. 教学重点

公式的推导及运用。

2. 教学难点

公式的推导方法。

五、教学方法、教具

1. 问题探究教学法

本节采用“设境——切入——探索——应用——反思”的问题探究式教学，

通过揭示知识的发现和发生过程，使学生在掌握求和公式的同时，体验相关的数学思想，学习观察、猜想、证明的方法，提高观察与交流、分析与解决问题的能力，培养“用数学”的意识和合作意识。

2. 教具

多媒体。

六、设计思想

我在本节课设想使用“设境——切入——探索——应用——反思”的问题探究式教学方式，通过创设探究问题的情境充分调动学生的积极性，使学生自觉地参与课堂教学，提高课堂的实效性。学生通过参与整个探究过程，亲身体验了科学研究的过程与方法。在探究“等比数列前 n 项和”的过程中，我本着“以学生发展为本”的理念，充分给学生想的时间、说的机会以及展示思维过程的舞台，通过学生自主学习、合作探究，展示学生解决问题的思想方法，和学生共享学习成果、共同体验数学学习成功的喜悦。通过师生之间的不断合作和交流，发展学生的数学观察能力和语言表达能力，培养学生思维的发散性和严谨性。

七、教学过程

教学环节	教师活动	学生活动	设计意图
创设情境，提出问题	在课堂上，为了激发学生的探究热情，教师先讲了一个故事：在古代印度，有个名叫西萨的人，发明了国际象棋，当时的印度国王大为赞赏，对他说：“我可以满足你的任何要求。”西萨说：“请在我棋盘的64个方格上的第一格放1粒小麦，第二格放2粒，第三格放4粒，往后每一格都是前一格的两倍，直至第64格。请给我足够的麦子实现上述要求。”国王说：“简单！来人马上办。”然而几天后，手下匆匆来报：“不好了！”你猜怎么了？ 此时教师问：“同学们，你们知道西萨要的是多少粒小麦吗？”	学生思考后写出麦子总数： $1+2+2^2+2^3+\cdots+2^{63}$ 他们想用计算器来依次求出每一项的值，然后再求和，但学生很快发现比较难求。	引入课题的同时激发学生的兴趣，调动学生学习的积极性。故事内容紧扣本节课的主题与重点，激起了学生的求知欲，使学生急于寻求解决问题的新方法，为后续的学习奠定基础。

（续表）

教学环节	教师活动	学生活动	设计意图
师生互动，探究问题	在肯定学生的思路后，教师提出问题： $1,2^2,2^3\cdots\cdots2^{63}$ 是什么数列？有何特征？ $1+2^2+2^3+\cdots+2^{63}$ 应归结为什么数学问题？ 在求等差数列前 n 项和时，我们采用的方法是倒序相加，利用等差数列的性质，使很多项的和相等，进而化繁为简，推得公式。 教师提出问题： 设 $S_{64}=1+2^2+2^3+\cdots+2^{63}$，记为（1）式，注意观察每一项的特征，它们有何联系？ 如何在等比数列前 n 项和中构造相同项？ 为此对等式（1）进行怎样的处理？ 数列求和的常用的一种方法叫错位相减法（乘公比），以后我们会常用这种方法求特殊数列的和。 提出问题： 同学们反思一下我们错位相减法求解此题的过程，为什么(1)式两边要同乘以2呢？ 我再顺势提出我们可以将结论一般化，设等比数列 $\{a_n\}$ 的首项为 a_1，公比为 q，求它的前 n 项和。 即 $S_n=a_1+a_2+a_3+\cdots+a_n$	学生思考后发现这实际上是求以1为首项，2为公比的等比数列的前64项的和。 学生很自然的联想到等比数列是不是也可以用倒序相加法求和，学生马上进行尝试，但发现行不通。 学生很快发现，后一项都是前一项的2倍。 学生通过讨论发现，利用等比数列的定义：$\frac{a_{n+1}}{a_n}=q$，对其稍加变形就可以得到 $a_{n+1}=a_n\cdot q$，即等比数列中的每一项乘以 q 都等于其后项。因此可以将（1）两边同乘以2得 $2S_{64}=2+2^2+2^3+2^4+\cdots+2^{64}$，记为（2）式。 学生经过比较、研究发现：(1)(2)两式有63项的项相同。将两式相减，相同的项就消去了，得到 $S_{64}=2^{64}-1$。	这4个问题层层深入，展示了错位相减法中减的妙用，使学生容易接受要用错位相减。学生经过繁难的计算之苦后，突然发现上述解法，不禁豁然开朗，在探索过程中充分感受到成功的情感体验，从而增强学习数学的兴趣和学好数学的信心。 让学生对错位相减法有一个深刻的认识，也为探究等比数列求和公式做好铺垫。 从特殊到一般，从模仿到创新，有利于学生知识的迁移和能力的提高，让学生在探索过程中体验成功。

（续表）

教学环节	教师活动	学生活动	设计意图
师生互动，探究问题	教师巡视课堂，对学生进行个别指导，激励学生进行自主探索。 课下同学们可继续探讨求等比数列前 n 项和是否还有其他的方法。 教师提出问题： 大家由（1 － q）$S_n=a_1-a_1q^n$ 得 $s_n=\frac{a_1-a_1q^n}{1-q}$ 对不对？ 等比数列中的公比能不能为 1？q=1 时是什么数列？此时 S_n=？ 结合等比数列的通项公式 $a_n=a_1q^{n-1}$，如何把 S_n 用 a_1、a_n、q 表示出来？ 教师总结公式。 注意： 1. 使用等比数列前 n 项求和公式时，应注意 <u>q=1 还是 $q\neq1$</u>。 2. 当 $q\neq1$ 时，若已知 a_1、q、n，则选用公式①；若已知 a_1、q、a_n，则选用公式②。 3. 若 a_n、a_1、n、q、S_n 五个量中已知<u>　三　</u>个量，可求另<u>两</u>个量。	学生自愿组合，四人一组，开展小组合作学习，讨论交流。此时学生热情高涨，个个跃跃欲试。各个小组争先恐后地到讲台前汇报自己组的研究成果。归纳起来主要有以下几种求和方法。 错位相减法 1： $S_n=a_1+a_1q+a_1q^2+\cdots a_1q^{n-2}+a_1q^{n-1}$ $qS_n=a_1q+a_1q^2+\cdots a_1q^{n-2}+a_1q^{n-1}+a_1q^n$ $\therefore$（1 － q）$s_n=a_1-a_1q^n$ …… 错位相减法 2： $S_n=a_1+a_2+a_3+\cdots a_{n-1}+a_n$ $qS_n=a_2+a_3+\cdots a_{n-1}+a_n+a_nq$ $\therefore$（1 － q）$s_n=a_1-a_nq$ …… 或： $S_n=a_1+a_2+a_3+\cdots a_{n-1}+a_n$ $S_n=a_1+a_1q+a_1q^2+\cdots a_1q^{n-2}+a_1q^{n-1}$ $=a_1+q(a_1+a_1q+\cdots a_1q^{n-3}+a_1q^{n-2})$ $=a_1+q(S_n-a_1q^{n-1})$ $\therefore$（1 － q）$S_n=a_1-a_1q^n$ …… 累加法： $S_n=a_1+a_2+a_3+\cdots\cdots+a_{n-1}+a_n$ $\because a_2=a_1q$ $\begin{cases}a_3=a_2q\\a_4=a_3q\\\cdots\cdots\end{cases}$ $a_n=a_{n-1}q$ $a_2+a_3+\ldots+a_n=q$（$a_1+a_2+a_3+\cdots+a_{n-1}$） $\therefore S_n-a_1=q$（S_n-a_n） $\therefore$（1 － q）$S_n=a_1-a_nq$ ……	通过反问精讲，使学生加深对知识的认识，完善知识结构，增强思维的严谨性。 向学生渗透分类讨论的数学思想，加深对公式特征的了解。

（续表）

<table>
<tr><th>教学环节</th><th>教师活动</th><th>学生活动</th><th>设计意图</th></tr>
<tr>
<td>例题讲解，巩固提高</td>
<td>现在我们来计算故事中国王需奖赏的小麦的吨数。（假定千粒麦子40克）国王能兑现他的承诺吗？
$S_{64}=2^{64}-1\approx1.84\times10^{19}$ 粒，大约7000亿吨，这么多小麦能从地球到太阳铺设一条宽10米、厚8米的大道，大约是全世界一年粮食产量的459倍，显然国王兑现不了他的承诺。

例1　根据下列条件，求相应的等比数列 $\{a_n\}$ 的通项公式。
（1）$a_1=3,q=2,n=6$;
（2）$a_1=8,q=\frac{1}{2},a_n=\frac{1}{2}$;
（3）$a_1=2,q=1$ 。
教师将（1）作为例题，规范解题步骤。其他两题作为练习，鼓励学生到黑板前板书自己的解题过程，引导学生进行积极的评价。

例2　完成以下表格。
<table>
<tr><th>题号</th><th>a_1</th><th>q</th><th>n</th><th>a_n</th><th>S_n</th></tr>
<tr><td>（1）</td><td>$\frac{1}{2}$</td><td>$\frac{1}{2}$</td><td>8</td><td></td><td></td></tr>
<tr><td>（2）</td><td>27</td><td>$\frac{3}{2}$</td><td></td><td>8</td><td></td></tr>
<tr><td>（3）</td><td>2</td><td></td><td>6</td><td>64</td><td></td></tr>
<tr><td>（4）</td><td></td><td>－2</td><td></td><td>－96</td><td>－63</td></tr>
</table>
教师将（2）作为例题，第四小题较难，教师巡视给予指导，对学生的表现给予积极评价。</td>
<td>学生异口同声说“不对”。当 $q=1$ 时，分母为0，这个式子没有意义。
学生立刻进入思考状态，学生归纳出：
$S_n=\begin{cases}\frac{a_1(1-q^n)}{1-q},(q\neq1)\\ na_1,(q=1)\end{cases}\Rightarrow S_n=\begin{cases}\frac{a_1-a_nq}{1-q},(q\neq1)\\ na_1,(q=1)\end{cases}$
即 $S_n=\begin{cases}na_1(\ q=1)\\ \frac{a_1(1-q^n)}{1-q}=\frac{a_1-a_nq}{1-q},(q\neq1)\end{cases}$
学生自主练习，直接应用公式 $S_{64}=2^{64}-1$。
学生在小组内积极合作，小组之间相互学习借鉴，寻找解决问题的方法。学生个个跃跃欲试，踊跃发言，分析老师给出的题目并板书，其他学生用阵阵掌声表示鼓励和赞赏。学生踊跃到黑板前订正同学书写不严密的地方。</td>
<td>解答课始时的悬念引导学生继续积极思考。

通过三道简单的题目来剖析公式中的基本量，进行“短、浅、快”练习。通过总结、辨析和反思，强化公式的结构特征。

渗透方程思想，通过公式的正用和逆用进一步提高学生运用知识的能力，使学生掌握公式中“知三求二”的题型。

变式训练深化学生的认识，在增加学生的思维的梯度的同时，提高了学生的模式识别能力。</td>
</tr>
</table>

（续表）

教学环节	教师活动	学生活动	设计意图
归纳总结，加深理解	教师请学生总结此节课的收获。	由每个小组推荐代表总结此节课的收获和体会，各小组争先发言，互相补充。 1. 归纳本节课的学习内容和学习方法。 2. 明确本节课的重点知识。 3. 扩展了学生的视野，提高了学生处理信息的能力，强化了团队的合作意识，让学生在回答这三个问题过程中回顾了所学知识，加深了印象。	体会探究，学生通过回顾公式、推导方法，建构知识，从知识的归纳延伸到思想方法的提炼，优化了认知结构。
作业	1. 必做题：P58 练习 1，P61 A 组 1。 2. 选做。求和： $1\times2+2\times2^2+3\times2^3+4\times2^4+\cdots+n\times2^n$ 3. 研究性作业。 有一名大学生毕业后到一家私营企业去工作，试用期过后，老板对这位大学生很欣赏，有意留下他，就让这位大学生提出待遇方面的要求，这位学生提出了两种方案让老板选择：其一，工作一年，月薪五千元;其二，工作一年，第一个月的工资为 20 元，以后每个月的工资是上月工资的 2 倍。此时，老板不假思索就选择了第二种方案，于是他们之间就订了一个劳动待遇合同。请你分析一下老板的选择是否正确。	学生聆听，记录。	为了使所有学生巩固所学知识，教师布置了“必做题”。“选做题”为学有余力者留有自由发展的空间，“探究题”利于学生开展研究性学习，拓展学生的视野。这三种题型让学生进一步认识到数学来源于生活并应用于生活，生活中处处有数学。

八、点评

本节课从一个故事开始，通过问题情境的创设，激发学生的好奇心，调动学生学习的积极性，使学生在问题解决的探索过程中，由学会走向会学，由被动答题走向主动探究。

在教学过程中，教师让学生亲身经历知识的形成与应用过程，以学生发展为本，使学生在掌握求和公式的同时体验有关的数学思想，学习观察、猜想、证明的方法，提高观察与交流、分析与解决问题的能力，培养“用数学”的意识和合作意识。

在整个教学过程中，教师以启发性强的小设问层层推导，辅之以学生的分组小讨论，充分运用直观完整的板书和计算机课件等教辅用具，改变了以往“教师讲、学生听”的教学模式，充分体现“学生是主体、教师的教学服务于学生”的思路。教师在教学中通过“设景——切入——探索——应用——反思”，由浅入深，由感性到理性，由直观到抽象，不仅加深了学生的理解，也培养了学生的思维能力。在教学思想上，教师被注重知识形成过程的教学，还特别突出学习方法的指导、探究能力的训练，引导学生发现数学的美，使学生体验求知的乐趣。

第七章

不等式

不等式部分的内容在小学到高中的数学教学中都占有重要地位。与义务教育阶段的不等式相比，高中阶段的不等式更具抽象性，也更具代表性。本部分所选的课题主要针对高中学生，内容贴近学生的生活实际与现有的认知水平、研究能力，接近学生的最近发展区，有利于教师以问题为导向设计教学情境，有利于培养学生的自主探究能力，有利于引导学生主动探究、发现问题、提出猜想、总结规律，在探究中理解不等式的知识，形成数学技能、构建知识体系。

探究主题

二元一次不等式（组）与平面区域。

主题论证

1. 不等式中，有一些课贴近学生的生活实际与现有的认知水平、研究能力等，接近学生学习的最近发展区，学生经过协同努力可以取得进展或可以解决。以问题为导向设计教学情境，组织学生探究不等式的解集是相应直线的哪一侧区域，并进行猜想和证明，培养学生的自主探究能力。

2. 依据发现学习和建构学习理论，通过创设探究情境，引导学生运用探究方法，让学生主动探究、发现问题、提出猜想、验证猜想、总结规律，理解不等式的知识，形成数学技能、构建知识体系，达成数学教学目标。

3. 把抽象的不等式问题转化成生动鲜活的现实事件，能够促进学生的知识运用能力的提高，在一定程度上也很好地锻炼了学生分析问题的能力，帮助他们迅速准确地将现实生活和所学的数学理论知识联系在一起。

经典案例

案例1　二元一次不等式（组）与平面区域

北京师范大学珠海分校附属高级中学　王锦熙

一、适用教材

人教版高中数学必修5。

二、教学课时

1课时。

三、教学目标

1. 知识与技能方面，了解二元一次不等式的相关概念，并能画出二元一次不等式所表示的平面区域。

2. 情感、态度与价值观方面，通过学习本节内容，培养数学应用意识，体会数学在实际生活中的广泛应用，提高学习数学的兴趣。

四、教学重点和难点

1. 教学重点

灵活运用二元一次不等式（组）来表示平面区域。

2. 教学难点

画出二元一次不等式表示的平面区域，确定不等式表示的直线区域。

五、教学方法、教具

1. 教学策略

组织学生探究二元一次不等式的解集是相应直线的哪一侧区域，培养学生的自主探究能力，这一过程是本节课的重点和难点。为了让学生体验平面上的点和直线的位置关系，在学生自主探究的基础上，教师的主要任务是引导学生并完善学生的研究过程，同时，教师利用教学软件几何画板进行演示，再由学生得出结论，然后教师加以点评。

2. 探究方法

单课时小组探究形式。

3. 教具

三角板，多媒体教学设备，几何画板软件。

六、设计思想

本课教学拟采用探究式教学，启发学生主动思考、发现问题、利用科学合理的手段和方法去解决问题，同时也想探索什么类型的教学内容更适合探究式学习以及这种教学的优缺点。

以问题为导向设计教学情境，组织学生探究二元一次不等式的解集是相应直线的哪一侧区域并进行猜想和证明，培养学生的自主探究能力。在学生理解二元一次不等式与平面区的过程中，教师利用多媒体进行动态、直观的展示，鼓励学生进行探索和发现。学生通过亲自动手、参与探索过程，从图象、数据、解析式等多层次、多角度地理解所研究的内容，提高对图形和数据信息的处理能力，培养信息素养。

七、教学过程

教学内容	师生活动	设计意图
（一）探究 1，创设情境，引入新课 引例：一家银行的信贷部计划年初投入 2500 万元用于企业和个人贷款，希望这笔贷款至少可带来 3 万元的收益，其中从企业贷款中获益 12%，从个人贷款中获益 10%。那么，信贷部应如何分配资金呢？ 解：分析题意，我们可得到以下式子 （1）$\begin{cases} x+y \leqslant 2500 \\ 12x+10y \geqslant 300 \\ x \geqslant 0 \\ y \geqslant 0 \end{cases}$	教师提问： 1. 这个问题中存在一些不等关系，我们应该用什么不等式模型来刻画它们呢？ 2. 设用于企业贷款的资金为 x 万元，用于个人贷款的资金为 y 万元，由于总资金为 2500 万元，得到：$x+y \leqslant 2500$。 3. 由于计划从企业贷款中获益 12%，从个人贷款中获益 10%，共创收 3 万元以上，所以 $12\%x+10\%y \geqslant 3$。 4. 企业和个人贷款不能为负，所以 $x \geqslant 0$，$y \geqslant 0$。 （学生易忽视 $x \geqslant 0$、$y \geqslant 0$ 的关系，可以在此培养学生的反思意识）	引起学生对优化问题的注意、兴趣，激发学生的探究欲望。 让学生经历建立线性规划模型的的第一个过程——设立决策变量。 在获得探究体验的基础上，通过交流，从而强化设立变量的过程，并最终将实际问题转化为数学问题，文字语言转化符号语言。
1. 二元一次不等式组的定义 我们把含有两个未知数并且未知数的次数是 1 的不等式称为二元一次不等式。我们把由几个二元一次不等式组成的不等式组称为二元一次不等式组。 2. 二元一次不等式组的解集 满足二元一次不等式（组）的 x 和 y 的取值构成有序数对 (x,y)，所有这样的有序数对 (x, y) 构成的集合称为二元一次不等式（组）的解集。	1. 教师给出二元一次不等式组的定义，也可以由学生试着给出定义，教师再完善。 2. 教师提问：什么是二元一次不等式组的解？ 解答此问题前，教师可以让学生先回忆二元一次方程组的解。	教师由（1）式抽象出二元一次不等式组的定义，唤起学生对二元一次方程组的解的回忆，使学生明确二元一次不等式组的解集是每个二元一次不等式解集的交集。

（续表）

教学内容	师生活动	设计意图
（二）探究2，创设问题情境，探究并解答问题 如何表示二元一次不等式的解集呢？（精心设计问题，“小步子，多层次”地启发） 问题1：在平面直角坐标系中，二元一次方程 $x+y-1=0$ 表示什么图形？请画出来。 问题2：在平面直角坐标系中，$x+y-1\neq 0$ 表示什么图形？请画出来。 问题3：$x+y-1>0$，$x+y-1<0$ 在平面直角坐标系中又表示什么图形？	教师：若从一次函数的观点看二元一次方程 $x+y-1=0$，你会在平面直角坐标系中表示出 $x+y-1=0$ 的解集吗？ 学生：将 $x+y-1=0$ 改写为 $y=-x+1$，从而得到直线。 教师继续提出问题2和问题3，学生交流、讨论。	将二元一次不等式组的解集转化成求二元一次不等式的解集。 从方程的解出发，渗透函数思想、数形结合思想，培养学生对知识的迁移能力。
（三）探究3，归纳猜想 在平面直角坐标系中，所有的点被直线 $x+y-1=0$ 分成三类： 即在直线 $x+y-1=0$ 上，在直线 $x+y-1=0$ 的左下方的平面区域内，在直线 $x+y-1=0$ 的右上方的平面区域内。 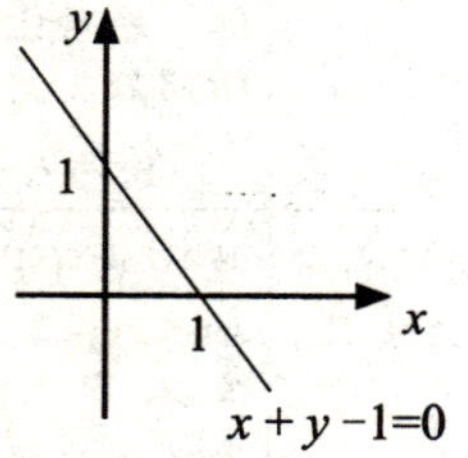	问题1：请同学们在平面直角坐标系中，作出 $A(2,0)$，$B(0,2)$，$C(1,1)$，$D(2,2)$ 四点，并说明它们分别在上面叙述的哪个区域内。 问题2：请把 A、B、C、D 四点的坐标代入 $x+y-1=0$ 中，看着所得的值的符号有什么规律？ 教师演示几何画板，引导学生归纳猜想： 对直线 l 右上方的点 (x, y)，$x+y-1>0$ 都成立； 对直线 l 左下方的点 (x, y)，$x+y-1<0$ 成立。	学生通过独立思考、合作交流探究平面区域与二元一次不等式之间的联系，培养发现问题、分析问题的能力，教师在此过程中渗透方程的思想、数形结合的思想。

（续表）

教学内容	师生活动	设计意图
（四）探究4，证明猜想 在平面直角坐标系中，以二元一次不等式 $x+y-1>0$ 的解为坐标的点的集合 $\{(x,y)\mid x+y-1>0\}$ 是在直线 $x+y-1=0$ 右上方的平面区域；类似地，在平面直角坐标系中，以二元一次不等式 $x+y-1<0$ 的解为坐标的点的集合 $\{(x,y)\mid x+y-1<0\}$ 是在直线 $x+y-1=0$ 左下方的平面区域。 提出问题：把直线 $-x+y-1=0$ 的两侧的点的坐标代入 $-x+y-1=0$ 中，得到的数值的符号，仍然会“同侧同号,异侧异号”吗？ 通过分析引导学生得出一般二元一次不等式表示平面区域的有关结论。 结论：在平面直角坐标系中，二元一次不等式 $Ax+By+C>0$ 表示直线 $Ax+By+C=0$ 某一侧所有点组成的平面区域，$Ax+By+C<0$ 则表示直线另一侧所有点组成的平面区域。我们把直线画成虚线，表示区域不包括边界。而不等式 $Ax+By+C\geqslant 0$ 表示区域时则包括边界，把边界画成实线。	探究，证明猜想。 如图，在直线 $x+y-1=0$ 上任取一点 $P(x_0,y_0)$，过点 P 作垂直于 y 轴的直线 $y=y_0$，在此直线上点 P 右侧的任意一点 (x,y)，都有 $x>x_0$，$y=y_0$， 所以，$x+y>x_0+y_0=0$， 所以，$x+y-1>x_0+y_0-1=0$， 即 $x+y-1>0$， 因为点 $P(x_0,y_0)$ 是直线 $x+y-1=0$ 上的任意点。 所以，对于直线 $x+y-1=0$ 右上方的任意点 (x,y)，$x+y-1>0$ 都成立。 同理，对直线 $l: x+y-1=0$ 左下方的点 (x,y)，$x+y-1<0$ 成立。 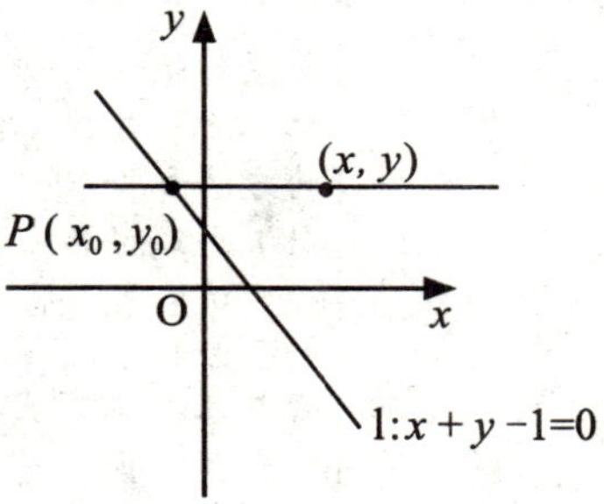 	学生经历独立思考、交流、讨论的过程，探究证明的方法。 培养学生严谨的数学思维。

（续表）

教学内容	师生活动	设计意图
（五）典型例题 例 1　画出不等式 $x-y+5>0$ 表示的平面区域。 例 2　画出不等式组 $\begin{cases}x-y+5\geqslant 0\\x+y\geqslant 0\\x\leqslant 3\end{cases}$ 表示的平面区域。	例 1 分析：先作出直线 $x-y+5=0$ 的图象，以此为边界（画成实线），再取原点验证不等式 $x-y+5>0$ 所表示的平面区域。 解：先画直线 $x-y+5=0$（画成实线），再取原点（0，0）代入 $x-y+5$ 中，因为 $0-0+5>0$，所以原点在不等式 $x-y+5>0$ 所表示的平面区域内，不等式表示的区域如下图所示。 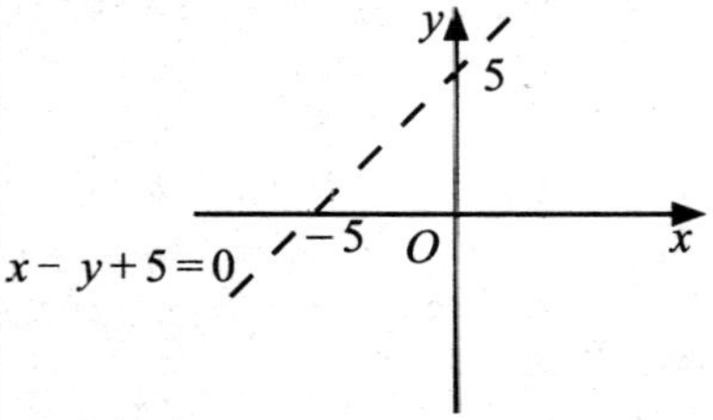 反思归纳。 画二元一次不等式表示的平面区域的方法和步骤： （1）画线定界（注意实、虚线）； （2）试点定域。 例 2 分析：不等式组表示的平面区域是各个不等式所表示的平面点集的交集，因而是各个不等式所表示的平面区域的公共部分。 （在几何画板中作图）	通过典型例题，使学生会用二元一次不等式表示平面区域。 引导学生反思归纳，总结方法。
（六）课堂练习 （1）画出不等式 $x+y>0$ 表示的平面区域。 （2）画出 $\begin{cases}x+3y+6\geqslant 0\\x-y+2<0\end{cases}$ 表示的平面区域。	学生演板，并向班级同学讲解解题思路及过程。 教师做出适当的补充。	使学生通过练习加深对二元一次不等式表示的平面区域的理解。
（七）课堂小结 （1）本节课学习了哪些内容？ （2）你学到了哪些研究问题的方法？	学生思考、总结，并发表自己的见解。 教师指导，并给出完整的小结。	培养学生的反思及归纳能力。

（续表）

教学内容	师生活动	设计意图
（八）作业 1. 画出不等式组$\begin{cases}x-y+5\geqslant 0,\\ x+y\geqslant 0,\\ x\leqslant 3\end{cases}$表示的平面区域。 2. 拓展练习。画出$(x+2y+1)(x-y+4)<0$表示的平面区域。	分层次布置作业。	作业布置突出本节课的知识点，达到了复习巩固的目的，又兼顾学有余力的学生有自由发展的空间，培养探索精神和创新能力。

八、点评

本节课充分利用了现代信息技术，在学生理解二元一次不等式与平面区的过程中，教师利用多媒体进行动态、直观的展示，鼓励学生进行探索和发现。教师在教学过程中以学生为主体，以问题为载体，以合作交流为手段，以能力提高为目的，重视概念的提取过程、知识的形成过程、解题的探索过程、情感的体验过程。学生通过自主探究、合作交流，体会到合作学习的成就感，体会到逻辑思维的严谨美，体会到数形结合的奇异美。

本节课有效地采用了探究式教学，以学生独立探究和合作交流为前提，以问题为导向设计教学情境，组织学生探究二元一次不等式的解集是相应直线的哪一侧区域并进行猜想和证明，培养学生的自主探究能力。本节课体现了学生的主体性、主动性、参与性，是以学生的发展为中心的探究课。

在探究过程中，教师依据发现学习和建构学习理论创设探究情境，引导学生运用探究方法主动探究、发现问题、提出验证猜想、总结规律、理解数学知识、形成数学技能、构建自我的知识体系、实现数学教学目标。

当然，在学生进行自主探究和合作交流、讨论的过程中，还要有时间上的保证。教师应该给学生充分的思考时间，而不能流于形式，不能只是提出问题，而应让学生积极思考。学生只有经过独立思考，才能够真正理解知识点，掌握并应用知识点，学生的自主思考是他人不能“代劳”的。

案例2　基本不等式

福建省福州高级中学　陈锦平

一、使用对象

高二年级。

二、教学课时

1课时。

三、教学目标

1. 知识与技能目标

掌握基本不等式$\sqrt{ab}\leqslant\frac{a+b}{2}$；会用此不等式求某些函数的最值，能够解决一些简单的实际问题。

2. 过程与方法目标

观察、猜想、验证基本不等式，并通过对例题的观察、分析、猜想、验证、证明，让学生体会基本不等式应用的条件：一正、二定、三相等；体会应用基本不等式求最值问题解题策略的构建过程。

3. 情感态度与价值观目标

引发学生学习和使用数学知识的兴趣，发展创新精神，培养实事求是、理论与实际相结合的科学态度和科学道德。

四、教学重点、难点

1. 教学重点

掌握基本不等式$\sqrt{ab}\leqslant\frac{a+b}{2}$及其变形公式，会用此不等式求函数的最值。

2. 教学难点

会利用基本不等式失效（等号取不到）的情况下可采用函数的单调性求最值。

五、教学资源

多媒体、计算器、实物投影。

六、教学过程

（一）问题背景

右图是第 24 届国际数学家大会的会标，会标是根据中国古代数学家赵爽的弦图设计的，颜色的明暗组合使它看上去像一个风车。

（二）提出问题

问题 1：这个会标中含有怎样的几何图形？

问题 2：你能否在这个图案中找出一些相等关系或不等关系？

问题 3：将上图中的“风车”抽象成如右图，在正方形 $ABCD$ 中有 4 个全等的直角三角形。正方形 $ABCD$ 的面积 S 与四个直角三角形的面积和 S' 有什么关系？

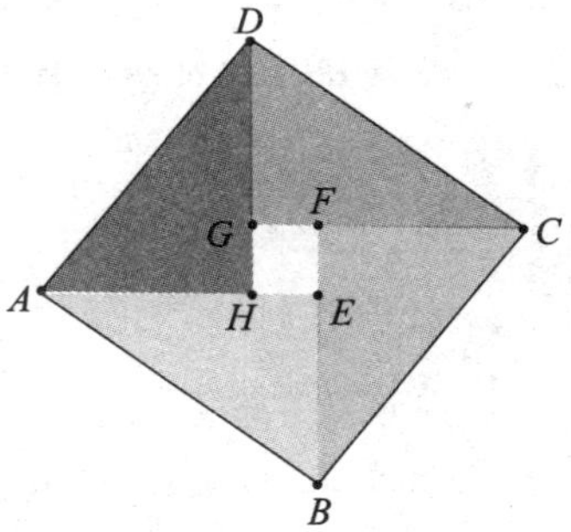

（三）探究导控

观察猜想：对于任意实数 a、b，有 $a^2+b^2\geqslant 0$，当且仅当 $a=b$ 时，等号成立。

归纳验证：引导学生从不同角度进行证明。

剖析公式：（1）基本不等式：如果 $a>0$，$b>0$，则 $a+\mathrm{b}\geqslant 2\sqrt{ab}$，即 $\sqrt{ab}\leqslant\dfrac{a+b}{2}$ 当且仅当________时，等号成立。（2）$\dfrac{a+b}{2}\geqslant\sqrt{ab}$ 的几何解释。

（四）评价延伸

问题 4：求 $y=x+\dfrac{1}{x}(x>0)$

变式：求 $y=\dfrac{x^2-2x+1}{x-2}(x>2)$

问题 5：

（1）用篱笆围一个面积为 $100\mathrm{m}^2$ 的矩形菜园，问这个矩形的长、宽各为多少时，所用篱笆最短。最短的篱笆有多长？

（2）用一段长为 36m 的篱笆围一个矩形菜园，问这个矩形菜园的长和宽各为多少时，菜园的面积最大。最大面积是多少？

（五）归纳拓展

1. 几个重要的不等式

（1）$a^2+b^2\geqslant$ ______（a，$b\in$ R）（2）$\dfrac{b}{a}+\dfrac{a}{b}\geqslant$______（$a$，$b$ 同号）

（3）$ab\leqslant(\dfrac{a+b}{2})^2$（$a$，$b\in$ R）　（4）$\dfrac{a^2+b^2}{2}\geqslant(\dfrac{a+b}{2})^2$（$a$，$b\in$ R）

2. 利用基本不等式求最值的两种模式。已知 $x>0$，$y>0$，则：

（1）如果积 $xy=$P 是定值，那么当 $x=y$ 时，和 $x+y=$S 有最小值______；

（2）如果 $x+y=$S 是定值，那么当 $x=y$ 时，积 $xy=$P 有最大值_______。

3. 注意：应用基本不等式必须有“一正、二定、三相等”的条件，当条件不够时，需用“拆项”“凑项”的技巧，创造符合基本不等式的条件，而且特别要注意等号能否取到，有时会出现基本不等式取不到等号的情况，此时要考虑双勾函数的单调性。

七、点评

本节课创设了比较巧妙的、能够激发学生学习兴趣的问题情境，做到既充分挖掘教材资源，又贴近学生的生活实际，从而营造活跃的课堂气氛。教师利用一个个问题，引导学生由浅入深，层层递进，充分调动了学生的学习积极性，让学生充分地参与学习活动，体现了学生的主体地位，达到了良好的教学效果。

在问题的设计上，教学与学生已有知识基础及认知水平相吻合，充分尊重学生已有的生活经验，使问题建立在学生的经验基础上，让学生在探究问题过程中既获得知识，又提高能力。教师在教学中通过观察对比概括归纳出基本不等式应用的条件，引导学生体会应用基本不等式求最值问题的解题策略的构建过程，培养了学生由具体到抽象，由特殊到一般的数学思维能力。

案例 3　简单的线性规划问题

北京师范大学珠海分校附属高级中学子课题组

一、适用教材

人教版高中数学必修 5。

二、教学课时

1课时。

三、教学目标

1. 知识与技能目标

了解线性约束条件、线性目标函数、可行解、可行域、最优解等基本概念，了解线性规划问题的图解法，并能应用线性规划的方法解决一些简单的实际问题，以提高解决实际问题的能力。

2. 过程与方法

通过利用图形解决代数问题的过程学习数形结合的思想。

3. 情感与价值观

培养“学数学、用数学”的意识，进一步提高解决问题的能力。

四、教学重点和难点

1. 教学重点

利用图形解决线性规划问题。

2. 教学难点

利用图解法找最优解。

五、教具

三角板、多媒体。

六、教学过程

教学环节	教学活动	设计意图
知识回顾	请同学们在直角坐标系中画出不等式组 $\begin{cases} 2x+y \leqslant 2 \\ y \geqslant 0 \\ x \geqslant 0 \end{cases}$ 所表示的平面区域。	本环节主要是想让学生复习上节课学习的内容，做到温故而知新，也为接下来的探究问题做好准备。

（续表）

教学环节	教学活动	设计意图
问题探究	探究问题：若点 $M(x, y)$ 是不等式组 $\begin{cases}2x+y\leqslant 2\\ y\geqslant 0\\ x\geqslant 0\end{cases}$ 所表示的平面区域内的任意一点，请分别写出点 $M(x,y)$ 的横纵坐标 x、y 的取值范围，并求 $z=x+y$ 的最大、最小值。 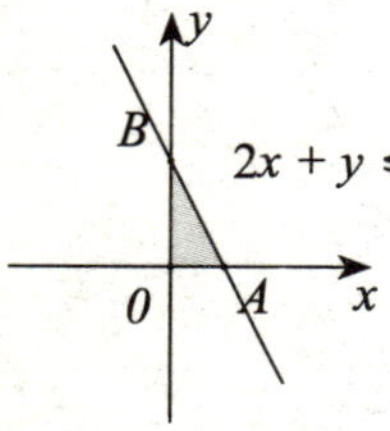 引出概念：一般地说，求线性目标函数在线性约束条件下的最大值和最小值的问题，统称为线性规划问题。	本环节为探究环节，由图可知：$\begin{cases}0\leqslant x\leqslant 1\\ 0\leqslant y\leqslant 2\end{cases}$，学生很容易得到结果 $0\leqslant x+y\leqslant 3$，要使 $x+y=3$ 则 $x=1$ 与 $y=2$ 要同时满足，但是点（1，2）不在 $\triangle OAB$ 内，所以得到的结果错误。这能激发学生进一步思考、讨论。 如果学生讨论没有找到解决问题的方法，教师进行提示：既然用“数”解决不了问题，那就自然地想到“形”，采用“数形结合”的方法，能否求出 $x+y$ 的取值范围呢？
引题研究	引题：若直线 l 的方程为 $x+y=b$，当 $b=0$、1、2 时，如图，在同一直角坐标系中分别作出了直线 $x+y=0$，$x+y=1$，$x+y=2$，请指出三条直线的纵截距，并思考：当上下平移直线 l 时，直线 b 的纵截距 如何变化？ 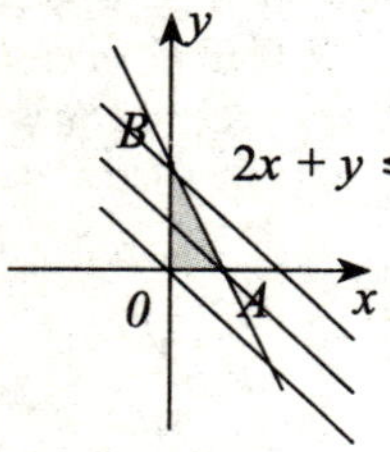 	教师将本题连同图象用幻灯片直接呈现给学生，是为引导学生去观察、发现当上下平移直线 l 时，直线 l 的纵截距 b 的变化规律，从而联想到截距 b 的值就是 $x+y$ 的值，从而找到解决探究问题的方法。 在这个环节中，要让学生充分思考，分组讨论，并发表自己的意见，教师进行必要的总结。

（续表）

教学环节	教学活动	设计意图
解决问题	在教师的引导下，学生经过讨论，得到解决探究问题的方法： 把 $z=x+y$ 化为 $y=-x+z$，随着 z 值的不同，所表示的直线不同，但是它们都是平行直线，z 的值就是直线 $y=-x+z$ 的纵截距，在直线与可行域有交点的情况下，纵截距越大，z 越大，反之，纵截距越小，z 越小。 引出概念：满足线性约束条件的解（x，y）叫可行解，由所有可行解组成的集合叫做可行域。在可行域内存在使得线性目标函数取最大值或最小值的可行解叫做这个问题的最优解。	让学生初步了解在线性约束条件下求线性目标函数 最值的问题，为后面的归纳总结做铺垫。
课堂练习	变式练习：若 x，y 满足不等式组 $\begin{cases}2x+y\leqslant 2\\ y\geqslant 0\\ x\geqslant 0\end{cases}$，求 $z=x+y$ 的最大、最小值。 分析：把 $z=x-y$，化为 $y=x-z$，让学生体会到纵截距 $-z$ 取最大值时，z 有最小值；反之，纵截距 $-z$ 取最小值时，z 有最大值。	本题中的纵截距取最大值时，不是取最大值而是取最小值，与引题的情况不一样，这样就使学生在思想上产生了认知冲突，从而进一步认识到线性目标函数直线的纵截距与最值之间的关系。
方法归纳	在线性约束条件下，用图解法求线性目标函数 $z=ax+by$ 最值问题的一般步骤是： （1）画可行域——画线性约束条件确定的平面区域； （2）将目标函数化为斜截式，找到纵截距 $\frac{z}{b}$； （3）令 $z=0$，过原点作直线 l_0：$y=-\frac{a}{b}x$； （4）平移直线 l_0，观察确定可行域内最优解的位置； （5）求最值——解有关方程组求出最优解，将最优解代入目标函数求最值。 简记五步法，即画——化——作——移——求。	规范学生做题的步骤和格式，以便学生更快地掌握在线性约束条件下用图解法求线性目标函数 $z=ax+by$ 的最值问题。

（续表）

<table>
<tr><th>教学环节</th><th>教学活动</th><th>设计意图</th></tr>
<tr><td>解决实际问题</td><td>小王用 A、B 两种原料生产甲、乙两种产品，每生产 1 公斤甲产品需使用 4 公斤 A 种配料，耗时 1 小时；每生产 1 公斤乙产品需使用 4 公斤 B 种配料，耗时 2 小时。小王每天最多可从配料厂获得 16 公斤 A 种配料和 12 公斤 B 种配料，生产 1 公斤甲产品获利 20 元，生产 1 公斤乙产品获利 30 元，若按每天工作 8 小时计算，问小王如何安排生产才能使得一天的利润最大？
分析：设小王每天生产甲产品 x 公斤，乙产品 y 公斤，小王获得的利润为 z 元，依题意得：
$\begin{cases} x+2y\leqslant 8 \\ 4x\leqslant 16 \\ 4y\leqslant 12, z=20x+30y \\ x\geqslant 0 \\ y\geqslant 0 \end{cases}$
本题就转化为：在线性约束条件下，用图解法求线性目标函数 $z=ax+by$ 最值问题。</td><td>让学生明白数学来源于生活，能解决实际问题，进而明白学习数学是有必要的。</td></tr>
<tr><td>课堂小结</td><td>（1）本节课学习了在线性约束条件下，用图解法求线性目标函数 $z=ax+by$ 最值问题的一般步骤。
（2）作线性目标函数 $z=ax+by$ 所表示的直线时，要注意与已知直线比较斜率的大小，以便能正确作图。
（3）注意纵截距 $\frac{z}{b}$ 取最值时与 z 取最值时的关系，它们之间的关系要受 b 取值正负的影响。</td><td>让学生回顾本节所学知识与方法，以逐步提高自我获取知识的能力。</td></tr>
<tr><td>作业布置</td><td>在线性约束条件 $\begin{cases} x-y+2\leqslant 0 \\ x\geqslant 1 \\ x+y-7\leqslant 0 \end{cases}$ 下，求线性目标函数 $z=2x-y$ 与 $z=6x+2y$ 的最大值与最小值。
思考题：如果加上 x，$y\in N$，其结果怎样？</td><td>巩固课堂所学知识，达到强化学生学习技能的目的。</td></tr>
</table>

七、点评

本节课从教学程序上来看，是在温习旧知的基础上提出问题，求 $z=x+y$ 的最值，引出了本节课的课题，教学任务循序渐进，教学流程完整顺畅，结构紧凑，整个课堂重点突出，引导分析细致、到位、适度。课堂在探究设计上突出展现了给出材料进行研究的方式，比较新颖，学生经过认真思考能获得认识，进而获得较大的成就感。在设计上遵循了以下四条原则：以问题为载体；以学生为主体；以合作交流为手段；以能力提高为目的。

教师在教学过程中重视概念的提取过程、知识的形成过程、解题的探索过程、情感的体验过程，学生通过自主探究、合作交流体会到了合作学习的默契和谐，感受到了冥思苦想后的豁然开朗，领略到了逻辑思维的严谨美，见识到了一题多变的变幻美，发现了数形结合的奇异美。

第八章

函数

本部分选择了适合探究的 5 个主题，所选主题满足科学探究的基本要素，符合学生的认知规律，便于教师开展探究，引导学生通过观察、思考、交流、讨论发现函数的性质。其中，有关指数函数、导数的案例层次清楚，结构合理，可操作性强，尤其是对几种不同增长类型的函数模型的探究很有代表性，教师可直接参考使用。

探究主题

1. 指数函数。
2. 对数函数及其性质。
3. 方程的根与函数的零点。
4. 几类不同增长的函数模型。
5. 导数在研究函数对称性中的应用。

主题论证

在高中函数领域选择探究主题时，应该注意以下几点。

1. 该主题应该符合数学发现的基本规律——推理，让学生通过探究了解知识的来龙去脉，加深对知识的理解。

2. 该主题应该满足科学探究的基本要素：观察、发现、猜想、验证、反思、拓展。在探究过程中，教师可以运用计算机绘制出函数的图象，结合图象对函数进行深入的了解，使学生进一步体会到信息技术在数学学习中的作用。

3. 该主题应符合学生的认知规律，接近学生形成的最近发展区。通过让学生观察、思考、交流、讨论、发现函数的性质，引导学生形成数形结合的思想以及分析推理的能力，培养学生严谨的科学态度。采用探究教学更有利于学生理解函数的定义，掌握函数的图象和性质。

经典案例

案例1　指数函数

天津市宝坻区大白高中　马成国

一、适用教材

人教版高中数学教材必修1。

二、教学课时

1课时。

三、教学目标

1. 经历画图、观图、评图的过程，掌握指数函数的图象及性质。

2. 通过折纸操作，掌握指数函数的概念。

3. 培养互帮互助、团结协作的精神及珍惜时间、持之以恒的良好习惯。

四、教学重点和难点

1. 教学重点

指数函数的图象及性质。

2. 教学难点

指数函数的性质应用。

五、教学方法、教具

1. 教法

诱思探究、答疑讲解法。

2. 学法

协作探究。

3. 教具

自制教学课件。

4. 学具

剪纸。（根据条件可准备图形计算器）

六、教学过程

1.“角色互换”式的回顾知识

学生活动：一名学生充当“小教师”，可向全体同学和老师提问上节课的相关知识。

生生互动：在提问的过程中，学生之间进行评价。

师生互动：教师适时地进行点评，起到一个“托”和“衬”的作用。若学生提问不到位，教师要进行补充。

设计意图：

① 教师可清楚了解学生对上节课内容的掌握情况，为本节课做好铺垫；

② 培养学生的语言表达能力和心理素质。

2.“实例”导入新课

学生折纸，并回答问题。

教师活动：教师播放“动动手”的动画。（即折纸实验，如图 1）

学生活动：学生动手折纸、动脑思考每一次的厚度，从而递推折 x 次后的厚度，初步形成指数函数的模型。

折纸次数		厚度
0	→	1
1	→	2
2	→	4
3	→	?
…	→	…
x	→	?

图 1

师生互动：学生动手折纸，每折一次回答相应的问题（齐答），对于最后的概念引出，教师应指名回答。

设计意图：

① 提升学生的学习兴趣；

② 学生手脑结合，便于得出印象深刻的概念；

③ 体现数学源于生活的特点，也培养了学生“学数学、用数学”的意识。

3. 新课讲解

（1）概念理解

上一环节引出“指数函数”的概念后，教师顺势质疑概念的问题。

问题：对于指数函数 $y=a^x$，①为什么 $a>0$？②为什么 $a\neq1$？③谁是指数？

师生互动：学生分析概念，积极回答教师提出的问题，教师加以点评。

设计意图：通过对底数 a 的分析，强调“指数函数”概念的严密性。

问题：下列函数是否为指数函数？为什么？

① $y=4^x$ ② $y=x^4$ ③ $y=-4^x$ ④ $y=(-4)^x$ ⑤ $y=(a-1)^x(a>1$ 且 $a\neq2)$

学生活动：学生根据指数函数的概念口答上述问题。

生生共动：学生对其他学生的答案进行分析、评价。

教师活动：教师结合学生的总结、评价，进一步强调“指数函数”的概念。

设计意图：

① 加深学生对“指数函数”概念的理解；

② 让学生学会应用概念；

③ 渗透“分类讨论”的数学思想。

问题：指数函数 $y=f(x)$ 的图象经过点（2，9），求 $f(0)$ 和 $f(\frac{1}{2})$。

学生活动：学生利用待定系数法求 $y=f(x)$ 的表达式，并解决问题。

师生互动：教师引导学生复习待定系数法。

设计意图：

① 引导学生学习指数函数的待定系数法。

② 让学生学会用类比的思想去解决问题。

（2）图象研究

问题：画出下列函数的图象。

① $y=2^x$ ② $y=(\frac{1}{2})^x$

学生活动：分组画图。单列画前者，双列画后者。（如图 2）

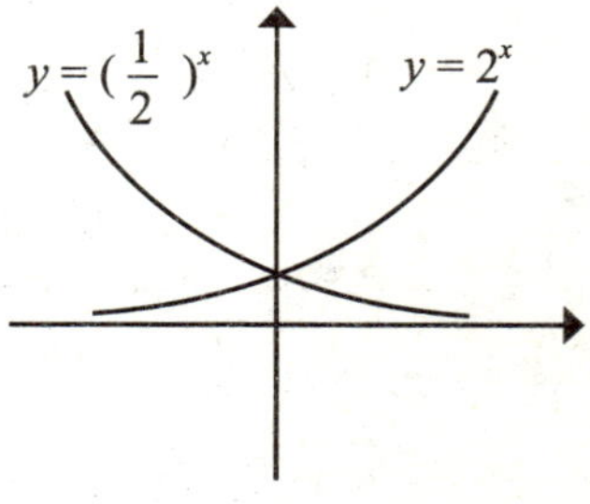

图 2

教师活动：展示部分学生的“成品”。

设计意图：

① 培养学生的作图能力，渗透“数形结合”思想；

② 展示“成品”，以激励学生学数学的积极性。

问题：探究函数 $y=2^x$ 与 $y=\left(\frac{1}{2}\right)^x$ 图象的异同点。

学生活动：同桌分组讨论两个图象的异同点。

生生共动：互相总结、评价两个函数的异同点。

教师活动：用几何画板制作两个函数的图象，并用动画演示两个图象的关系。

设计意图：

① 培养学生作图、观图、析图的能力；

② 培养学生协作学习的意识；

③ 渗透“数形结合”和“分类讨论”的思想。

（3）性质分析

问题：探究 $y=a^x$（$a>1$）与 $y=a^x$（$0<a<1$）的图象与性质。

生生共动：学生通过两个函数图象分组去研究其相应性质，进而通过图形去猜想指数函数的性质。（如图 3）

$y=a^x$ 图象及其性质

<table>
<tr><td></td><td>$a>1$</td><td>$0<a<1$</td></tr>
<tr><td>图象</td><td>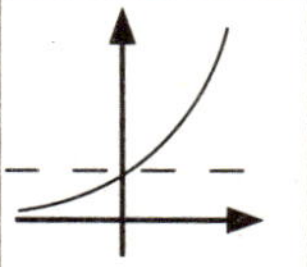</td><td>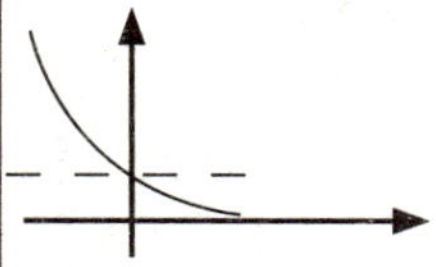</td></tr>
<tr><td rowspan="4">性质</td><td colspan="2">（1）定义域：R</td></tr>
<tr><td colspan="2">（2）值域：$(0,+\infty)$</td></tr>
<tr><td colspan="2">（3）过定点：$(0,1)$</td></tr>
<tr><td colspan="2">（4）单调性：$a>1$ 时增；$0<a<1$ 时减</td></tr>
</table>

图 3

教师活动：通过几何画板作图去验证学生得到的性质。引导学生通过“数”或“形”去证明其性质。

设计意图：

① 多媒体辅助教学，使内容直观、形象；

② 体现多层次、多方位的评价方式，培养学生的主动参与意识。

③ 进一步渗透“数形结合”“分类讨论”的思想。

④ 渗透“由特殊到一般，再由一般到特殊”的逻辑思维方法。

⑤ 体现“无限到有限”的数学思想。

（4）性质应用

比较下列各题中两个值的大小。

① $1.7^{2.5}$，1.7^{3}　② $0.8^{-0.1}$，$0.8^{-0.2}$　③ $1.7^{0.3}$，$0.9^{3.1}$

学生活动：学生利用指数函数的单调性分析问题①②，并互评。

生生共动：小组讨论问题③，并互评。

教师活动：教师对三个问题分别从“数”与“形”的角度加以强调。

设计意图：

① 增强学生学数学、用数学的意识；

② 培养学生构造函数模型的能力；

③ 加强“数形结合”思想的渗透。

问题：若 a 为大于 0 的常数，比较下列各题中两个值的大小。

① 2^{a}，2^{a+1}　② 2^{a}，2^{a-1}　③ a^{2}，a^{3}

学生活动：学生单独分析问题①。

生生共动：小组讨论问题②③，并总结其相同特点。

师生互动：对问题②③进行分类讨论。

设计意图：

① 对“分类讨论”的思想进行强化渗透；

② 培养学生互学互助的良好品质。

4. 课堂反馈

问题：$y=a^{x}$ 在 $[-1, 1]$ 的最大值与最小值之差为 1，求 a 的值。

学生活动：独立解题。

教师活动：教师根据学生的解题情况加以点评总结。

设计意图：

① 当堂知识当堂反馈，了解学生的掌握情况；

② 提高学生独立分析问题、解决问题的能力。

5. 多重知识建构

生生共动：学生从“知识内容”和“思想方法”两个角度对本节课进行总结。

教师活动：“点在当点时，点在当点处。”

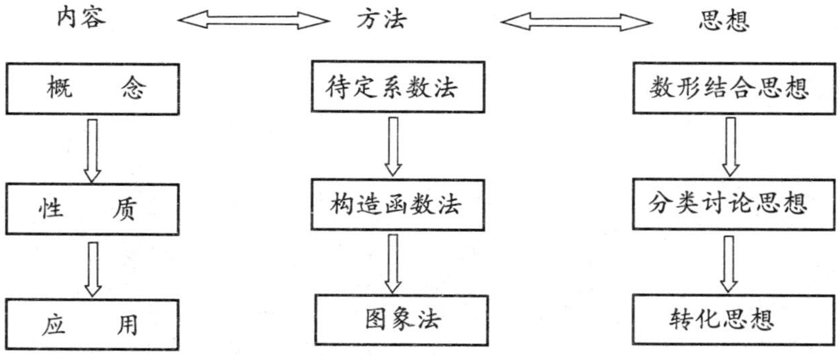

图 4

七、点评

有了数学知识，学生就有了完成任务的工具，但要想解决“遇到什么样的任务选用什么样的工具”的问题，就必须利用多种探究方法，如小组探究、个人探究，协作探究、全体探究等，这在本节课中都有很好的体现。这里，教师一改过去站在台上“表演”的主角地位，他的真正身份是“导演”，他所担任的主要任务是怎样“导”才能使这节课的效果最好。教师在整个教学过程中充分发挥了学生的主观能动性，让学生的智慧和灵感得以充分展现。教师选择了恰当的时机去“导”，根据学生的实际引导，让学生找到解决问题的钥匙。

“数学是学生自己学会的，不是教师讲会的。”这不是说学生学数学不需要教师，恰恰相反，教师应是教学活动的设计者、组织者、参与者、指导者和评估者。在本节课中，教师始终引导学生动手、动脑、动口，教他们探求知识的方法，帮他们解决学习中困难。这种教学方法以“学生自主建构知识”为主线，以发展学生的素质为目的，打破原有的课堂教学的组织形式，充分体现学生的自主性，突出学生的个性、主动参与意识、互动意识，强调课堂民主。本节课注重学生自学能力、研究能力和自我建构能力的培养。学生在教师的指导下，激活数学思维，达成共识，最后形成了自己的能力。

案例2　导数在研究函数对称性中的应用

福建省福州高级中学　周郑鹏

一、适用教材

人教A版。

二、教学目标

知识与技能方面，认识原函数与导函数在对称性方面的联系，并能熟练判断三次函数的对称中心。

过程与方法方面，学生在探究的过程中，体会“从特殊到一般，从具体到抽象，从简单到复杂”这一方法在降低探究难度中的积极作用以及讨论交流对探究的重要意义。

情感态度与价值观方面，培养在面对困难时不抛弃不放弃的坚强意志品质，并体会成功的喜悦，培养勇于挑战的精神。

三、教学重点和难点

1. 如何引出猜想，即发现原函数与导函数在对称性方面的联系。

2. 规律易得，然而用图形来分析结论，用代数的方式来严谨证明结论却并不容易。

四、教学方法、教具

教学方法：启发引导，小组合作、探究。

学法指导：大胆猜想——图形分析——代数证明。

教具：几何画板等多媒体工具。

五、教学过程

<table>
<tr><th>教学主线</th><th>教学内容</th><th>学生活动</th><th>设计意图</th></tr>
<tr><td>创设问题情境</td><td>（2010 年高考题改编）
已知某工厂年利润 y（单位：万元）与年产量 x（单位：万件）的函数关系式为 $y=f(x)=-x^3+3x^2$，请写出 $f(x)$ 的函数性质。</td><td>解：定义域：$[0,+\infty)$
$f'(x)=-3x^2+6x$
令 $f'(x)=-3x(x-2)=0$
得 $x=0$ 或 2
<table><tr><td>x</td><td>0</td><td>(0, 2)</td><td>2</td><td>$(2,+\infty)$</td></tr><tr><td>$f'(x)$</td><td>0</td><td>+</td><td>0</td><td>−</td></tr><tr><td>$f'(x)$</td><td>0</td><td>↗</td><td>4</td><td>↘</td></tr></table>
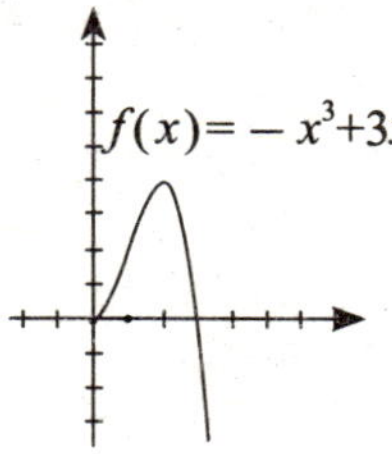

函数性质：
（1）定义域：$[0,+\infty)$
（2）值域：$(-\infty, 4]$
（3）单调性：
$f(x)$ 在 $[0, 2)$ 上单调递增，
$f(x)$ 在 $[2, \infty)$ 上单调递减。
（4）周期性：无。
（5）对称性：无。</td><td>通过本题可以让学生回顾导数的基础知识。同时，画图也为之后讨论函数图象的对称性提供了素材。</td></tr>
<tr><td>提出问题</td><td>问题：
若 $f(x)=-x^3+3x^2$ 的定义域变为 R，那么 $f(x)$ 的图形是否具有对称性呢？
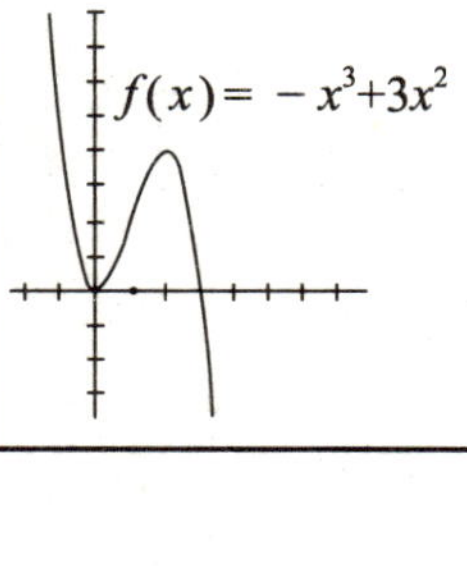
</td><td>答：$f(x)$ 的图象是中心对称。</td><td>以前一阶段刚学的三次函数为研究对象，并通过图形来初步判断其对称性，对于学生而言，是一个较好的研究切入点。</td></tr>
</table>

（续表）

教学主线	教学内容	学生活动	设计意图
探究导控	探究 1： 问：若 $f(x)=-x^3+3x^2$ 是中心对称，请求出对称中心，并证明。 探究 2： 那么所有的三次函数 $f(x)=ax^3+bx^2+cx+d\ (a\neq 0)$ 是否都是中心对称的函数？ 如果是，怎么求它的对称中心？	分组讨论，交流成果。 猜想 1： $f(x)$ 关于点（1，2）中心对称。 证明方法一：平移法 $\because f(x)=-x^3+3x^2$ $\therefore f(x+1)-2=-(x+1)^3+3(x+1)^2-2$ $=-x^3+3x$ 易知：$f(x+1)-2$ 是奇函数， $\therefore f(x)$ 关于点（1，2）中心对称。 证明方法二：公式法 $\because f(x)=-x^3+3x^2$ $\therefore f(1+x)+f(1-x)$ $=-(1+x)^3+3(1+x)^2$ $-(1-x)^3+3(1-x)^2$ $=-(1+3x+3x^2+x^3)+3(1+2x+x^2)$ $-(1-3x-3x^2-x^3)+3(1-2x+x^2)$ $=4$ $\therefore f(1+x)+f(1-x)=4$， $\therefore f(x)$ 关于点（1，2）中心对称。 猜想 2： 所有的三次函数都是中心对称的，并且 $f(x)$ 的对称中心落在 $f'(x)$ 的对称轴上。 对称中心为 $\left(-\dfrac{b}{3a},f(-\dfrac{b}{3a})\right)$。	虽然，学生从图形可以很直观地得出结论，但严谨的代数证明却考验着学生对对称性知识的掌握以及灵活变通转换问题的能力。因此，此时的分组讨论、互助合作就显得很有必要。 同时，对具体三次函数对称性的证明也为之后对一般可导函数对称性规律的证明提供了必要的知识基础。 单单从一个具体函数很难得到可靠的猜想，因此，通过对多个函数图象的分析，可以得到更有把握的猜想。

（续表）

教学主线	教学内容	学生活动	设计意图
探究导控		证明方法一：平移法 目标：证明 $f(x-\frac{b}{3a})-f(-\frac{b}{3a})$ 是奇函数。 $\because f(x)=ax^3+bx^2+cx+d$ $\therefore f(x-\frac{b}{3a})-f(-\frac{b}{3a})$ $=a(x-\frac{b}{3a})^3+b(x-\frac{b}{3a})^2+c(x-\frac{b}{3a})+d$ $-a(-\frac{b}{3a})^3-b(-\frac{b}{3a})^2-c(-\frac{b}{3a})-d$ $=ax^3+(c-\frac{b^2}{3a})x$ 易证 $f(x-\frac{b}{3a})-f(-\frac{b}{3a})$ 是奇函数， $\therefore f(x)$ 是中心对称函数，并且对称中心为 $\left(-\frac{b}{3a},f(-\frac{b}{3a})\right)$。 证明方法二：公式法 目标：证明 $f(-\frac{b}{3a}+x)+f(-\frac{b}{3a}-x)=2f(-\frac{b}{3a})$ $\because f(x)=ax^3+bx^2+cx+d$ $\therefore f(-\frac{b}{3a}+x)+f(-\frac{b}{3a}-x)$ $=a(-\frac{b}{3a}+x)^3+b(-\frac{b}{3a}+x)^2+c(-\frac{b}{3a}+x)+d$ $+a(-\frac{b}{3a}-x)^3+b(-\frac{b}{3a}-x)^2+c(-\frac{b}{3a}-x)+d$ $=2\left[a(-\frac{b}{3a})^3+b(-\frac{b}{3a})^2+c(-\frac{b}{3a})+d\right]$ $=2f(-\frac{b}{3a})$ $\therefore$ 所有的三次函数都是中心对称函数，并且对称中心为 $\left(-\frac{b}{3a},f(-\frac{b}{3a})\right)$。	在这一过程中，进一步加强学生读图的能力以及直观感知的能力。 在探究2中，猜想易得，分析不易，证明抽象。因此，数形结合能力好的学生与抽象思维能力强的学生可以互助合作，分享交流，从而在知识、能力上获得共同进步。

（续表）

<table>
<tr><th>教学主线</th><th>教学内容</th><th>学生活动</th><th>设计意图</th></tr>
<tr><td>探究导控</td><td>探究3：
若$f(x)$在定义域上可导，那么$f(x)$与$f'(x)$的图形在对称性方面有何关联？</td><td>（观看材料）
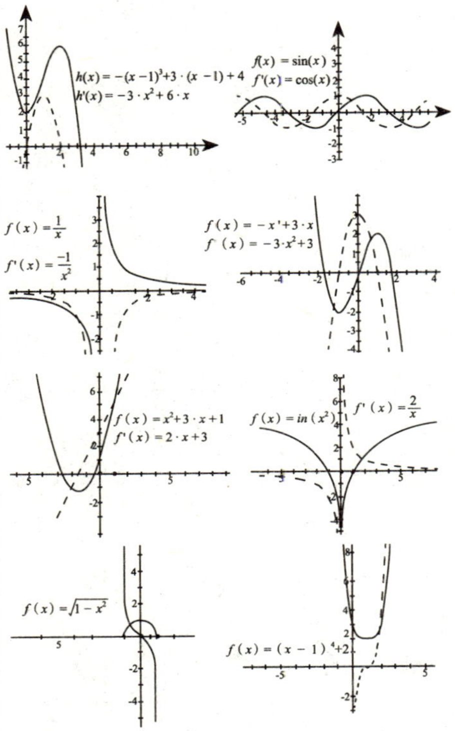

猜想3：
（1）若$f(x)$关于点(a, b)中心对称，则$f'(x)$关于直线$x=a$轴对称。

（2）若$f(x)$关于直线$x=a$轴对称，则$f'(x)$关于点(a, b)中心对称。

图形分析：
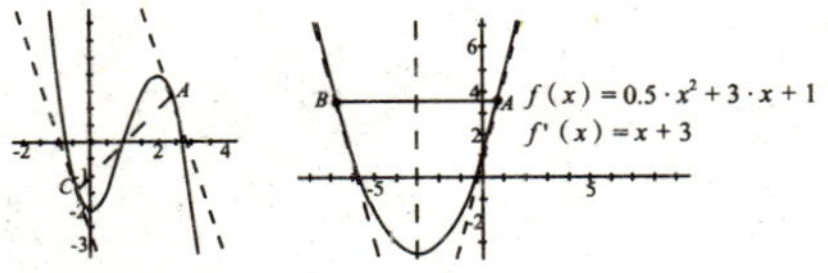

代数证明：</td><td></td></tr>
</table>

（续表）

教学主线	教学内容	学生活动	设计意图
探究导控	问：你能否从图形的角度来解释猜想？ 同时，用代数的方式来证明猜想。	猜想3（1）的证明： $\because f(x)$ 关于点 (a,b) 中心对称 $\therefore f(a+x)+f(a-x)=2b$ $\therefore f'(a+x)-f'(a-x)=0$ 即 $f'(a+x)=f'(a-x)$ $\therefore f'(x)$ 关于直线 $x=a$ 轴对称。 猜想3（2）的证明： $\because f(x)$ 关于直线 $x=a$ 轴对称 $\therefore f(a+x)=f(a-x)$ $\therefore f'(a+x)=-f'(a-x)$ 即 $f'(a+x)+f'(a-x)=0$ $\therefore f'(x)$ 关于点 $(a,0)$ 中心对称。	
评价延伸	问题1：一个物体做变加速直线运动，速度 v 与时间 t 满足：$v(t)=t\cdot(t-1)\cdot(t-m)$（其中，$m>1$）， 我们将加速度为零的时刻分别记为 t_1，t_2，若在 $[t_1,t_2]$ 中，总位移 s 为正数， 则 m 的取值范围为____。 问题2（开放式题目）：考古过程发现一个古花瓶，但瓶身被僵硬的泥土紧紧附着，无法得知它的形状，去泥土的过程很可能使花瓶破裂。请你设计一个研究方案，可以在不去泥的情况下，探知花瓶内部的大致形状？并判断它的形状是否有可能是中心对称的几何体？	$\because v(t)$ 在 $[t_1,t_2]$ 上的图形关于点 $\left(\left(\frac{1+m}{3},v(\frac{1+m}{3})\right)\right)$ 中心对称 $\because$ 在 $[t_1,t_2]$ 上的总位移为正数 $\therefore v(t)$ 的对称中心应在 t 轴上方。 即 $v(\frac{1+m}{3})>0$，可得 $1<m<2$。 参考答案： 往瓶里注水，通过几次测量水的体积 v 和相应的水面高度 h，在平面直角坐标系中进行描点 (h,v)，通过计算机来拟合函数 $v(h)$。 （1）$v'(h)$ 表示水面高度为 h 时，水的体积。 （2）若花瓶是中心对称的几何体，则 $v(h)$ 应是中心对称函数，$v'(h)$ 应是轴对称函数。	让学生体会探究的价值。 增强学生的应用意识。

（续表）

教学主线	教学内容	学生活动	设计意图
归纳拓展	三次函数的图形都是中心对称的，那么所有的三次函数是否都可以由某一类特殊的三次函数经过平移伸缩变化得到？ 函数性质还包括周期性。那么原函数的周期与导函数的周期会有怎样的联系呢？ 请同学们课后继续探索。	同教师一起归纳总结本节课的内容。	引导学生课后进一步探究。

六、点评

本节课属于导数知识的拓展课。对称性是一个重要的函数性质，高考中也常常出现有关对称性的题目。因此，本节课既着眼于提高学生的探究能力，也在一定程度上着力拓宽学生的数学知识、素养以及几何直观能力。

本节课让学生经历发现问题、提出问题、制订解决方案、分析论证、拓展延伸等科学探究的学习过程和方法，渗透化归、特殊到一般的思想，提高学生的思辨论证能力，通过引导学生积极参与探究原函数与导函数在对称性方面的联系，调动学生学习数学的积极性，引导学生学会判断三次函数的对称中心，让学生体验数学活动中的探索与创造，让学生感受数学的严谨性以及数学结论的确定性，使学生形成实事求是的态度以及质疑和思考的习惯。本节课改变了教师唱“独角戏”的课堂教学，让探究进入课堂，使课堂充满生机，进一步培养了学生的创新能力。

案例3　几种不同增长类型的函数模型

福建省福州高级中学　陈锦平

一、使用年级

高一学生。

二、教学课时

2课时。

三、教学目标

1. 知识与能力目标

（1）学生通过填写数据表格和画函数图象，对几种常见的函数的增长状况进行比较，初步体会它们的增长差异性。

（2）通过实例体会直线上升、指数爆炸、对数增长等不同增长类型的函数模型的意义，理解它们的增长差异性。

2. 过程与方法目标

（1）利用信息技术探索几种常见增长类型的函数。

（2）体会由实际问题抽象为函数模型这一过程中蕴涵的符号化、模型化思想。

3. 情感态度与价值观目标

体验函数是描述宏观世界变化规律的基本数学模型，体验一次函数、二次函数、指数函数、对数函数等函数与现实世界的密切联系。

四、教学重点、难点

1. 教学重点

将实际问题转化为函数模型，比较一次函数、指数函数、对数函数模型的增长差异，结合实例体会直线上升、指数爆炸、对数增长等不同函数类型增长的含义。

2. 教学难点

怎样选择数学模型分析、解决实际问题。

五、教具

多媒体、计算器、实物投影。

六、教学过程

（一）创设问题情境

（动漫演示）话说猪八戒西天取经后回到了高老庄，从高员外手里接下了高老庄集团，摇身变成了CEO，可好景不长，因资金周转不灵而陷入困境，急需大量资金投入，于是就找孙悟空帮忙，孙悟空一口答应："行！我每天投资100万元，连续一个月（30天），但是有一个条件：作为回报，从投资的第一天起你必须返还给我0.4元，第二天返还给我0.8元，第三天返还给我1.6元……即以后每天的回报比前一天翻一番。"猪八戒听了，心里打起了小算盘："第一天：支出0.4元，收入100万元；第二天：支出0.8元，收入100万元；第三天：支出1.6元，收入100万元……哇，发财了……"心里越想越美……再看看孙悟空的表情，心里又嘀咕了："这猴子老欺负我，会不会又在耍我？"

（通过动画演示，以趣引思，极大地引起了学生的学习兴趣）

孙悟空的投资和猪八戒返还情况可以分别用一次函数和指数函数这两个模型来描述。由此看来，函数是描述客观世界变化规律的基本数学模型，那么不同的变化规律需要用不同的函数模型来描述，今天我们要来学习几种不同增长类型的函数模型。

展示课题：几种不同增长类型的函数模型。

（二）提出问题

（投影）问题1：假设你有一笔资金用于投资，现有三种投资方案供你选择，这三种方案的回报如下。

方案一：每天回报40元。

方案二：第一天回报10元，以后每天比前一天多回报10元。

方案三：第一天回报0.4元，以后每天的回报比前一天翻一番。

请问，你会选择哪种投资方案？

（三）探究导控

学生分组探究。

探究1：选择哪种投资的关键是看什么？

探究 2：请同学们借助计算器计算并填写好数据表格，根据数据表格画好图象。

回报 y 元 / x 天	方案一	方案二	方案三
1	40	10	0.4
2	40	20	0.8
3	40	30	1.6
4	40	40	3.2
5	40	50	6.4
6	40	60	12.8
7	40	70	25.6
8	40	80	51.2
…	…	…	…
30	40	300	429496729

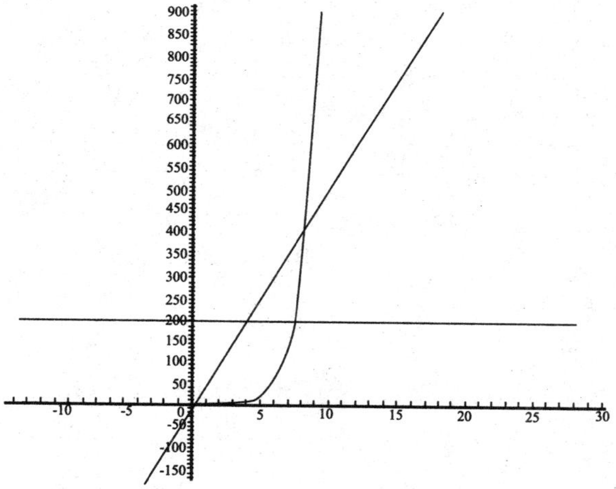

探究 3：三个方案所得的回报，第一天的关系如何？

探究 4：三种投资方案所对应的各是什么函数模型？

探究 5：比较三种方案 x 天内的回报总额的多少。

探究结果：在平面坐标系内作出以上三个函数的图象，由图象可得：

投资 8 天以下（不包括 8 天）应该选投资方案一；投资 8~10 天，应该选择投资方案二；投资 11 天以上（含 11 天），则应该选择投资方案三。

对比这三个方案我们看到，指数函数比线性函数的增长速度要快得多，是前面两个方案无法企及的。

问题 2：为了回报社会，将一部分利润 y 元用于资助贫困生，且 y 随着回报所得的利润 x 元的增加而增加，下面是部分资助数据：

利润 x 元	10	100	200	400	600	800	1000
资助 y 元	4	6.6051	7.298	7.991	8.397	8.685	8.908

根据上表数据，你认为我们已经学过的函数（$y=kx+b$，$y=ax^2+bx+c$，$y=ba^x$，$y=b\log_a x+c$）中哪个函数模型比较符合资助方案？

学生认为，通过描出散点图得出选择对数函数模型，借助计算机也可得出对数函数的模型。

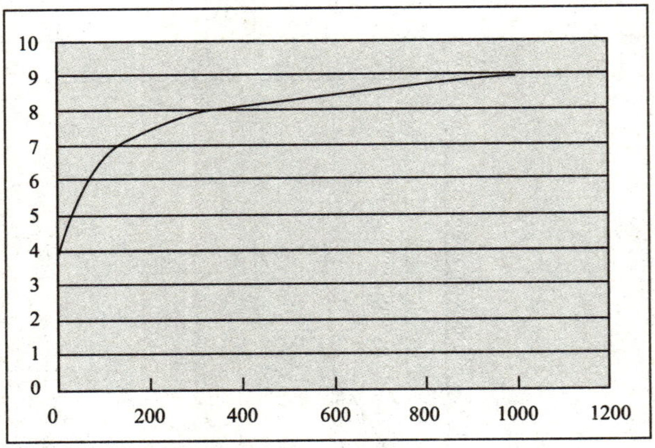

探究 1：同学们在描点过程中发现对数函数模型的增长情况有什么特点？

探究 2：从这两个实际例子中我们发现不同函数模型在实际问题中的应用，同时，我们体会到不同函数模型的增长情况是有差异的。其中尤其是指数函数越到后面增长速度越快，几乎要爆炸，因此有了“指数爆炸”的说法。

归纳：当我们面临一个实际问题时，要如何选择呢？

（1）选择变量，建立函数模型。

（2）利用数据表格或图象讨论模型。

（3）利用信息技术模拟函数模型。

（4）确定模型，下结论。

（四）评价延伸

通过练习进一步体会三种不同增长模式的函数模型的增长差异及其实际应用。

问题3：四个变量 y_1，y_2，y_3，y_4 随变量 x 变化的数据如下表：

x	0	5	10	15	20	25	30
y_1	5	130	505	1130	2005	3130	4505
y_2	5	94.478	1758.2	33733	6.37×10^5	1.2×10^7	2.28×10^9
y_3	5	30	55	80	105	130	155
y_4	5	2.3107	1.4295	1.1407	1.0461	1.0151	1.005

关于 x 呈指数型函数变化的变量是＿＿＿＿＿＿。

问题4：某种计算机病毒是通过电子邮件进行传播的，如果计算机感染上这种病毒，那么每轮病毒发作时，这台计算机都可能感染其他没被感染的20台计算机，现有10台计算机在第一轮病毒发作时被感染，则在第5轮病毒发作时可能有多少台计算机被感染？

（五）归纳拓展

培养学生对数学学科的认识能力，引导学生体会数学的应用美。

师：这一节课我们学习了什么？

生：这节课我们主要通过对实际问题的探究体会到直线上升、指数爆炸、对数增长等不同函数类型的增长情况，进一步认识到数学的实用价值。

师：面对实际问题要善于选择变量，建立函数模型，学会观察数据表格，借助函数图象（或信息技术）来讨论模型，从而更好地解决实际问题。

七、点评

本节课将函数作为描述客观世界变化规律的重要数学模型来学习，结合实际问题，让学生感受运用函数概念建立模型的过程与方法，利用信息技术探索和了解一次函数、指数函数和对数函数的变化规律和性质，强调直线上升、指数爆炸、对数增长等不同增长类型的函数模型意义，使学生在初步体会它们的增长差异的同时，深切感受到神奇的指数效应。

教师利用问题教学法设计系列问题，把计算机和计算器作为研究问题的必要工具，改变了教师的教学方式和学生的学习方式，促使学生主动积极地思考，发展了学生的数学应用意识，使学生学会从实际问题中抽象出数学模型，学会探索和归纳数学规律，培养创新意识。

在将实际问题转化为函数模型，探究一次函数、指数函数、对数函数模型的增长差异，结合实例体会直线上升、指数爆炸、对数增长等不同函数类型的增长模式的过程中，教师应顺应学生的思维，并提供充足的探究时间，保证探究活动的充分开展。教师在放手的同时对于整节课的学习流程以及问题的设置精心准备，做到循序渐进、层层深入、逐步提高，如学生在探究指数爆炸问题时遇到困难，教师应给出恰当的提示或引导。当学生进行多次探索后仍有困难时，教师再次给出恰当的提示或暗示，同时也对学生的探究学习予以支持，营造了一个轻松的学习环境，直到问题得到解决。在学生的自主探究完成后，教师适时根据学生在学习过程中出现的问题及时点评、总结，帮助学生进一步提升。教师对例题的讲解应侧重解题的思路，这样学生遇到新问题时不会束手无策。探究课的形式不是单一的，探究课的教学模式也不是固定的，在教学过程中教师要具备根据不同的教学内容采用不同的教学方法的能力，以迅速达成教学目标。

第九章

三角函数

本部分内容选择了适合学生探究的3个主题，引导教师以问题为导向设计教学情境，促使学生去思考问题、发现问题，让学生在活动中学习，提倡学生动手实践、自主探索、合作交流。本课题旨在改变教师以往缺少让学生自主设计测量方案的环节的做法，适当增加相关的探究内容，引导教师从知识的传授者向课堂的设计者、组织者、引导者、合作者转化，从课堂的执行者向实施者、探究开发者转化。

探究主题

1. 正弦定理。
2. 余弦定理。
3. 解斜三角形应用举例。

主题论证

在三角函数的教学中，教师应适时以问题为导向设计教学情境，促使学生去思考问题、发现问题，让学生在活动中学习，在主动中发展，在合作中增知，在探究中创新。教师应引导启发学生从不同角度进行定理的证明，培养学生解决问题的能力，增强学生的学习兴趣，培养学生的推理能力。让学生亲身经历三角函数中一些公式的产生过程，能够很好地帮助他们理解和运用三角函数。

同时，由于应用数学知识的意识不强，学生创造力较弱，看待与分析问题不够深入，知识的系统性不完善，在正弦定理、余弦定理推导方法的探求上有一定的困难，发掘出正弦定理、余弦定理的结构特征、表现形式的数学美能够激发学生热爱数学的思想感情。

本课题提倡学生动手实践、自主探索、合作交流，引导学生体验数学发现的历程，思考现实世界中蕴含的一些三角函数模式。同时，教师要从知识的传授者向课堂的设计者、组织者、引导者、合作者转化，从课堂的执行者向实施者、探究开发者转化。

以往的教材在三角函数的应用的内容设置上，往往给出需测数据，学生要做的只是解应用题而已，缺少了自主设计测量方案的环节，这样学生学到的东西是单薄而枯燥的，新教材在这方面有所改变，适合进行探究式教学。

经典案例

案例1　正弦定理

北京师范大学珠海分校附属高级中学　王术江

一、使用教材

人教版高中数学教材必修5。

二、教学课时

1课时。

三、教学目标

本节内容是在学习了三角函数、三角恒等变换及向量等有关知识之后，研究三角知识在实际生活中的应用内容，因而学生具有一定的知识基础和方法基础。高中学生有一定的观察分析、解决问题的能力。根据以上特点，教师要恰当创设教学情境，引导学生提出问题、分析问题、解决问题。

知识与技能目标。了解正弦定理的产生背景，理解正弦定理的证明过程，掌握正弦定理，并能应用其解决某些简单问题。

过程与方法目标。在发现正弦定理的过程中，增强协作能力和交流能力，提高自主学习的能力及与他人合作的意识。

情感、态度与价值观目标。亲身体验数学规律的发现过程，培养勇于探索、善于发现、不畏艰辛的品质，激发学习数学的兴趣。

四、教学重点和难点

1. 教学重点

正弦定理的发现与证明；正弦定理的简单应用。

2. 教学难点

正弦定理的发现。

五、设计思想

本节课采用探究式课堂教学模式，分为三个层次：第一层次，教师引导学生探索实际问题，并大胆提出猜想；第二层次，由猜想入手，通过多种方法证明猜想的正确性，并得到三角形面积公式；第三层次，进行简单的应用。创设良好的教学情境，以学生独立自主探究和合作交流为前提，以问题为导向设计教学情境，以“正弦定理的发现和证明”为基本探究内容，为学生提供充分的自由表达、质疑、探究、讨论问题的机会，让学生通过个人、小组、集体等多种解难释疑的尝试活动逐步培养探索问题、发现问题、解决问题的能力和创造性思维的能力。

六、教学过程

环节	过程	简析
提出问题	教师以拿破仑带领军人过河的问题开始：“据说拿破仑的大军在前进过程中被一条大河阻挡（如图1），要想更有效地打击对岸的敌人，拿破仑进行了认真的筹划，但必须掌握河水的宽度，由于敌人驻守在河的对岸，无法过河进行测量，请同学研究一下，能不能帮拿破仑测量出河水的宽度 AB？ 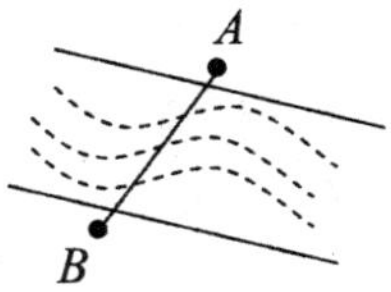 图 1	以名人的故事开头引起学生的兴趣，同时渗透数学问题，是来源于社会实践的意识。

（续表）

<table>
<tr><th>环节</th><th>过程</th><th>简析</th></tr>
<tr><td>探究交流</td><td>学生六人一组进行讨论，研究。学生兴致很高，一段时间后有了自己的想法，教师让他们选出代表到讲台上与大家交流、分享他们的成果。开始他们提出的想法虽能解决问题，也很易于操作，但无法提炼推广，经过同学之间的辩论、修改，形成了比较成熟的解决这一类问题的一般方法。过程大致如下。
甲同学：如图 2，AB 为要求的距离，只须再找一点 C，使 $AB \perp BC$，我们可测得 BC 的距离及 $\angle ACB$，则可根据 $AB=BC\tan\angle ACB$，从而可以求得。
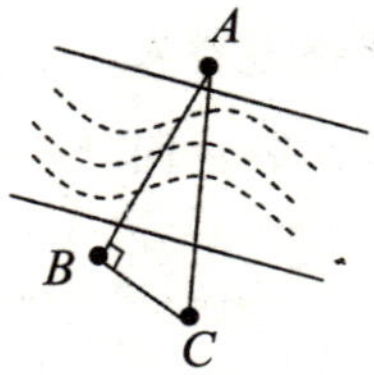

图 2
乙同学：如图 3，方法与甲类似，也是找一点 C，不同的是使 $AC \perp BC$，我们可测得 BC 的距离及 $\angle ABC$，则可根据 $AB=\dfrac{BC}{\cos\angle ABC}$，从而可以求得。
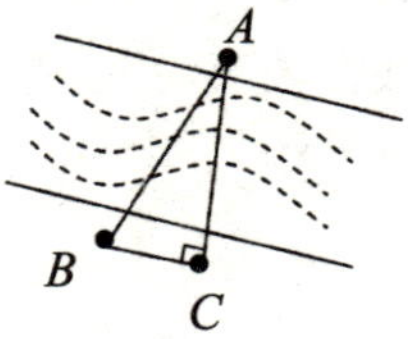

图 3</td><td>学生通过分组讨论解决实际问题，提高了合作意识、与他人交流的能力，同时增强了数学应用意识。

甲同学与乙同学的方法就解决这个问题而言很好，但是不能推广。</td></tr>
</table>

（续表）

环节	过程	简析
探究交流	教师适时对甲同学、乙同学提出的方法进行鼓励性的点评，正当教师要引导学生考虑这两种方法的不足之处时，丙同学提出新的问题来“难为”前面的两位同学：“这两个方法虽好，只是还有不足的地方，假如河的两岸都是山地，高低起伏的，无法找到符合条件的 C 点，你们的方法就不行啦。”接着他提出自己的想法：“如图 4，将上述两种方法结合起来。在河岸上任找一个点 D，并且 BD 的距离可以测量，假设有一点 C 使 $AC\perp BC$ 于点 C，$\angle ABD$ 与 $\angle ADB$ 都可以测量， 则 $AB=\dfrac{AC}{\sin\angle ABD}=\dfrac{\dfrac{CD}{\cot\angle ADB}}{\sin\angle ABD}$，从而可以求 AB。” 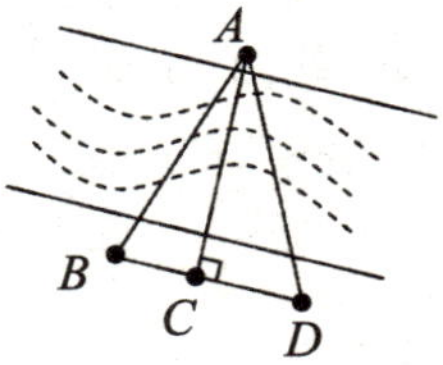 图 4 当时就有学生反驳：“你不是说点 C 找不到吗，怎么测量 CD 的长度？如果点 C 能找到，那么我们就不用这么做啦！” 其他学生也随声附和。 一时间课堂静了下来，大家都在思考解决问题的方案。 过了一会儿，只听有学生说：“也许可以换个方向作高试试。”声音并不大，却引起了大家的注意。教师示意他到前面来说明。他来到讲台上，说了自己的想法： 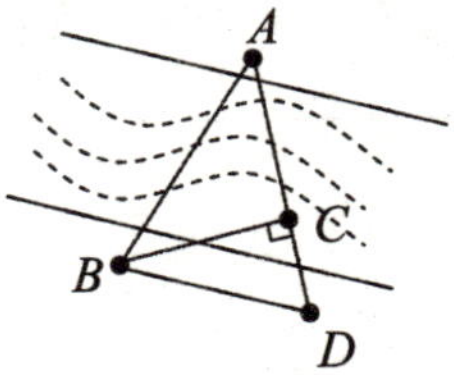 图 5 D 还是那个 D 点，作 $BC\perp AD$ 于点 C，由于 $BC=BD\sin\angle BDA$，又有 $BC=AB\sin\angle A$，从而 $BD\sin\angle BDA=AB\sin\angle A$，即 $AB=\dfrac{BD\sin\angle BDA}{\sin\angle A}$ 而 $\angle A$ 可以根据三角形内角之和得到。 其他学生叫好。 教师点评：这个方法虽涉及点 C，但结果却与点 C 无关，是可以实施且有效的方法。	丙同学看出了问题所在，只是他还没想好解决的办法，其实能提出问题是很可贵的。

（续表）

环节	过程	简析
提炼总结	教师总结：在上面的问题解决过程中，我们得到 $AB=\frac{BD\sin\angle BDA}{\sin\angle A}$，可以变形为 $\frac{AB}{\sin\angle BDA}=\frac{BD}{\sin\angle A}$，其中 AB 为 $\angle D$ 的对边；同样其中 BD 也为 $\angle A$ 的对边，我们把这条性质称为正弦定理：在一个三角形中，各边和它所对角的正弦的比相等，即 $\frac{a}{\sin A}=\frac{b}{\sin B}=\frac{c}{\sin C}$ 教师提问：整理上面的过程，可作为定理的一种证明方法，同学们试一试还有其他的证明方法吗？ 学生可能想到的证明方法有三角形外接圆的方法、向量法、三角形的面积法等。 从学生的方法中除得到正弦定理的证明外，还有 $\frac{a}{\sin A}=\frac{b}{\sin B}=\frac{c}{\sin C}=2R$ 及 $S=\frac{1}{2}ab\sin C$。	有时，我们并不是为了解决某个问题，而是为了从解决这个问题的过程中得到一般的、可以迁徙到其他问题中的方法、思想。 这一问主要是为了加强知识间的横向联系，拓宽学生的视野，提高学生思维的广阔性及创造性。
应用举例	例 1　在△ABC 中，已知 $\angle A=30°$，$\angle B=45°$，$a=6cm$，解三角形。 此题的目的是让学生进一步熟悉正弦定理，因此，此题由学生独立完成。 例 2　在△ABC 中，已知 $a=2\sqrt{2}$，$b=2\sqrt{3}$，$\angle A=45°$，解三角形。 例 2 由学生分组讨论完成，并作出三角形图形说明，目的是让学生掌握分类讨论的数学思想，可先让一些学生讲解解题思路，其他学生补充交流。	

七、点评

学生在不知正弦定理内容和证明方法的前提下，在教师预设的思路中积极主动地参与一个个相关的探究活动过程，通过“观察——交流——讨论——证明”的数学思想方法发现并证明定理，经历了知识的形成过程，感受到创新的快乐，激发了学习数学的兴趣。教师以问题为导向设计教学情境，促使学生去思考问题、发现问题，让学生在“活动”中学习，在“主动”中发展，在“合作”中增知，在“探究”中创新。本节课是一堂值得推广的课。

案例2　余弦定理

北京师范大学珠海分校附属高级中学　王鹏明

一、适用教材

人教版高中数学必修5。

二、教学课时

1课时。

三、教学目标

（1）知识与能力目标。学生能够初步掌握余弦定理及其证明方法，了解余弦定理常用的几种形式，会用余弦定理解决一些实际问题。

（2）过程与方法目标。学生通过观察、推导、比较完成对三角形边角具体量化关系的探索，独立完成或小组合作完成余弦定理的证明，进而用余弦定理解决一些简单的三角形问题。

（3）情感态度与价值观目标。学生通过余弦定理的证明过程养成实事求是、扎实严谨的科学态度，并学习用数学思维解决问题。

四、教学重点和难点

1. 教学重点

余弦定理的发现过程及余弦定理的几种证明方法。

2. 教学难点

用向量推导余弦定理及应用余弦定理解三角形。

五、教学方法、教具

1. 设计思想

在新课教学中，当我们所要推导的公式和定理需要的方法不唯一、已知条件与所要解决的问题之间存在的关联较少时，选用探究教学法是一个较好的办法，这种教学方法更具有开放性，同时也能引导学生进行更深入的思考。通过解决这类问题，学生能感受到数学的研究方法，进而使得课堂上的数学探究更具有普遍性。

2. 教学策略

本节课是在学生学习过三角函数、平面几何、向量基本知识和正弦定理的基础上进行的，学生对于三角形中的边角关系有了进一步的认识，因此教师在本节课中所采用的教学策略为：通过创设问题情境引发学生思考，使学生能主动参与课堂活动，并且在学生不能用正弦定理求解时引导学生进行“发现型探究”，将问题推广，让学生在尝试探索中不断发现问题、解决问题，从而引入余弦定理及其证明过程，并进行一些简单的实际应用。

3. 教学方法

发现型探究。

4. 教具

背投、三角板。

六、教学过程

教学环节	教学过程	设计意图与评述
知识回顾	1. 三角形正弦定理的内容是什么？ $\frac{a}{\sin A}=\frac{b}{\sin B}=\frac{c}{\sin C}=2R$ 2. 正弦定理用于解决哪类三角形问题？ （1）已知两角和一边，求另一个角和另两条边。 （2）已知两条边和一条边所对的角，求另一条边和另两个角。	上课伊始，教师通过复习旧知识，让学生为学习新知识做好铺垫。主要目的是回顾正弦定理及应用正弦定理解三角形的类型，让学生将思维转入三角形的边角量化关系上，为余弦定理的引入和证明做好铺垫。 学生们因为对正弦定理掌握得较为扎实，因此本环节进行得较顺利，学生的学习热情也被调动了起来。

（续表）

教学环节	教学过程	设计意图与评述
实践探究	3. 引例：在△ ABC 中，$a=2$，$b=3$，$\angle C=60^{\circ}$，第三边 c 能否确定，请说明理由？若能，求出它的第三边？ 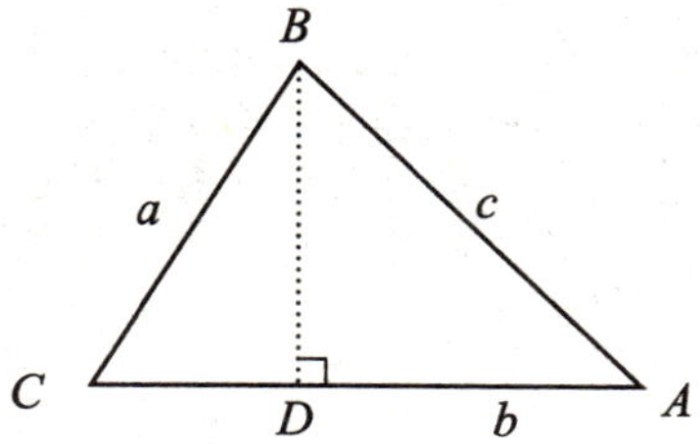 解法 1：作 b 边上的高 BD，过点 B 作 $BD\perp AC$，垂足为 D（如图）。 在 Rt△BDC 中，$BD=a\sin C$， $CD=a\cos C$ 在 Rt△ADB 中， $c^2=AB^2=BD^2+AD^2$ $=BD^2+(AC-CD)^2$ $=(a\sin C)^2+(b-a\cos C)^2$ $=a^2+b^2-2ab\cos C$ $\therefore c=\sqrt{7}$ 解法 2：方法同上，但辅助线是由 A 点向 BC 作高。	这个环节主要是为了创设学习情境，激发学生的学习兴趣，同时引发学生的思考。 此题是解三角形的一类问题，课堂上大部分同学首选正弦定理来求解，但是都遇到了困难。 此环节应该说是本节课的最重要的一个环节，由于大部分学生应用数学知识的意识不强，创造力较弱，分析问题不深入，知识的系统性不完善，在余弦定理推导方法的探求上有一定的难度，因此需要教师的引导和鼓励，进而进行发现、探究，得到余弦定理，体会三角形的边角关系。 解法 1 是学生在实际解题过程中提出来的，说明学生对三角形的边角关系有了进一步的思考，在给出完整解法后教师提出如下问题： （1）若 $b=2,c=3,\angle A=60^{\circ}$，则 $a=$？ （2）若 $a=2,b=3,\angle C=120^{\circ}$，则 $c=$？ （3）你能否发现规律并进行总结？ 学生们七嘴八舌，很快就推导出了余弦定理，并对余弦定理的三种形式都进行了归纳。

（续表）

教学环节	教学过程	设计意图与评述
实践探究	解法 3：向量方法。 $\overrightarrow{BA}=\overrightarrow{BC}+\overrightarrow{CA}$， 则$\lvert\overrightarrow{BA}\rvert^2=(\overrightarrow{BC}+\overrightarrow{CA})^2$，展开得： $\lvert\overrightarrow{BA}\rvert^2=\lvert\overrightarrow{BC}\rvert^2+\lvert\overrightarrow{CA}\rvert^2-2\lvert\overrightarrow{BC}\rvert\lvert\overrightarrow{CA}\rvert cosC$ 解得$\lvert\overrightarrow{BA}\rvert=\sqrt{7}$，即 $c=\sqrt{7}$ 解法 4：坐标法。 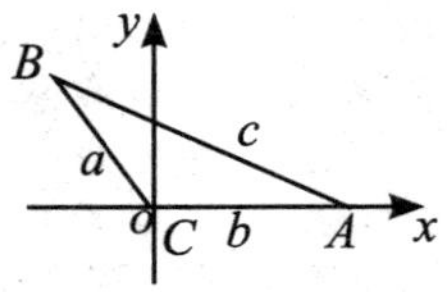 把$\angle C$的顶点与原点重合，把一条已知的边与 x 轴的非负半轴重合（如上图），不妨把 AC 边与 x 轴非负半轴重合，根据任意角三角函数的定义易知 $A(b,0)$，$B(a\cos C,a\sin C)$ 两点的坐标。利用两点的距离公式 $AB=\sqrt{(b-a\cos C)^2+(0-a\sin C)^2}$ 整理得： $c^2=a^2+b^2-2ab\cos C$ $\therefore c=\sqrt{7}$	在完成了余弦定理的推导后，教师趁热打铁，提出如下问题：对余弦定理的推导还有其他的方法吗? 学生沉默了，都在静静地思考，思考一段时间后，有的学生提出了用向量法，也有的学生提出了能否把三角形放入到直角坐标系里。经过教师与学生的共同努力，最终得出了解法 3 和解法 4。 解法 3 中，部分学生对向量知识遗忘；在利用数量积时，角度出现错误，同时出现不同的表示形式，教师让学生从错误中发现问题，巩固向量知识，明确了向量的工具作用。 解法 4 由于计算量较大，又需要分类讨论，因此，教师在课堂上并未给出求解过程，只简单讲了一下思路。 最后教师让学生对方法 1 和方法 3 进行比较，会发现方法 3 的证明方法避免了分类讨论，更为简洁。

（续表）

教学环节	教学过程	设计意图与评述
形成概念	4. 余弦定理：$a^2=b^2+c^2-2bc\cos A$ （选择其他的边和角，则给出了余弦定理的其余两种形式） $b^2=a^2+c^2-2ac\cos B$ $c^2=a^2+b^2-2ab\cos C$ （1）通过观察，你发现余弦定理有什么结构特征？ （关于三角形三条边的齐二次的等式，每个等式都有四个量，知三求一） （2）余弦定理的变式： $\cos C=\dfrac{a^2+b^2-c^2}{2ab}$， $\cos A=\dfrac{b^2+c^2-a^2}{2bc}$， $\cos B=\dfrac{a^2+c^2-b^2}{2ac}$（已知三边就可以求三个角） （3）余弦定理可解决哪些类型的三角形问题？ ①已知三角形的三条边长，可求出三个内角。 ②已知三角形的两边及夹角，可求出第三边。 ③已知三角形两边及其一边对角，可求其他的角和第三条边。	余弦定理是解三角形的重要依据，本设计环节的目的是让学生对归纳得到的定理进行分析，充分理解余弦定理的特征、结构，掌握余弦定理的三种形式及其变式，归纳余弦定理可解决的三种类型问题，并对余弦定理和勾股定理进行比较，了解勾股定理是余弦定理的一种特殊形式。 经过前面的发现型探究，学生对余弦定理和余弦定理的三种变式理解得很深刻，对余弦定理可解决哪些类型的三角形问题进行了归纳，在数学活动中进行了真正的思考。
应用知识	例 1　在△ ABC 中，已知 $b=60\text{cm}$，$c=34\text{cm}$，$\angle A=41°$，求解三角形。（角度精确到 1°，边长精确到 1cm） 例 2　在△ ABC 中，已知 $a=134.6\text{cm}$，$b=87.8\text{cm}$，$c=161.7\text{cm}$，解三角形。（角度精确到 1′）	学生应用数学知识求解问题，同时，巩固正弦定理、余弦定理知识，发现两种知识在解三角形中的综合应用。
练习检测	练习。在△ ABC 中，$b=\sqrt{3}$，$c=1$，$\angle B=60°$，求 a。	学生通过练习巩固所学知识，逐步形成良好的知识结构，加强数学知识应用能力的培养。
课堂小结	1. 正弦、余弦定理各能解决哪些类型问题？各有什么优缺点？ 2. 从本课中你学到了哪些知识和方法？	通过知识回顾，使学生各自体会收获。

七、点评

本课是在学生学习了三角函数平面向量、平面几何、正弦定理的基础上设置的教学内容。教师从平面几何法——向量法——解析法，层层递进，环环相扣，让学生从不同角度去认识余弦定理，使学生对求边长的方法也有深入的了解，有利于学生扩展思维，使学生充分了解数学知识的发生、发展过程以及探究问题的方法。

在本节定理教学课中，教师把重点放在定理的发现与证明上，符合新课标的"重视过程与方法"的理念，克服了传统教学只注重结论的倾向。首先，通过实际问题引入，引发学生的认知冲突，让学生在课堂上进行探究式学习，鼓励学生展示自己的成果，突出了定理的发现过程，使学生感受到创新的快乐，激发学生学习数学的兴趣，同时让学生体验了"观察——实验——归纳——猜想——证明"的数学思想方法，经历了知识形成的过程。其次，在证明余弦定理的过程中，师生运用各种证明方法，体现了"在已有知识体系的基础上去建构新的知识体系"的理念，加强了知识间的联系，培养了思维的灵活性。定理证明的方法 1、方法 3 渗透了分类、转化的数学思想，但是本节课的教学内容偏多，教师在时间分配上要有规划，突出重点，删繁就简。总之，本节课有效地采用了探究式教学，教学过程流畅，有效达成了教学目标。

同时，教师在"发现性探究"教学中应注意以下几个问题。

（1）对于探究的问题不宜过难，也不宜过于简单，过难则学生的知识水平达不到，学生易产生畏难情绪，达不到应有的效果，过于简单则探究流于形式，浪费时间。

（2）在探究课的课堂中，会出现个别基础较好的学生进行探究、其他学生作"看客"，这需要教师做好引导、鼓励，适当搭建一些台阶，使得每个学生都能积极参与，有所收获。

（3）对于探究问题应做到精心选择，应多对课本中的问题进行筛选、改造。

（4）实施探究教学之初，学生的学习效率可能较低，知识的学习可能会因为某种原因或者某个环节完不成，或者在一节课内掌握不到大量系统的知识和必要的技能，但当学生养成探究的习惯时，学生的学习主动性会大幅提高。

案例3　解斜三角形应用举例（1）

北京师范大学珠海分校附属高级中学　冯跃辉

一、适用教材

人教版高中数学教材必修五。

二、教学课时

1课时。

三、教学目标

1. 知识与技能目标。进一步巩固正弦定理和余弦定理，深入体会在各种条件下解斜三角形的方法，能够解决实际中的一些测量问题。

2. 过程与方法目标。通过对各测量问题的探究、讨论，体会数学建模的一般思路。

3. 情感态度和价值观目标。在探究、解决一个个挑战的过程中，体会到成功的快乐，感受到数学的魅力。

四、重点和难点

1. 教学重点

正弦定理、余弦定理在实际测量中的应用。

2. 教学难点

自行设计方案解决测量问题。

五、教具、教学方法

1. 教具

多媒体设备、自制简易经纬仪、卷尺。

2. 教学方法

本节课属正、余弦定理的实际应用，在之前的学习中，学生已经较熟练地掌握了斜三角形的解法，本节课的任务主要在于探究解斜三角形在测量问题中的运用。以往的教材多给出了需测数据，学生要做的只是解应用题而已，缺少自主的设计测量方案的环节，这样学到的东西是单薄而枯燥的，新教材在这方面有所改变，尤其适合进行探究式教学，从目的上看，本节课内容兼具“应用型探究学习”和“训练型探究学习”的特点，为此教师设计了如下教学方案。

（1）分组讨论、交流，合作探究。一个人闭门造车式的探究往往是狭隘的、肤浅的，在交流讨论中，不清晰的思路因表达而清晰，有缺陷的想法因交流而完善，肤浅的认识因争论而深入，思想的碰撞得以产生有价值的成果，因而，教师采用了分组讨论、交流，合作探究的方式组织教学。

（2）任务驱动式教学模式。城市学生大多对网络游戏非常熟悉而且比较喜欢，因而教师将教材上的例题以及课堂组织中的复习引入等环节改造成军事游戏，以游戏关卡的形式层层深入发布探究任务，引导学生在完成任务的过程中深入理解解三角形的有关知识，提高应用能力，感受数学的魅力。

六、教学过程

（一）准备

（1）提前一周将学生分好组，并让学生分组动手，通过给量角器加装指针的方式自制简易经纬仪。

（2）布置实习作业。让学生利用课余时间分小组利用卷尺和自制的简易经纬仪测量校园中某些标志之间的距离和连线间的夹角。布置甲、乙两类问题。甲：①可以到达且中间无障碍的两点间的距离（如甲②图中的 A、B）；②从所处位置能看到的两点间连线的夹角（如甲②图中 $\angle A$）。乙：①中间有障碍的两点间的距离（如乙①图中 A、B）；②从所处位置至少有一点看不到的两点间连线的夹角（如乙②图中 $\angle B$）。对于乙类问题只需判断出不可直接测量即可。

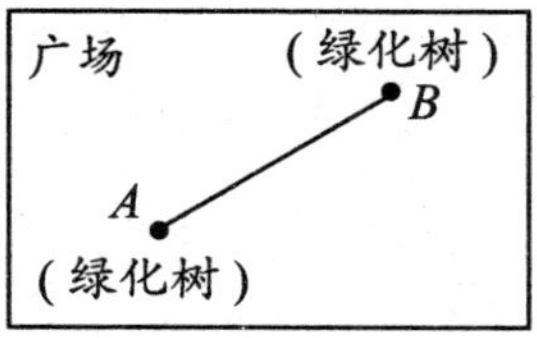

甲①图

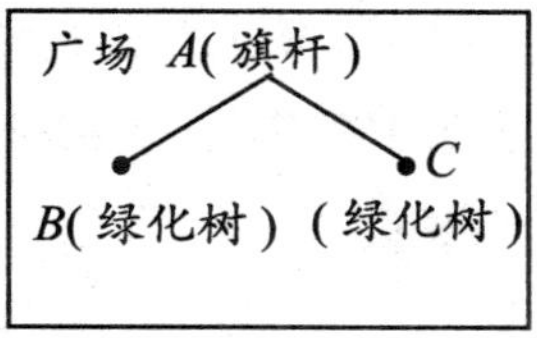

甲②图

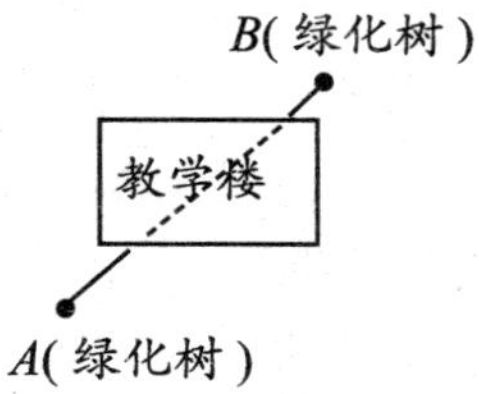

乙①图

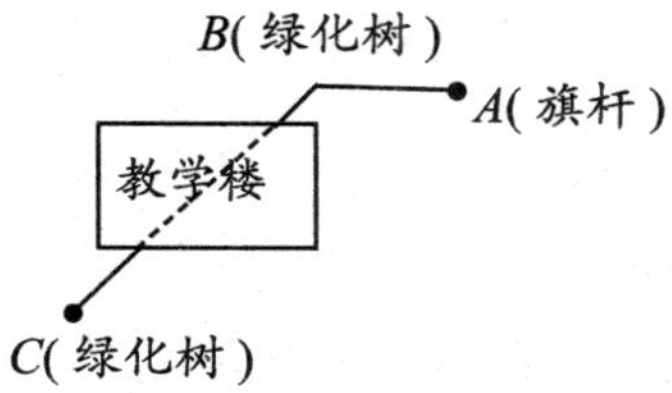

乙②图

设计意图：以前教师也曾尝试过让学生设计测量方案，从当时情况看，学生不了解经纬仪是如何工作的，因而对种种不可测的角不理解，直接影响了探究的深入。因而此次教师设计了这个准备环节，让学生对怎样的角度和距离可以直接测量有一个直观的体会，同时让学生亲身体会到并非所有的距离和角度都能直接测量，产生认知冲突，产生解决问题的欲望，为本节课的实施做好准备。

学生兴趣很浓，教师周末布置任务后，各组学生都在家做好了简易经纬仪，不少学生特意提早返校，急不可耐地用自己设计的工具开始测量。有学生很自豪地拿着自己做的经纬仪向教师炫耀："老师，你看我做得多漂亮！"有学生很快就发现布置的测量任务中有些距离、角度没法直接测量，交流彼此的解决之道，也有学生通过预习提出了用三角形解决问题的思考方向。

（3）在正弦定理和余弦定理的教学中，要引导学生明确，要解斜三角形，其三条边和三个角中一般至少需要知道三个条件并且至少有一条边。

（二）新课实施

数学往往产生于实际，比如战争中火炮的使用就离不开距离和角度的测量，因而教师从火炮入手引入本节课，对各测量问题设置战争背景，增强学生解决问题的动机。

同学们，在近代战争史中，你知道哪一种武器被称作"战争之神"吗？

不错，是火炮！作为炮兵，要想让火炮能准确击中目标，发挥"战争之神"的威力，你必须为它提供准确的距离、方位、角度等参数。今天我们就来玩个闯关游戏《炮兵大冲关》，游戏中有各种各样的任务等待你们解决，让我们看看哪些小组能让火炮“长上眼睛”，发挥威力吧！ Let's Go!

第一关，新兵选拔。

教官：菜鸟们，要想成为一个合格的炮兵，数学知识是必不可少的，让我看看你们有多少斤两吧！（教官的话和形象均以动画显示，以下同）

如图 1：设△ ABC 三边分别为 a、b、c。

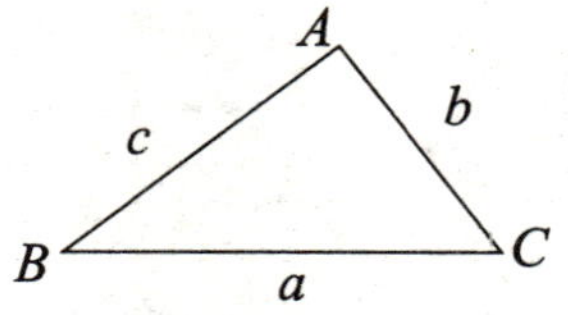

图 1

（1）正弦定理：_______ = _______ = _______。

（2）余弦定理：a = ____________________。

$\cos A$ = __________________。

（3）要想确定一个三角形，在其三条边和三个角中，需要知道______个条件，其中至少有一个是_____。

教官：还有些料！看来你们有资格成为炮兵，以后可以称你们为列兵了。

设计意图：复习有关基础知识。

学生基本上能顺利通过此关。大家对这种玩游戏学知识的形式感觉都非常新奇，也有学生开始跑题，有学生问“列兵”是什么意思，旁边有同学取笑并解释，教师顺势让一名学生简单介绍了一下军衔制度。

第二关，新兵训练。

教官：新兵们，要想火炮能准确击中目标，你得熟悉让火炮长上眼睛的一些工具：卷尺——测量距离；经纬仪——测量角度。不过可不是所有的距离和角度都是可以用你们手里的工具直接测量的。卷尺用于测量中间无障碍且可以到达的两点间的距离；经纬仪用于测量可见两点与经纬仪连线的夹角。那么新手们，如图 2 所示，如果你可以在河流左岸自由活动，你们谁能告诉我：∠A、∠B、∠C 和 AB、BC、CA 中可以测量的有哪些？

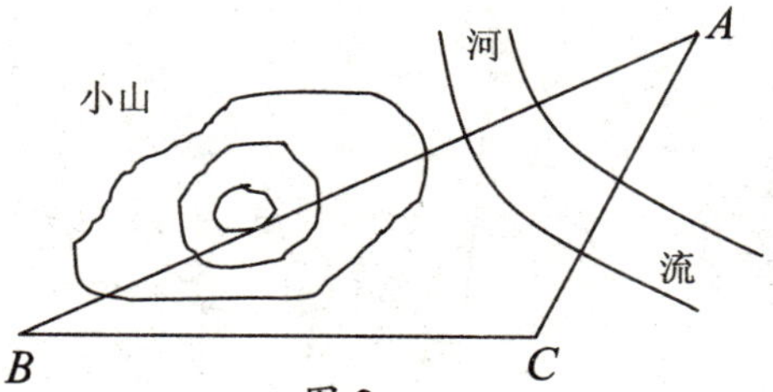

图 2

教官：看来，你们已经知道怎样运用手中的工具了。那么，我们来进行一次演习吧。

设计意图：引导学生理解实际问题中各种不能直接测量的限制是如何产生的。

学生由于在准备阶段的实习作业中有了切身的体会，基本能准确判断哪些可测哪些不可测，能用自己的语言总结究竟怎样的距离和角度可测。

如图 3，我方的炮兵阵地在 A 处，如果大量敌人冲到 B 处的话，为了向在山顶的步兵提供火力支援，就需要炮火覆盖 B 处，为此需要知道 A、B 间的距离。趁着敌人还没有到来，赶快想办法用你手中的卷尺和经纬仪测出 A、B 间的距离吧！

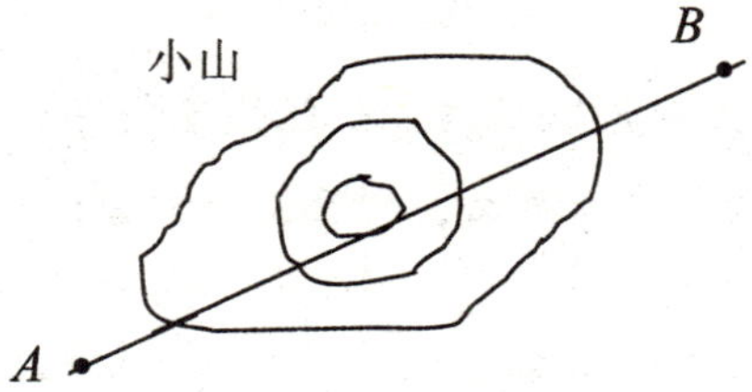

图 3

以下视情况一步步引导，若学生能直接找出方案，则跳过相关问题。

分析：

（1）可以直接测 AB 吗？能否利用三角知识设计测量方案来间接计算出 AB 呢？

（2）如果再选取一个点 C，构成三角形 ABC，为了把 AB 边解出来，这个三角形应当可以直接测出三边、三角中的哪几项？（教师再提醒，其中至少有一项是边）

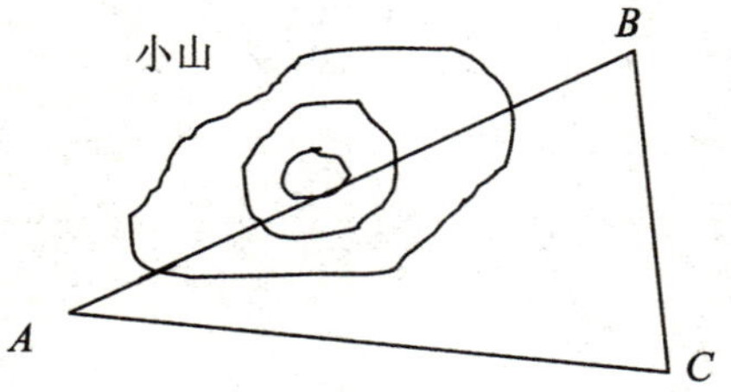

图 4

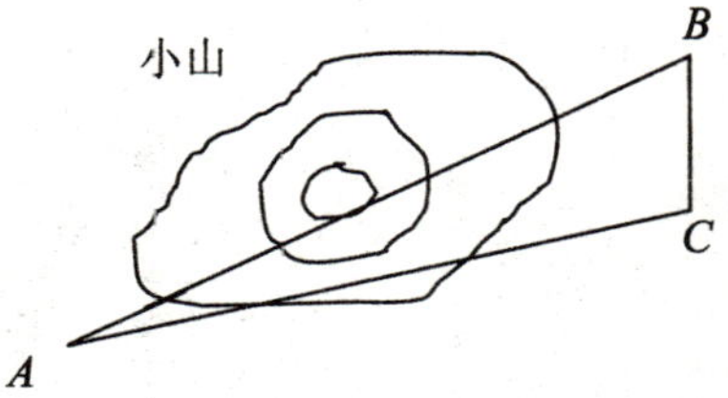

图 5

（3）C 在这个位置（如图 4）行吗？测哪几个量？C 在这个位置（如图 5）行吗？为什么？

（4）你来设计测量方案，说明应当测哪些量，并把结果用这些量表示出来。

测量方案：选一点 C，设测出 $AC = b$、$BC = a$，$\angle C = \theta$，则由余弦定理可得 $AB = \sqrt{a^2 + b^2 - 2ab\cos c}$

任务抛出后，经过短暂的沉默，有学生喊“再找一个点构成三角形”，教师要求分组讨论，明确指出要测哪几个量，并将最后结果用这些量表示出来，然后请一组代表发言。由于不太了解该如何表达，发言的学生说得不明确，在教师的引导下才明确表述好测量方案。为此，最后教师还说明了一下如何表述测量方案：（1）说明如何选点；（2）说明测哪些量，并设出这些量；（3）用设出的量表达出待测的量。

教官：任务完成得不错！不过，要想快速提高作战能力，你要学会在每次作战后小结，总结经验教训。那么，列兵，你们告诉我，碰到不可直接测量的距离时该采用什么策略？

另取一点，构造三角形使得其中三个条件（至少含一边）可测或可算，再解出待测边。

设计意图：引导学生养成随时回顾、深入思考、总结经验的习惯。

教官：恭喜你，你已经成为一名合格的炮兵了，授予你少尉军衔。上了战场以后可得根据情况灵活完成各自的任务啊！

第三关，初战沙场。

团长：如图 6，炮兵阵地在河岸南侧的 A 处，现发现敌军在北岸的 B 处集结，企图突破我军沿河防线，为瓦解敌人的攻势，上级决定炮轰 B 处。少尉，这需要你在无法过河的情况下，测出 AB 间的距离，赶快想出测量方案！

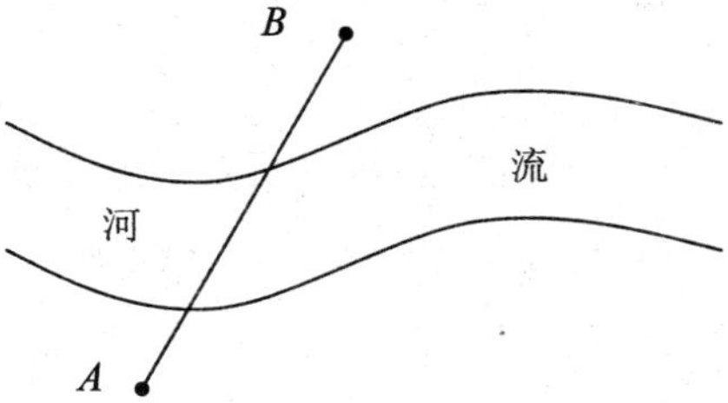

图 6

以下视情况进行引导，若学生能直接找出方案，则跳过相关问题。

分析：

（1）为了测量 AB，必须构造一个三角形 ABC，第三个顶点 C 的选取，应在河的哪一侧？

（2）在不能过河的前提下，三角形 ABC 中哪三个条件（其中至少一边）可测？如何利用它们求出 AB？

没用教师进行太多引导，各组学生讨论后很快就有了思路，教师让一组代表发言说明其测量方案，其他各组学生随时提问，质疑其说得不清楚的地方，该学生比较顺畅地表达出了他的想法。

测量方案如图 7，在河南岸选取一点 C，测得 $AC=m$，$\angle A=\alpha$，$\angle C=\beta$，由正弦定理得：

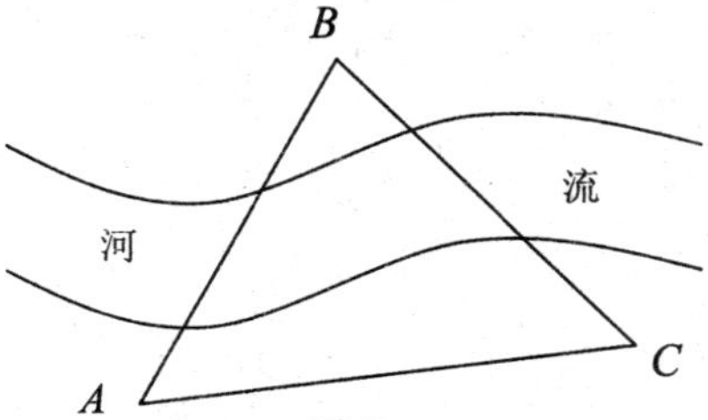

图 7

$$\frac{AB}{\sin\beta}=\frac{m}{\sin B}=\frac{m}{\sin(180^\circ-\alpha-\beta)}=\frac{m}{\sin(\alpha+\beta)}$$

$$\therefore AB=\frac{m\sin\beta}{\sin(\alpha+\beta)}$$

团长：由于你的出色表现，我军避免了重大损失，上级决定授予你上尉军衔，负责指挥团属炮兵营，希望你再接再厉，立下更大的功勋。

第四关，再立奇功。

团长：如图 8，我军现位于河流南岸，上级决定明天对河北岸的敌军实施反击，需要我炮兵渡河到达 A 处后马上向 B 处提供火力支援，为此需测出 AB 间距离，问题是等过河后再测距就来不及了，因而必须在发起攻击前，在不过河的情况下，预先测出 AB 间距离，大家束手无策，你有办法吗？

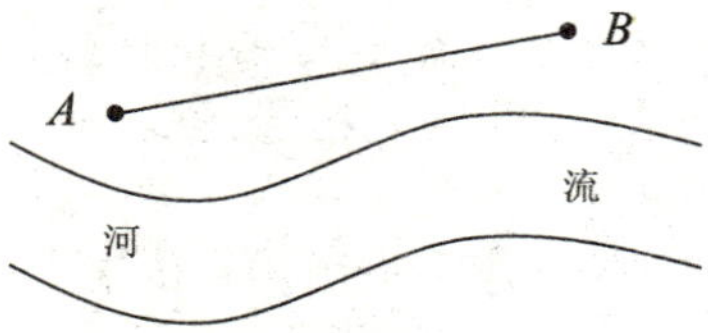

图 8

以下视情况进行引导，若学生能直接找出方案，则跳过相关问题。（如图 9，随教学进程，该图逐步完成）

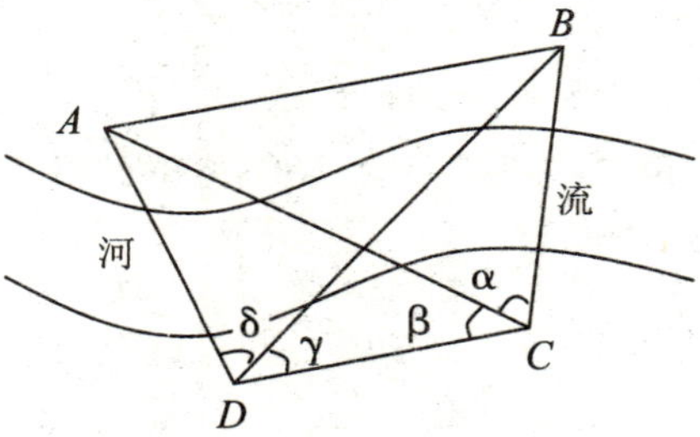

图 9

分析：

（1）构造三角形 ABC，点 C 显然只能在南岸，可以测哪些量？还希望测哪些量？（只能测得角 C，还希望测得 AC、BC）

（2）在不过河的情况下测 AC，上一场战斗中，不是已经有办法测了吗？只需在河一侧找一条基线 CD，即可在三角形 ACD 中，边 CD、$\angle C$、$\angle D$ 可测，从而算出 AC。

（3）BC 呢，能用同样方法吗？

（4）设计测量方案，说明应当测哪些量，并把结果用这些量表示出来。

设计意图：体会化归的思想方法。

学生沉默的时间比较长，教师巡视，发现多数学生停留在画出△ ABC 这一步。"不愤不启，不悱不发。"在让学生思考一段时间后，教师在黑板上画出△ ABC，问学生"卡在了什么地方"，学生回答"只能测出$\angle C$"，教师遮住 AB 和 BC 后再问："如果要你测 AC，有办法吗？测 BC 呢？"不少学生恍然大悟。为了提醒那些还没有悟到的学生，教师进一步引导："测河两岸的两点间距离，刚才我们不是做过吗？"然后教师再让学生分组进一步讨论，完善测量方案，最后让一组代表发言，大家一起质疑完善。

测量方案：如图 9，在河南岸选取两点 C、D，测得 $CD=a$，$\angle ACD=\beta$，$\angle ADC=\gamma+\delta$，$\angle BCD=\alpha+\beta$，$\angle BDC=\gamma$，则在三角形 ACD 和三角形 BCD 中，由正弦定理得：

$$AC=\frac{a\sin(\gamma+\delta)}{\sin[180^{\circ}-(\beta+\gamma+\delta)]}=\frac{a\sin(\gamma+\delta)}{\sin(\beta+\gamma+\delta)}$$

$$BC=\frac{a\sin\gamma}{\sin[180^{\circ}-(\alpha+\beta+\gamma)]}=\frac{a\sin\gamma}{\sin(\alpha+\beta+\gamma)}$$

再在△ ABC 中由余弦定理得 $AB=\sqrt{AC^2+BC^2-2AC\cdot BC\cos\alpha}$ 。

团长：由于你的出色表现，上级决定破格授予你中校军衔，并授予战斗英雄的称号，恭喜你！

（三）总结

测量距离时必须至少找到一条可测边作为基线，从它出发构造三角形，再测一些角度解出待测边；如果基线和可测边无法直接构成三角形，可以考虑构造一个以上的三角形，依次求解。

七、点评

本节案例属应用型探究学习。学生从任务出发，以合作交流的方式解决问题，在此过程中获得解斜三角形规律的一些体验，培养从实际问题中抽象出数学背景并分析和解决问题的能力。为激发学生学习的兴趣，教师将教学的各个环节和课本上的例题包装成一个个战争任务，并设计闯关游戏，设立军衔机制鼓励大家努力闯关；为激发学生的学习动机，避免过难和过易的探究任务，教师设计了有一定梯度的闯关任务；为了让各个层次的学生都有一定收获，避免课堂演变为少数优秀学生的舞台，在分组合作的基础上，教师指定发言人，根据任务的难度不同选择不同层次的学生发言，防止少数学生“看热闹”。

本节课从教学目标的设定上就突破了传统，传统教学只关心如何由给定的测量数据算出结果，而在本节课中，教师更多地引导学生关注如何决定要测哪些数据，探究如何设计测量方案，这样就让学生从枯燥的解应用题中解脱出来，从更高的层次、更深入地认识所学内容，有更广阔的舞台自由展现自己的思维，本节课显示教师深入领会了新课程理念的精髓。整堂课以《炮兵大冲关》游戏关卡的形式展开，也是教学的一大创新，教学在上课伊始就引起了学生的兴趣，紧紧抓住了学生的注意力，各关卡层层深入，让学生欲罢不能。教师为课本的几个例题设置情境，将其改造成一个个战斗任务，使得课堂更生动，可谓匠心独具。学生通过关卡之后军衔晋级，教师及时肯定学生的成果，给学生以成功的愉悦感，从而推动教学的深入，极大地调动了学生的积极性。学生在课堂上思考、讨论、合作、交流、自主探究，课堂气氛活跃而不流于形式，问题探究深入而不沉闷，课堂不再是少数优等生的课堂，真正做到了“一切为了学生，为了一切学生”。一些学生提出了预设之外的问题或思路，教师不是简单、粗暴地否定，而是充分肯定其合理性，并引导全体学生探究，或完善或扬弃，体现了教学民主，符合新课改精神。

当然本节课也存在一些细节上的问题，比如某些环节的语言还可以更流畅精练些，但瑕不掩瑜，本节课仍然是一节非常成功的数学探究课。在教师的组织下，学生真正做到了“探究”，并有很多收获。

参考文献

[1] 陈琴，庞丽娟．科学探究：本质、特征与过程的思考 [J]．教育科学，2005，21（1）．

[2] 陈永明．评议数学课 [M]．上海：上海科技教育出版社，2008．

[3] 范文贵．数学探究学习内涵与策略研究 [D]．华东师范大学．

[4] 郭玉英．探究—建构式教学初探 [J]．课程·教材·教法．2004，（1）．

[5] 韩映雄．高等教育质量研究——基于利益关系人的分析 [M]．上海：上海科技教育出版社，2003．

[6] 靳玉乐．探究教学论 [M]．重庆：西南师范大学出版社，2001．

[7] 李召存．研究性学习初探 [J]．中国教育学刊，2001，（1）．

[8] 李亦菲，杨宝山．如何认识探究学习与研究性学习的关系 [J]．学科教育，2002，（12）．

[9]（美）国家研究理事会．戢守志译．美国国家科学教育标准 [M]．北京：科学技术文献出版社，1999．

[10] 宁连华．数学探究学习研究的特点及其思考 [J]．数学教育学，2005，14（4）．

[11] 徐学福．探究学习的内涵辨析 [J]．教育科学．2002，18（3）．

[12] 熊士荣，徐进．发现学习、接受学习、探究学习比较研究 [J]．教师教育研究，2005，17（2）．

[13] 杨白冰．问题解决学习的研究现状及启示 [J]．科教文汇，2010，（2）．

[14] 朱德全．数学素养构成要素探析 [J]．中国教育学刊，2002，（5）．

[15] 张华．论“研究性学习”课程本质 [J]．教育发展研究，2001，（5）．

[16] 钟启泉．现代教学论发展 [M]．北京：教育科学出版社，1988．

[17] 张新宇，王祖浩．国外关于“探究水平”研究的述评 [J]．教育科学研究，2009，（5）．